특별부록

2020 ~ 2017년 서울교통공사 기출복원문제

www.sdedu.co.kr

서울교통공사 기출복원문제

2020 ~ 2017년 시행 기출문제

※ 다음은 스마트 스테이션에 관한 자료이다. 다음 자료를 보고 이어지는 질문에 답하시오. [1~3]

서울 지하철 2호선에 '스마트 스테이션'이 본격 도입된다. 서울교통공사는 현재 분산되어 있는 분야별 역사 관리 정보를 정보통신기술(ICT)을 기반으로 통합・관리할 수 있는 '스마트 스테이션'을 내년(2021년) 3월까지 2호선 50개 전 역사에 구축한다고 밝혔다.

스마트 스테이션은 올해 4월 지하철 5호선 군자역에서 시범 운영됐다. 그 결과 순회 시간이 평균 28분에서 10분으로 줄고, 돌발상황 시 대응 시간이 평균 11분에서 3분으로 단축되는 등 안전과 보안, 운영 효율이 향상된 것으로 나타났다.

스마트 스테이션이 도입되면 3D맵, IoT센서, 지능형 CCTV 등이 유기적으로 기능하면서 하나의 시스템을 통해 보안, 재난, 시설물, 고객서비스 등 통합적인 역사 관리가 가능해진다. 3D맵은 역 직원이 역사 내부를 3D 지도로 한눈에 볼 수 있어 화재 등의 긴급 상황이 발생했을 때 신속 대응에 도움을 준다. 지능형 CCTV는 화질이 200만 화소 이상으로 높고, 객체 인식 기능이 탑재되어 있어 제한구역의 무단침입이나 역사 화재 등이 발생했을 때 실시간으로 알려준다. 지하철 역사 내부를 3차원으로 표현함으로써 위치별 CCTV 화면을 통한 가상순찰도 가능하다.

서울교통공사는 기존 통합 모니터링 시스템을 개량하는 방식으로 2호선 내 스마트 스테이션의 도입을 추진한다. 이와 관련해 지난달 L통신사 컨소시엄과 계약을 체결하였다. 이번 계약에는 군자역에 적용된 스마트 스테이션 기능을 보완하는 내용도 들어 있다. 휠체어를 자동으로 감지하여 역 직원에게 통보해주는 기능을 추가하는 등 교통약자 서비스를 강화하고, 직원이 역무실 밖에서도 역사를 모니터링할 수 있도록 모바일 버전을 구축하는 것이 주요 개선사항이다.

서울교통공사는 2호선을 시작으로 점진적으로 전 호선에 스마트 스테이션 도입을 확대해 나갈 예정이다. 또 스마트 스테이션을 미래형 도시철도 역사 관리 시스템의 표준으로 정립하고, 향후 해외에 수출할 수 있도록 기회를 모색해 나갈 계획이라고 밝혔다.

〈스마트 스테이션의 특징〉

- 역무실 공백 상태가 줄어든다.
- 상황 대응이 정확하고 빨라진다.
- 출입관리가 강화된다.

〈일반 CCTV와 지능형 CCTV의 특징〉

구분	일반 CCTV	지능형 CCTV
특징	사람이 영상을 항시 감시・식별	영상분석 장치를 통해 특정 사람, 사물, 행위 등을 인식
장단점	- 유지보수가 용이함 - 24시간 모니터링 필요 - 모니터링 요원에 의해 사건・사고 인지	- 정확한 식별을 통한 관리의 용이성 - 자동화된 영상분석 장치를 통해 특정 상황 발생 시 알람 등을 이용해 관제요원에게 통보 - 개발이 어려움

서울교통공사 기출복원문제

| 2020년

01 다음 중 기사문의 내용과 일치하는 것은?

① 스마트 스테이션은 2020년 말까지 2호선 전 역사에 구축될 예정이다.
② 스마트 스테이션은 2019년 4월에 처음으로 시범 운영되었다.
③ 현재 5호선 군자역에서는 분야별 역사 관리 정보를 통합하여 관리한다.
④ 현재 군자역의 직원은 역무실 밖에서도 모바일을 통해 역사를 모니터링할 수 있다.
⑤ 2호선에 도입될 스마트 스테이션에는 새롭게 개발된 통합 모니터링 시스템이 적용된다.

| 2020년

02 다음 중 일반 역(스테이션)의 특징으로 옳지 않은 것은?

① 스마트 스테이션에 비해 순찰 시간이 짧다.
② 스마트 스테이션에 비해 운영비용이 많이 든다.
③ 스마트 스테이션에 비해 돌발 상황에 대한 대응 시간이 길다.
④ 스마트 스테이션에 비해 더 많은 인력이 필요하다.
⑤ 스마트 스테이션에 비해 사건·사고 등을 실시간으로 인지하기 어렵다.

---

01 스마트 스테이션에서는 분산되어 있는 분야별 역사 관리 정보를 정보통신기술을 기반으로 통합 관리한다. 따라서 현재 스마트 스테이션을 시범 운영하고 있는 5호선 군자역에서는 역사 관리 정보가 통합되어 관리되고 있음을 알 수 있다.

오답분석

① 서울교통공사는 스마트 스테이션을 2021년 3월까지 2호선 50개 전 역사에 구축할 예정이다.
② 스마트 스테이션은 올해 2020년 4월 지하철 5호선 군자역에서 시범 운영되었다.
④ 모바일 버전의 구축은 이번에 체결한 계약의 주요 개선사항 중 하나이므로 현재는 모바일을 통해 역사를 모니터링할 수 없다.
⑤ 스마트 스테이션은 기존 통합 모니터링 시스템을 개량하는 방식으로 도입될 예정이므로 앞으로 도입될 스마트 스테이션에는 새롭게 개발된 모니터링 시스템이 아닌 보완·개선된 기존의 모니터링 시스템이 적용될 것이다.

02 스마트 스테이션이 군자역에서 시범 운영된 결과, 순회 시간이 평균 28분에서 10분으로 줄었다. 따라서 일반 역의 순찰 시간은 스마트 스테이션의 순찰 시간보다 더 긴 것을 알 수 있다.

오답분석

② 스마트 스테이션이 시범 운영된 결과, 운영 효율이 향상된 것으로 나타났으므로 일반 역은 스마트 스테이션에 비해 운영비용이 많이 드는 것을 알 수 있다.
③ 스마트 스테이션이 시범 운영된 결과, 돌발 상황에 대한 대응 시간이 평균 11분에서 3분으로 단축되었으므로 일반 역의 대응 시간은 스마트 스테이션보다 더 긴 것을 알 수 있다.
④ 스마트 스테이션이 도입되면 3D맵과 지능형 CCTV를 통해 가상순찰이 가능해지므로 스마트 스테이션에서는 일반 역보다 적은 인력이 필요할 것이다.
⑤ 스마트 스테이션의 경우 지능형 CCTV를 통해 무단침입이나 역사 화재 등을 실시간으로 인지할 수 있지만, 일반 역에서는 이를 실시간으로 인지하기 어렵다.

정답 01 ③ 02 ①

| 2020년

03 다음은 스마트 스테이션의 3D맵이다. 다음을 보고 판단한 내용으로 옳지 않은 것은?

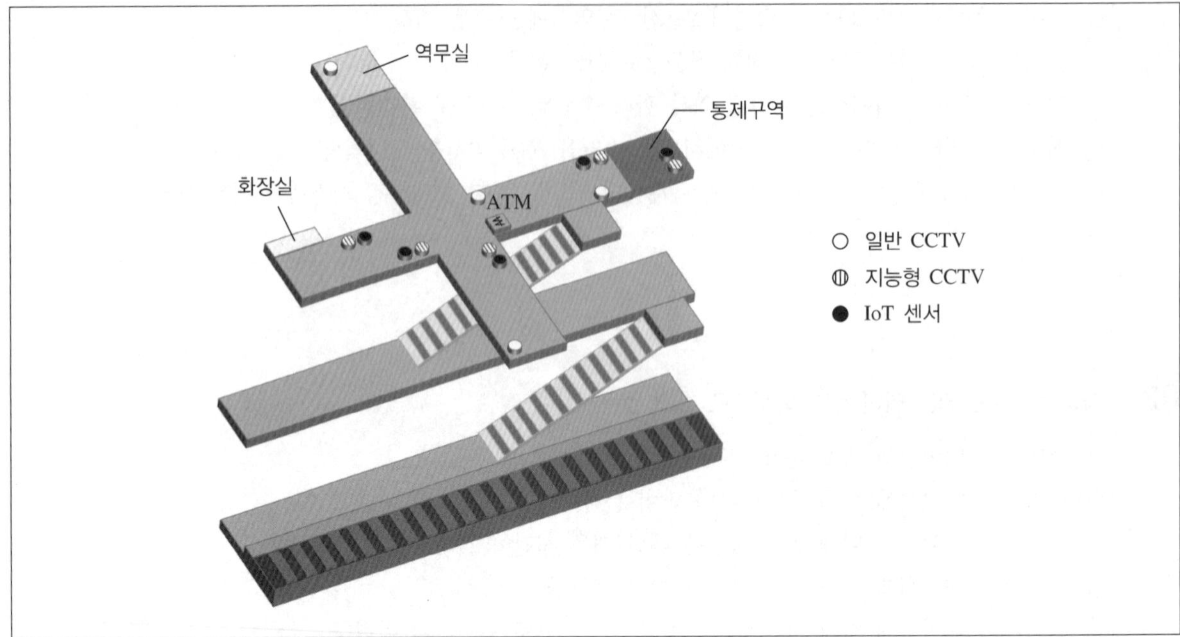

① 역무실의 CCTV는 고장이 나더라도 유지보수가 용이하다.
② ATM기 오른편의 CCTV보다 맞은편의 CCTV를 통해 범죄자 얼굴을 쉽게 파악할 수 있다.
③ 역 내에 지능형 CCTV와 IoT센서는 같이 설치되어 있다.
④ 통제 구역의 CCTV는 침입자를 실시간으로 알려준다.
⑤ 역무실에서는 역 내의 화장실 주변에 대한 가상순찰이 가능하다.

---

03 지능형 CCTV(◍)의 경우 높은 화소와 객체 인식 기능을 통해 사물이나 사람의 정확한 식별이 가능하다. 따라서 ATM기 맞은편에 설치된 일반 CCTV(○)보다 ATM기 오른쪽에 설치된 지능형 CCTV(◍)를 통해 범죄자 얼굴을 쉽게 파악할 수 있다.

오답분석

① 일반 CCTV(○)는 유지보수가 용이하다는 장점이 있다.
③ 제시된 3D맵을 보면 모든 지능형 CCTV(◍)는 IoT센서(●)와 함께 설치되어 있음을 알 수 있다.
④ 지능형 CCTV(◍)는 객체 인식 기능을 통해 제한구역의 무단침입 등이 발생할 경우 이를 실시간으로 알려 준다.
⑤ 지하철 역사 내부를 3차원으로 표현한 3D맵에서는 지능형 CCTV(◍)와 IoT 센서(●) 등을 통해 가상순찰이 가능하다.

정답 03 ②

| 2020년

04 다음 중 고객접점서비스에 대한 설명으로 옳은 것을 모두 고르면?

ㄱ. 덧셈 법칙이 적용된다.
ㄴ. 처음 만났을 때의 15초가 중요하다.
ㄷ. 서비스 요원이 책임을 지고 고객을 만족시킨다.
ㄹ. 서비스 요원의 용모와 복장이 중요하다.
ㅁ. 고객접점서비스를 강화하기 위해서는 서비스 요원의 권한을 약화시켜야 한다.

① ㄱ, ㄴ, ㄷ
② ㄴ, ㄷ, ㄹ
③ ㄷ, ㄹ, ㅁ
④ ㄱ, ㄷ, ㄹ, ㅁ
⑤ ㄱ, ㄴ, ㄷ, ㄹ, ㅁ

| 2020년

05 다음 중 거절에 대한 설명으로 옳지 않은 것은?

ㅇㅇ공사	입사를	축하합니다
응할 수 없는 이유를 설명한다	거절은 되도록 늦게 해야 한다	모호하지 않고 단호하게 거절한다
여러분	**환영합니다**	
정색하지 않는다	도움을 주지 못한 것에는 아쉬움을 표현한다	

① ㅇㅇ공사
② 입사를
③ 축하합니다.
④ 여러분
⑤ 환영합니다.

---

04 고객접점서비스(MOT)는 고객과 서비스 요원 사이에서 15초 동안의 짧은 순간 이루어지는 서비스로, 이 15초 동안 고객접점에 있는 서비스 요원이 책임과 권한을 가지고 우리 회사를 선택한 것이 가장 좋은 선택이었다는 사실을 고객에게 입증해야 한다. 이때, 서비스 요원의 용모와 복장 등은 첫인상을 좌우하는 중요한 요소가 된다.

오답분석

ㄱ. 고객접점서비스는 모든 서비스에서 100점을 맞았더라도 한 접점에서 불만이 나오면 $100\times0=0$의 곱셈 법칙이 적용되어 모든 서비스 점수가 0점이 된다.
ㅁ. 고객접점서비스를 강화하기 위해서는 서비스 요원의 권한을 강화하여야 한다.

05 거절은 빠르게 하는 것이 좋다.

올바른 거절 방법

- 거절에 대해 먼저 사과하고, 상대방이 이해할 수 있게 응할 수 없는 이유를 설명하다.
- 거절은 시간을 들이지 말고 바로 하는 것이 좋다.
- 모호한 태도를 보이는 것보다 단호하게 거절하는 것이 좋다.
- 정색을 하면 상대방의 감정이 상하므로 주의한다.
- 거절한 다음에는 도움을 주지 못하는 것에 대해 아쉬움을 표현한다.

정답 04 ② 05 ②

※ 다음은 지점이동을 원하는 직원들에 대한 자료이다. 자료를 보고 이어지는 질문에 답하시오. [6~7]

〈직원 기록〉

성명	1차 희망지역	보직	경력	성명	1차 희망지역	보직	경력
A	대구	시내운전	3년	H	부산	연료주입	3년
B	대전	차량관리	5년	I	서울	시내운전	6년
C	서울	연료주입	4년	J	대구	차량관리	5년
D	경기	차량관리	2년	K	광주	연료주입	1년
E	서울	시내운전	6년	L	경기	연료주입	2년
F	부산	연료주입	7년	M	부산	시내운전	8년
G	경기	차량관리	1년	N	대구	차량관리	7년

〈조건〉

- 각 지역마다 희망지역을 신청한 사람 중 2명까지 이동할 수 있다.
- 우선 희망지역이 3명 이상이면 경력이 높은 사람이 우선된다.
- 1차 희망 지역에 가지 못한 사람들은 2차 희망지역에서 다음 순위 방법으로 선정된다.
  - 보직 우선순위 '시내운전>차량관리>연료주입'
  - 보직이 같을 경우 경력이 낮은 사람 우선
- 희망지역은 3차까지 신청 가능하다.
- 3차 희망지역도 안 될 경우 지점이동을 하지 못한다.

| 2020년

06 1차 희망지역인 서울과 경기지역으로 이동할 직원들이 바르게 연결된 것은?

①

서울
E, I
경기
G, L

②

서울
C, I
경기
D, L

③

서울
E, I
경기
D, L

④

서울
C, E
경기
D, G

⑤

서울
C, I
경기
D, G

| 2020년

07 다음은 지점이동을 지원한 직원들의 희망지역을 정리한 표이다. 표를 참고할 때 어느 지역으로도 이동하지 못하는 직원은?

〈희망지역 신청표〉

성명	1차 희망지역	2차 희망지역	3차 희망지역	성명	1차 희망지역	2차 희망지역	3차 희망지역
A	대구	울산	부산	H	부산	광주	울산
B	대전	광주	경기	I	서울	경기	–
C	서울	경기	대구	J	대구	부산	울산
D	경기	대전	–	K	광주	대전	–
E	서울	부산	–	L	경기	서울	–
F	부산	대구	포항	M	부산	대전	대구
G	경기	광주	서울	N	대구	포항	–

① A　② C
③ G　④ H
⑤ N

---

06 지점이동을 원하는 직원들 중 1차 희망지역에 서울을 신청한 직원은 C, E, I이고, 경기를 적은 직원은 D, G, L이다. 하지만 조건에서 희망지역을 신청한 사람 중 2명만 이동할 수 있으며, 3명 이상이 지원하면 경력이 높은 사람이 우선된다고 했으므로 서울을 신청한 직원 중 경력이 6년인 E, I가 우선이며, 경기는 경력이 2년인 D, L이 우선이 된다. 따라서 서울 지역으로 이동할 직원은 E, I이며, 경기 지역은 D, L이다.

07 지점이동을 원하는 직원들 중 첫 번째와 두 번째 조건에 따라 1차 희망지역으로 발령을 받는 직원을 정리하면 다음과 같다.

서울	경기	대구	대전
E, I	D, L	J, N	B
부산	**광주**	**포항**	**울산**
F, M	K		

1차 희망지역에 탈락한 직원은 A, C, G, H이며, 4명의 2차 희망지역에서 순위 선정 없이 바로 발령을 받는 직원은 울산을 지원한 A이다. G와 H는 광주를 지원했지만 광주에는 K가 이동하여 한 명만 더 갈 수 있기 때문에 둘 중 보직 우선순위에 따라 차량관리를 하고 있는 G가 이동하게 된다. H는 3차 희망지역으로 울산을 지원하여 울산에 배정된 직원은 A 1명이므로 울산으로 이동한다. C의 경우 2·3차 희망지역인 경기, 대구 모두 2명의 정원이 배정되어 있으므로 이동하지 못한다. 따라서 지점이동을 하지 못하는 직원은 C이다.

정답 06 ③ 07 ②

| 2020년

08 다음 중 감정은행계좌에 대한 설명으로 가장 적절하지 않은 것은?

〈감정은행계좌〉

1. 감정은행계좌란?
인간관계에서 구축하는 신뢰의 정도를 은유적으로 표현한 것으로, 만약 우리가 다른 사람에 대해 공손하고 친절하며 정직하고 약속을 지킨다면 우리는 감정을 저축하는 것이 되고, 무례하고 불친절한 행동 등을 한다면 감정을 인출하는 것이 된다.

2. 감정은행계좌 주요 예입수단

내용	사례
상대방에 대한 이해심	여섯 살 아이는 벌레를 좋아하였지만, 아이의 행동을 이해하지 못한 부모는 벌레를 잡아 내쫓았다. 결국 아이는 크게 울고 말았다.
사소한 일에 대한 관심	두 아들과 여행을 간 아버지는 막내아들이 추워하자 입고 있던 자신의 코트를 벗어 막내아들에게 입혔다. 여행에서 돌아온 뒤 표정이 좋지 않은 큰아들과 이야기를 나누어보니 동생만 챙긴다고 서운해하고 있었다.
약속의 이행	A군과 B군이 오전에 만나기로 약속하였으나, B군은 오후가 다 되어서야 약속장소에 나왔다. A군은 앞으로 B군과 만나기로 약속할 경우 약속 시간보다 늦게 나가야겠다고 생각하였다.
기대의 명확화	이번에 결혼한 신혼부부는 결혼생활에 대한 막연한 기대감을 품고 있었다. 그러나 결혼 후의 생활이 각자 생각하던 것과 달라 둘 다 서로에게 실망하였다.
언행일치	야구선수 C는 이번 시즌에서 20개 이상의 홈런과 도루를 성공하겠다고 이야기하였다. 실제 이번 시즌에서 C가 그 이상을 해내자 사람들은 C의 능력을 확실히 믿게 되었다.
진지한 사과	D사원은 작업 수행 중 실수가 발생하면 자신의 잘못을 인정하고 사과하였다. 처음에는 상사도 이를 이해하고 진행하였으나, 같은 실수와 사과가 반복되자 이제 D사원을 신뢰하지 않게 되었다.

① 상대방을 제대로 이해하지 못하면 감정이 인출될 수 있다.
② 분명한 기대치를 제시하지 않아 오해가 생기면 감정이 인출될 수 있다.
③ 말과 행동을 일치시키거나 약속을 지키면 신뢰의 감정이 저축된다.
④ 내게 사소한 것이 남에게는 사소하지 않을 수 있다.
⑤ 잘못한 것에 대해 사과를 하면 항상 신뢰의 감정이 저축된다.

---

08 진지한 사과는 감정은행계좌에 신뢰를 예입하는 것이지만, 반복되는 사과나 일상적인 사과는 불성실한 사과와 같은 의미로 받아들여져 감정이 인출될 수 있다.

감정은행계좌 주요 예입수단

- 상대방에 대한 이해심 : 다른 사람을 진정으로 이해하기 위해 노력하는 것이야말로 우리가 할 수 있는 가장 중요한 예입수단이다.
- 사소한 일에 대한 관심 : 약간의 친절과 공손함은 매우 중요하다. 이와 반대로 작은 불손, 작은 불친절, 하찮은 무례 등은 막대한 인출을 가져온다.
- 약속의 이행 : 책임을 지고 약속을 지키는 것은 중요한 감정 예입 행위이며, 약속을 어기는 것은 중대한 인출 행위이다.
- 기대의 명확화 : 신뢰의 예입은 처음부터 기대를 분명히 해야 가능하다.
- 언행일치 : 개인의 언행일치는 신뢰를 가져오고, 감정은행계좌에 많은 종류의 예입을 가능하게 하는 기초가 된다.
- 진지한 사과 : 진지한 사과는 감정은행계좌에 신뢰를 예입하는 것이다.

정답 08 ⑤

| 2020년

09 **다음 중 〈보기〉와 관련된 자기인식에 대한 설명으로 옳지 않은 것은?**

〈보기〉

㉠ 이력서에 적힌 개인정보를 바탕으로 보직이 정해졌다.
㉡ 일을 하면서 몰랐던 적성을 찾았다.
㉢ 지시에 따라 적성에 맞지 않은 일을 계속하였다.
㉣ 상사가 나에게 일에 대한 피드백을 주었다.
㉤ 친한 동료와 식사를 하면서 나의 꿈을 이야기했다.
㉥ 나의 평판에 대해 직장 동료나 상사에게 물어본다.

① ㉣은 눈먼 자아와 연결된다.
② ㉡은 아무도 모르는 자아와 연결된다.
③ ㉠은 공개된 자아와 연결된다.
④ ㉥은 숨겨진 자아와 연결된다.
⑤ 조셉과 해리 두 심리학자가 '조해리의 창' 이론을 만들었다.

| 2020년

10 **다음 중 우리나라 직장인에게 요구되는 직업윤리와 가장 관련이 없는 것은?**

① 전문성
② 성실성
③ 신뢰성
④ 창의성
⑤ 협조성

---

09 숨겨진 자아는 타인은 모르지만, 나는 아는 나의 모습을 의미한다. 자신의 평판에 대해 직장 동료나 상사에게 물어보는 것은 타인은 알고 있지만, 나는 알지 못하는 나의 모습을 의미하는 눈먼 자아와 연결된다.

조해리의 창(Johari's Window)
조해리의 창은 대인관계에 있어서 자신이 어떻게 보이고, 또 어떤 성향을 가지고 있는지를 파악할 수 있도록 한 심리학 이론으로, 미국의 심리학자 조셉 루프트와 해리 잉햄이 고안하였다.
• 눈먼 자아 : 나에 대해 타인은 알고 있지만, 나는 알지 못하는 모습
• 아무도 모르는 자아 : 타인도 나도 모르는 나의 모습
• 공개된 자아 : 타인도 나도 아는 나의 모습
• 숨겨진 자아 : 타인은 모르지만, 나는 아는 나의 모습

10 직업윤리의 일반적 덕목에는 소명의식, 천직의식, 직분의식, 책임의식, 전문가의식, 봉사의식 등이 있으며, 한국인들은 중요한 직업윤리 덕목으로 책임감, 성실성, 정직함, 신뢰성, 창의성, 협조성, 청렴함 등을 강조한다.

정답 09 ④ 10 ①

※ 다음은 철도차량 개조에 관한 자료이다. 다음 자료를 보고 이어지는 질문에 답하시오. [11~12]

〈철도차량의 개조〉

• 개요

철도차량을 소유하거나 운영하는 자가 철도차량을 개조하여 운행하려면 국토교통부 장관의 개조승인을 받아야 한다.

• 내용

1) 철도안전법 시행규칙 제75조의3(철도차량 개조승인의 신청 등)

① 철도차량을 소유하거나 운영하는 자(이하 "소유자 등"이라 한다)는 철도차량 개조승인을 받으려면 별지 제45호 서식에 따른 철도차량 개조승인신청서에 다음 각호의 서류를 첨부하여 국토교통부 장관에게 제출하여야 한다.

1. 개조 대상 철도차량 및 수량에 관한 서류
2. 개조의 범위, 사유 및 작업 일정에 관한 서류
3. 개조 전·후 사양 대비표
4. 개조에 필요한 인력, 장비, 시설 및 부품 또는 장치에 관한 서류
5. 개조작업수행 예정자의 조직·인력 및 장비 등에 관한 현황과 개조작업수행에 필요한 부품, 구성품 및 용역의 내용에 관한 서류. 다만, 개조작업수행 예정자를 선정하기 전인 경우에는 개조작업수행 예정자 선정기준에 관한 서류
6. 개조 작업지시서
7. 개조하고자 하는 사항이 철도차량기술기준에 적합함을 입증하는 기술문서

② 국토교통부 장관은 제1항에 따라 철도차량 개조승인 신청을 받은 경우에는 그 신청서를 받은 날부터 15일 이내에 개조승인에 필요한 검사내용, 시기, 방법 및 절차 등을 적은 개조검사 계획서를 신청인에게 통지하여야 한다.

2) 철도안전법 시행규칙 제75조의5(철도차량 개조능력이 있다고 인정되는 자)

국토교통부령으로 정하는 적정 개조능력이 있다고 인정되는 자란 다음 각 호의 어느 하나에 해당하는 자를 말한다.

1. 개조 대상 철도차량 또는 그와 유사한 성능의 철도차량을 제작한 경험이 있는 자
2. 개조 대상 부품 또는 장치 등을 제작하여 납품한 실적이 있는 자
3. 개조 대상 부품·장치 또는 그와 유사한 성능의 부품·장치 등을 1년 이상 정비한 실적이 있는 자
4. 법 제38조의7 제2항에 따른 인증정비조직
5. 개조 전의 부품 또는 장치 등과 동등 수준 이상의 성능을 확보할 수 있는 부품 또는 장치 등의 신기술을 개발하여 해당 부품 또는 장치를 철도차량에 설치 또는 개량하는 자

3) 철도안전법 시행규칙 제75조의6(개조승인 검사 등)

① 개조승인 검사는 다음 각 호의 구분에 따라 실시한다.

1. 개조 적합성 검사 : 철도차량의 개조가 철도차량기술기준에 적합한지 여부에 대한 기술문서 검사
2. 개조 합치성 검사 : 해당 철도차량의 대표편성에 대한 개조작업이 제1호에 따른 기술문서와 합치하게 시행되었는지 여부에 대한 검사
3. 개조형식시험 : 철도차량의 개조가 부품 단계, 구성품 단계, 완성차 단계, 시운전 단계에서 철도차량기술기준에 적합한지 여부에 대한 시험

② 국토교통부 장관은 제1항에 따른 개조승인 검사 결과 철도차량기술기준에 적합하다고 인정하는 경우에는 별지 제45호의4서식에 따른 철도차량 개조승인증명서에 철도차량 개조승인 자료집을 첨부하여 신청인에게 발급하여야 한다.

③ 제1항 및 제2항에서 정한 사항 외에 개조승인의 절차 및 방법 등에 관한 세부사항은 국토교통부 장관이 정하여 고시한다.

| 2019년

11 **다음 중 철도차량 개조 순서가 바르게 연결된 것은?**

① 개조신청 – 사전기술 검토 – 개조승인
② 개조신청 – 개조승인 – 사전기술 검토
③ 사전기술 검토 – 개조신청 – 개조승인
④ 사전기술 검토 – 개조승인 – 개조신청
⑤ 개조승인 – 사전기술 검토 – 개조신청

| 2019년

12 **K씨는 철도차량 개조를 신청하기 위해 자료를 살펴보았다. 다음 중 K씨가 자료를 통해 알 수 없는 것은?**

① 신청 시 구비 서류
② 개조승인 검사 종류
③ 개조승인 검사 기간
④ 신청서 처리 기간
⑤ 차량 개조 자격

---

11 철도차량을 소유하거나 운영하는 자가 철도차량 개조승인을 받으려면 먼저 철도안전법 시행규칙 제75조의3 제1항에 나타난 서류와 개조승인신청서를 제출하여야 한다. 개조신청이 접수되면 철도차량의 개조가 철도차량기술기준 등에 적합한지 여부에 대한 검토가 진행된다. 검토 결과 적합하다고 인정된 경우 국토교통부 장관의 개조승인을 받을 수 있다. 따라서 철도차량의 개조는 '개조신청 – 사전기술 검토 – 개조승인'의 순서로 진행된다.

12 개조승인 신청 이후 개조검사 계획서가 통지되는 기한은 알 수 있으나, 이후 실시되는 개조승인 검사가 얼마 동안 진행되는지는 알 수 없다.

오답분석

① 철도안전법 시행규칙 제75조의3 제1항
② 철도안전법 시행규칙 제75조의6 제1항
④ 철도안전법 시행규칙 제75조의3 제2항
⑤ 철도안전법 시행규칙 제75조의5

정답 11 ① 12 ③

| 2019년

13 다음은 자아효능감에 관한 자료이다. 다음 빈칸에 들어갈 말이 차례대로 연결된 것은?

〈자아효능감〉

반두라(Bandura)의 이론에 따르면 자아효능감(Self Efficacy)이란 자신이 어떤 일을 성공적으로 수행할 수 있는 능력이 있다고 믿는 개인적 기대와 신념을 의미한다. 반두라는 자아효능감이 ___㉠___ 경험을 통해 결정된다고 보았다. 이를 위해서는 실제 성공할 수 있는 수준부터 시작하여 단계별로 높여 나가며 목표를 달성하도록 해야 한다. 스스로 해낼 수 있다는 긍정적인 신념은 성공 경험이 쌓임으로써 발생하기 때문이다.
또한 반두라는 실제 자신의 ___㉠___보다는 약하지만, 성공한 사람들의 경험을 간접적으로 학습하는 ___㉡___ 역시 자아효능감 형성에 영향을 미치는 요인으로 보았다. 다른 사람의 성공 사례를 통해 '저 사람이 할 수 있다면 나도 할 수 있다.'는 생각을 가질 수 있다는 것이다. 즉, 반두라는 개인의 행동과 반응이 다른 사람의 행동에 영향을 받는 ___㉢___ 경험의 역할을 강조하였다.
한편, 자신의 능력에 대한 의심이나 과제에 대한 불안은 자아효능감 형성에 좋지 않은 영향을 미친다고 보았으며, 오히려 적당한 ___㉣___ 상태에서 온전한 능력을 발휘할 수 있다고 보았다.

	㉠	㉡	㉢	㉣
①	모델링	정서적 각성	수행성취	사회적
②	모델링	수행성취	정서적 각성	사회적
③	정서적 각성	수행성취	모델링	정서적 각성
④	수행성취	모델링	사회적	정서적 각성
⑤	수행성취	모델링	정서적 각성	사회적

---

13 ㉠ 수행성취, ㉡ 모델링, ㉢ 사회적, ㉣ 정서적 각성

정답 13 ④

| 2019년

14 **다음은 의약품 종류별 상자 수에 따른 가격표이다. 종류별 상자 수를 가중치로 적용하여 가격에 대한 가중평균을 구하면 66만 원이다. 이때 빈칸에 들어갈 가격으로 적절한 것은?**

〈의약품 종류별 가격 및 상자 수〉

(단위 : 만 원, 개)

구분	A	B	C	D
가격	( )	70	60	65
상자 수	30	20	30	20

① 60만 원
② 65만 원
③ 70만 원
④ 75만 원
⑤ 80만 원

---

14 가중평균은 원값에 해당되는 가중치를 곱한 총합을 가중치 합으로 나눈 것을 말한다. A의 가격을 a만 원이라고 할 때, 식을 구하면 다음과 같다.

$$\frac{(a\times 30)+(70\times 20)+(60\times 30)+(65\times 20)}{30+20+30+20}=66 \rightarrow \frac{30a+4,500}{100}=66 \rightarrow 30a=6,600-4,500 \rightarrow a=\frac{2,100}{30} \rightarrow a=70$$

따라서 A의 가격은 70만 원이다.

정답 14 ③

| 2019년

15 **농도가 12%인 A설탕물 200g, 15%인 B설탕물 300g, 17%인 C설탕물 100g이 있다. A와 B설탕물을 합친 후 300g만 남기고 버린 다음, 여기에 C설탕물을 합친 후 다시 300g만 남기고 버렸다. 이때, 마지막 300g 설탕물에 녹아 있는 설탕의 질량은?**

① 41.5g
② 42.7g
③ 43.8g
④ 44.6g
⑤ 45.1g

---

15 A, B, C설탕물의 설탕 질량을 구하면 다음과 같다.

- A설탕물 : $200\times0.12=24$g
- B설탕물 : $300\times0.15=45$g
- C설탕물 : $100\times0.17=17$g

A, B설탕물을 합치면 설탕물 500g에 설탕은 $24+45=69$g, 농도는 $\frac{69}{500}\times100=13.8\%$이다. 합친 설탕물을 300g만 남기고 C설탕물과 합치면, 설탕물 400g이 되고 여기에 들어있는 설탕의 질량은 $300\times0.138+17=58.4$g이다. 또한, 합친 설탕물을 300g만 남기면 농도는 일정하므로 설탕물이 $\frac{3}{4}$으로 줄어든 만큼 설탕의 질량도 같이 줄어든다. 따라서 설탕의 질량은 $58.4\times\frac{3}{4}=43.8$g이다.

정답 15 ③

| 2019년

16 매년 수입이 4,000만 원인 A씨의 소득 공제 금액이 작년에는 수입의 5%였고, 올해는 수입의 10%로 늘었다. 작년 대비 증가한 올해의 소비 금액은 얼마인가?(단, 소비 금액은 천 원 단위에서 절사한다)

〈소비 금액별 소득 공제 비율〉

소비 금액	공제 적용 비율
1,200만 원 이하	6%
1,200만 원 초과 4,600만 원	72만 원+(1,200만 원 초과금)×15%

① 1,334만 원
② 1,350만 원
③ 1,412만 원
④ 1,436만 원
⑤ 1,455만 원

| 2019년

17 A기차와 B기차가 36m/s의 일정한 속력으로 달리고 있다. 600m 길이의 터널을 완전히 지나는 데 A기차는 25초, B기차는 20초가 걸렸다면 A기차와 B기차의 길이로 옳은 것은?

	A기차	B기차
①	200m	150m
②	300m	100m
③	150m	120m
④	200m	130m
⑤	300m	120m

---

16 작년과 올해 공제받은 금액 중 1,200만 원 초과금을 x, y만 원이라 하고 공제받은 총금액에 관한 방정식으로 x, y를 구하면 다음과 같다.

- 작년 : $72\times0.15x=4,000\times0.05 \rightarrow 72+0.15x=200 \rightarrow x=\frac{128}{0.15} \fallingdotseq 853$
- 올해 : $72\times0.15y=4,000\times0.1 \rightarrow 72+0.15y=400 \rightarrow y=\frac{328}{0.15} \fallingdotseq 2,187$

따라서 작년 대비 증가한 올해 소비 금액은 (2,187+1,200)−(853+1,200)=1,334만 원이다.

17 A, B기차의 길이를 각각 a, bm라고 가정하고 터널을 지나는 시간에 대한 방정식을 세우면 다음과 같다.

- A기차 : $\frac{600+a}{36}=25 \rightarrow 600+a=900 \rightarrow a=300$
- B기차 : $\frac{600+b}{36}=20 \rightarrow 600+b=720 \rightarrow b=120$

따라서 A기차의 길이는 300m이며, B기차의 길이는 120m이다.

정답 16 ① 17 ⑤

| 2019년

18 **다음 중 H부장의 질문에 대해 옳지 않은 대답을 한 사원은?**

> H부장 : 10진수 21을 2, 8, 16진수로 각각 바꾸면 어떻게 되는가?
> A사원 : 2진수로 바꾸면 10101입니다.
> B사원 : 8진수로 바꾸면 25입니다.
> C사원 : 16진수로 바꾸면 16입니다.

① A사원
② B사원
③ C사원
④ A, B사원
⑤ B, C사원

---

18 숫자 21을 2, 8, 16진수로 바꾸면 다음과 같다.

• 2진수

2) 21
2) 10 ⋯1
2) 5 ⋯0
2) 2 ⋯1
1 ⋯0

아래부터 차례대로 적으면 1010101 21의 2진수 숫자이다.

• 8진수

8) 21
2 ⋯5

21의 8진수는 25이다.

• 16진수

16) 21
1 ⋯5

21의 16진수는 15이다.

따라서 옳지 않은 대답을 한 사원은 C사원이다.

정답 18 ③

| 2018년

19 다음은 셀리그먼 박사가 개발한 PERMA 모델이다. 다음 중 PERMA 모델의 'E'에 해당하는 설명으로 옳은 것은?

〈PERMA 모델〉

P	긍정적인 감정(Positive Emotion)
E	
R	인간관계(Relationship)
M	의미(Meaning & Purpose)
A	성취(Accomplishment & Achievement)

① 사람은 고립되면 세상을 바라보는 균형이 깨지고, 고통도 혼자 감내하게 된다.
② 목표를 세우고 성공하게 되는 과정은 우리에게 기대감을 심어준다.
③ 현재를 즐기며, 미래에 대한 낙관적인 생각을 갖는다.
④ 무엇인가에 참여하게 되면 우리는 빠져들게 되고, 집중하게 된다.
⑤ 자신이 가치 있다고 생각하는 것을 찾고, 그 가치를 인식해야 한다.

---

19 PERMA 모델의 'E'는 참여(Engagement & Flow)로 시간 가는 줄 모르는 것, 어떤 활동에 빠져드는 동안 자각하지 못하는 것, 자발적으로 업무에 헌신하는 것 등을 말하므로 ④가 적절하다.

오답분석

① 인간관계(Relationship)에 대한 설명이다.
② 성취(Accomplishment & Achievement)에 대한 설명이다.
③ 긍정적인 감정(Positive Emotion)에 대한 설명이다.
⑤ 의미(Meaning & Purpose)에 대한 설명이다.

정답 19 ④

| 2018년

20 K회사에서 지난 주 월요일부터 금요일까지 행사를 위해 매일 회의실을 대여했다. 회의실은 501호부터 505호까지 마주 보는 회의실 없이 차례대로 위치해 있으며, 하루에 하나 이상의 회의실을 대여할 수 있지만, 전날 사용한 회의실은 다음날 바로 사용할 수 없다. 또한 바로 붙어있는 회의실들은 동시에 사용할 수 없지만, 월요일에는 예외적으로 붙어있는 두 개의 회의실을 사용했다. 다음 회의실 사용 현황을 참고하여 수요일에 2개의 회의실을 대여했다고 할 때, 수요일에 대여한 회의실은 몇 호인가?

〈회의실 사용 현황〉

구분	월요일	화요일	수요일	목요일	금요일
회의실	501호	504호		505호	

① 501호, 502호
② 501호, 503호
③ 502호, 503호
④ 504호, 505호
⑤ 501호, 505호

| 2018년

21 다음 〈조건〉을 충족하는 을의 나이로 가장 적절한 것은?

〈조건〉

- 갑과 을은 부부이다. a는 갑의 동생, b, c는 갑의 아들과 딸이다.
- 갑은 을과 동갑이거나 나이가 많다.
- a, b, c 나이의 곱은 2,450이다.
- a, b, c 나이의 합은 46이다.
- a는 19 ~ 34세이다.
- 갑과 을의 나이 합은 아들과 딸의 나이 합의 4배이다.

① 46세
② 45세
③ 44세
④ 43세
⑤ 42세

---

20 월요일은 붙어있는 회의실 두 곳 501호와 502호를 사용했고, 화요일은 504호, 목요일은 505호를 사용하였다. 이때 전날에 사용한 회의실은 사용할 수 없다고 했으므로 화요일과 목요일에 사용한 504・505호는 수요일에 사용이 불가능하고 월요일에 사용한 501・502호, 그리고 아직 사용하지 않은 503호는 가능하다. 하지만 수요일에 대여한 회의실은 두 곳이므로 세 회의실 중에 붙어있지 않은 501・503호만 사용 가능하다. 따라서 수요일에 501・503호를 대여했음을 알 수 있다.

21 a, b, c의 나이를 식으로 표현하면 $a\times b\times c=2{,}450$, $a+b+c=46$이다. 나이의 곱을 소인수분해하면 $a\times b\times c=2{,}450=2\times 5^2\times 7^2$이다. 2,450의 약수 중에서 19 ~ 34 사이인 수를 구하면 25이므로 갑의 동생 a는 25세가 된다. 그러므로 아들과 딸 나이의 합은 $b+c=21$이다. 따라서 갑과 을 나이 합은 $21\times 4=84$가 되며, 갑은 을과 동갑이거나 연상이라고 했으므로 을의 나이는 42세 이하이다.

정답 20 ② 21 ⑤

| 2018년

22 A1 인쇄용지의 크기가 한 단위 작아질 경우 가로 길이의 절반이 A2 용지의 세로 길이가 되고, A1 용지의 세로 길이는 A2 용지의 가로 길이가 된다. 이는 용지가 작아질 때마다 같은 비율로 적용된다. 이때 A4에서 A5로 축소할 경우 길이의 축소율은?(단, $\sqrt{2}=1.4$, $\sqrt{3}=1.7$)

① 20%
② 30%
③ 40%
④ 50%
⑤ 60%

---

22 A1의 가로를 a[mm], 세로를 b[mm]라고 하면 A1의 세로 길이 b는 A2의 가로 길이가 되고, A1의 가로 길이의 $\frac{1}{2}$은 A2의 세로 길이가 된다. 이런 방식으로 A3부터 A5까지 각각의 가로와 세로 길이를 구하면 다음과 같다.

구분	가로 길이(mm)	세로 길이(mm)
A1	a	b
A2	b	$\frac{a}{2}$
A3	$\frac{a}{2}$	$\frac{b}{2}$
A4	$\frac{b}{2}$	$\frac{a}{4}$
A5	$\frac{a}{4}$	$\frac{b}{4}$

가로와 세로가 같은 비율로 작아지므로 A4와 A5의 길이 축소율을 a와 b에 관한 식으로 나타내면

(가로 길이 축소율)=(세로 길이 축소율) $\rightarrow \frac{a}{4}\div\frac{b}{2}=\frac{b}{4}\div\frac{a}{4} \rightarrow \frac{a^2}{16}=\frac{b^2}{8} \rightarrow a=\sqrt{2}b \cdots$ ㉠

따라서 ㉠을 A4에서 A5의 가로 길이 축소율에 대입하면 $\frac{a}{4}\div\frac{b}{2}=\frac{a}{2b}=\frac{\sqrt{2}b}{2b}=\frac{1.4}{2}=0.7$이므로 30%로 축소됨을 알 수 있다.

정답 22 ②

| 2018년

23 다음 글을 읽고 오프라 윈프리의 설득 비결로 옳은 것은?

> 1954년 1월 29일, 미시시피주에서 사생아로 태어난 오프라 윈프리는 어릴 적 사촌에게 강간과 학대를 당하고 14살에 미혼모가 되었으나, 2주 후에 아기가 죽는 등 불우한 어린 시절을 보냈다. 그 후 고등학생 때 한 라디오 프로에서 일하게 되었고, 19살에는 지역의 저녁 뉴스에서 공동뉴스캐스터를 맡게 되었다. 그러나 곧 특기인 즉흥적 감정 전달 덕분에 뉴스 캐스터가 아닌 낮 시간대의 토크쇼에서 진행자로 활동하게 되었다.
> 에이엠 시카고(AM Chicago)는 시카고에서 낮은 시청률을 가진 30분짜리 아침 토크쇼였지만 오프라 윈프리가 맡은 이후, 시카고에서 가장 인기 있는 토크쇼였던 '도나휴'를 능가하게 되었다. 그리고 그 쇼가 바로 전국적으로 방영되었던 '오프라 윈프리 쇼'의 시초였다.
> 이렇듯 그녀가 토크쇼의 진행자로서 크게 성공할 수 있었던 요인은 무엇이었을까? 얼마 전 우리나라에서 방송되었던 한 프로그램에서는 그 이유에 대해 '말하기와 듣기'라고 밝혔다. 실제로 그녀는 방송에서 자신의 아픈 과거를 고백함으로써 게스트들의 진심을 이끌어 냈으며, 재밌는 이야기에 함께 웃고 슬픈 이야기를 할 때는 함께 눈물을 흘리는 등 그녀의 공감 능력을 통해 상대방의 닫힌 마음을 열었다. 친숙한 고백적 형태의 미디어 커뮤니케이션이라는 관계 형성 토크의 새로운 영역을 개척한 것이다.
> 오프라 윈프리는 상대방의 설득을 얻어내기 위한 방법으로 다섯 가지를 들었다. 첫째, 항상 진솔한 자세로 말하여 상대방의 마음을 열어야 한다. 둘째, 아픔을 함께 하는 자세로 말하여 상대방의 공감을 얻어야 한다. 셋째, 항상 긍정적으로 말한다. 넷째, 사랑스럽고 따뜻한 표정으로 대화한다. 다섯째, 말할 때는 상대방을 위한다는 생각으로 정성을 들여 말해야 한다. 또한 그녀는 '바위 같은 고집쟁이도 정성을 다해 말하면 꼼짝없이 마음의 문을 열고 설득당할 것이다.'라고도 말했다.

① 자신감 있는 태도
② 화려한 경력
③ 공감의 화법
④ 상대방에 대한 사전 조사
⑤ 사실적 근거

---

23 오프라 윈프리는 상대방의 설득을 얻어 내기 위해서는 진솔한 자세로 상대방의 마음을 열고, 아픔을 함께 하는 자세로 상대방의 공감을 얻어야 한다고 하였으므로, 그녀의 설득 비결로 ③이 옳다.

정답 23 ③

| 2018년

24 다음 글에서 나타나는 문제의 원인으로 가장 적절한 것은?

> 러시아에 공산주의 경제가 유지되던 시절, 나는 모스크바에 방문했다가 이상한 장면을 보게 되었다. 어떤 한 사람이 계속 땅을 파고 있고, 또 다른 사람은 그 뒤를 좇으며 계속 그 구멍을 덮고 있었던 것이다. 의아했던 나는 그들에게 이러한 행동의 이유를 물어보았고, 그들이 말하는 이유는 단순했다. 그들은 나무를 심는 사람들인데 오늘 나무를 심는 사람이 오지 않아 한 사람이 땅을 판 후, 그대로 다음 사람이 그 구멍을 메우고 있었다는 것이다.

① 과도한 분업화
② 체력 저하
③ 체계화되지 않은 체제
④ 복잡한 업무
⑤ 리더의 부재

| 2018년

25 다음 중 밑줄 친 조직의 성격으로 적절한 것은?

> **제4조(국가 등의 책무)**
> ① <u>국가와 지방자치단체</u>는 국민의 생명·신체 및 재산을 보호하기 위하여 철도안전시책을 마련하여 성실히 추진하여야 한다.
> ② 철도운영자 및 철도시설관리자(이하 '철도운영자 등'이라 한다)는 철도운영이나 철도시설관리를 할 때에는 법령에서 정하는 바에 따라 철도안전을 위하여 필요한 조치를 하고, 국가나 지방자치단체가 시행하는 철도안전시책에 적극 협조하여야 한다.

① 관리적·정치적 조직
② 호혜조직
③ 체제유지목적 조직
④ 봉사조직
⑤ 경제적 조직

---

24 사람들은 나무를 심는 일을 땅을 파는 일, 나무를 심는 일, 구멍을 메우는 일로 각각 나누어 진행하였다. 분업화는 이처럼 일을 각 업무별로 나누어 진행하는 것으로 업무의 효율성을 높여주지만, 각각의 일을 담당한 사람들은 본인 위주의 일밖에 할 수 없다는 단점이 있다. 따라서 글에 나타난 문제의 원인으로 ①이 가장 적절하다.

25 국가와 지방자치단체는 사회 속에서 사람·자원 및 하위 체제의 통제·조정에 관한 기능을 수행하는 관리적·정치적 조직에 속한다.

오답분석

② 호혜조직 : 조직으로부터 혜택을 받는 주요 수혜자가 조직의 구성원인 조직으로 노동조합, 정당 등이 이에 해당된다.
③ 체제유지목적 조직 : 교육·문화 등의 활동을 통해 사회의 문화 체제를 계승·발전시키려는 조직으로 교육기관·문화단체 등이 이에 해당된다.
④ 봉사조직 : 일반 대중이 조직의 1차적 수혜자로, 이들을 대상으로 서비스를 제공한다. 학교, 병원 등이 이에 해당된다.
⑤ 경제적 조직 : 사회에서 경제적 생산과 배분의 역할을 하는 조직으로 기업체 등이 이에 해당된다.

정답 24 ① 25 ①

| 2018년

26 다음 사례에서 갑에게 나타난 인지적 오류 유형으로 가장 적절한 것은?

> 을과 함께 있던 갑은 새로 들어온 신입사원이 자신의 옆을 지나가면서 웃는 것을 보고 분명히 자신을 비웃는 것이라고 생각하였다. 을은 과민한 생각이 아니냐며 다른 재밌는 일이 있는 것이라고 이야기했지만, 갑은 을의 이야기를 듣지 않고 자괴감에 빠졌다.

① 정신적 여과
② 개인화
③ 과잉 일반화
④ 이분법적 사고
⑤ 예언자적 사고

| 2018년

27 다음 중 A대리에게 나타나는 증상의 원인으로 가장 적절한 것은?

> S공사 A대리는 회사 내 유능한 인재로 인정받고 있다. 하지만 S공사에서는 적자 해소를 위해 인력을 축소하고 신규인력 채용을 연기하였고 A대리는 기존에 여러 사원과 하던 업무를 점점 홀로 떠맡게 되었다. 일처리가 빠르기로 소문난 A대리였지만, 일이 A대리에게만 집중되자 A대리의 능력으로도 소화해내기 힘들어졌다. A대리는 모든 일에 무기력해졌고, 현재 퇴사를 고려하고 있다.

① 대인관계가 원활하지 않아서
② 일의 난이도가 낮아서
③ 민원 업무 때문에
④ 일의 양이 과도하게 많아서
⑤ 업무에 비해 연봉이 적어서

---

26 갑은 무관한 사건을 자신과 관련된 것으로 잘못 해석하고 있는 개인화의 오류를 범하고 있다.

오답분석

① 정신적 여과 : 상황의 주된 내용은 무시하고, 특정한 일부의 정보에만 주의를 기울여 전체의 의미를 해석하는 오류이다.
③ 과잉 일반화 : 한두 번의 사건에 근거하여 일반적 결론을 내리고, 무관한 상황에도 그 결론을 적용하는 오류이다.
④ 이분법적 사고 : 여러 가지 가능성이 있음에도 불구하고 두 가지 가능성에 한정하여 사고하는 오류이다.
⑤ 예언자적 사고 : 충분한 근거 없이 미래에 일어날 일을 단정하고 확신하는 오류이다.

27 A대리는 갑자기 많아진 업무로 인해 무기력감을 느끼고, 마침내 퇴사까지 고려하고 있다. 이러한 증상은 의욕적으로 일에 몰두하던 사람이 극도의 신체적·정신적 피로감을 호소하며 무기력해지는 번아웃 증후군으로, 주로 긴 노동시간에 비해 짧은 휴식 시간, 강도 높은 노동 등이 원인이 된다.

정답 26 ② 27 ④

| 2018년

28 다음 글에 나타난 유비의 리더십 유형으로 가장 적절한 것은?

> '모난 돌이 정 맞는다.', '갈대는 휘지만 절대 부러지지 않는다.'라는 말이 있다. 직장 생활을 하다 보면 정에 맞거나, 부러져야 할 위기의 순간이 찾아온다. 그때 겉모습은 그리 아름답지 않겠지만 휘거나 굽히는 모양새가 필요하다. 그러나 사실 자존감을 잃지 않는 범위 내에서 겸손과 굽힘의 유연함을 갖추기는 매우 어렵다.
> 우리가 주목해야 할 것은 유비가 제갈량을 얻기 위해 갖춘 겸손의 태도이다. 당시 유비는 47세로, 27세의 제갈량보다 무려 스무 살이나 연상이었다. 그럼에도 불구하고, 유비는 제갈량을 세 번이나 찾아가 머리를 굽혔다. 마지막 세 번째에는 낮잠을 자는 제갈량을 무려 몇 시간이나 밖에 서서 기다리는 모습을 보이면서 제갈량의 마음을 얻은 것으로 알려져 있다. 또한 유비는 나이, 신분, 부, 출신 지역 등을 가리지 않고 인재를 등용했으며, 인재를 얻기 위해서는 자신을 낮추는 데 주저함이 없었다. 당시 유비의 책사였던 서서가 어쩔 수 없는 상황으로 유비를 떠나면서 제갈량을 추천했던 것도 유비의 진심에 탄복했기 때문이다.

① 서번트 리더십
② 카리스마 리더십
③ 거래적 리더십
④ 민주적 리더십
⑤ 방임적 리더십

---

28 유비는 상대의 나이나 신분과 관계없이 스스로를 낮추는 겸손의 태도를 통해 능력 있는 인재들을 등용하여 함께 목표를 달성하고자 했다. 이러한 유비의 태도는 리더가 부하를 섬기며 서로 간의 신뢰를 형성하고, 그들의 성장 및 발전을 통해 궁극적으로 조직의 목표를 달성하는 서번트 리더십을 보여준다.

오답분석

② 카리스마 리더십 : 리더는 구성원의 의견보다는 자신의 주관을 갖고 팀을 이끈다.
③ 거래적 리더십 : 리더가 구성원들과 맺은 교환 관계에 기초해서 영향력을 발휘한다.
④ 민주적 리더십 : 리더는 구성원들의 참여와 합의에 따라 의사결정을 한다.
⑤ 방임적 리더십 : 리더는 최소한의 영향만을 행사하며, 의사결정권을 구성원에게 일임한다.

정답 28 ①

| 2018년

29 **다음 중 밑줄 친 단어의 한자가 바르게 연결된 것은?**

> 현행 수입화물의 프로세스는 적하목록 제출, 입항, 하선, 보세운송, 보세구역 반입, 수입신고, 수입신고 수리, 반출의 절차를 이행하고 있다. 입항 전 수입신고는 5% 내외에 머무르고, 대부분의 수입신고가 보세구역 반입 후에 행해짐에 따라 보세운송 절차와 보세구역 반입 절차가 반드시 수반되어야 했다. 하지만 새로운 제도가 도입되면 해상화물의 적하목록 제출시기가 적재 24시간 전(근거리 출항 전)으로 앞당겨져 입항 전 수입신고가 일반화될 수 있는 여건이 조성될 것이다. 따라서 수입화물 프로세스가 적하목록 제출, 수입신고, 수입신고 수리, 입항, 반출의 절차를 거침에 따라 화물반출을 위한 세관 절차가 입항 전에 종료되므로 보세운송, 보세구역 반입이 생략되어 수입화물을 신속하게 화주에게 인도할 수 있게 된다.

① 積下 – 調聲
② 積下 – 組成
③ 積荷 – 潮聲
④ 積荷 – 造成
⑤ 責任 – 造成

| 2018년

30 **A사에 근무하는 K대리는 워드프로세서로 작성된 보고서에 동영상 파일을 삽입하려고 한다. 다음 중 워드프로세서에 삽입 가능한 동영상 파일의 파일 형식으로 적절하지 않은 것은?**

① mpg
② avi
③ asf
④ mp4
⑤ tif

29
- 적하(積荷) : 화물을 배나 차에 실음
- 조성(造成) : 분위기나 정세 따위를 만듦

오답분석
- 적하(積下) : 짐을 부림
- 조성(調聲) : 소리를 낼 때에 그 높낮이와 장단을 고름
- 조성(組成) : 여러 개의 요소나 성분으로 얽거나 짜서 만듦
- 책임(責任) : 맡아서 해야 할 임무나 의무

30 워드프로세서에 삽입 가능한 동영상 파일의 파일 형식은 mpg, avi, asf, wmv, mp4 등이 있으며, tif는 고화질과 큰 사이즈의 사진을 뽑거나 인쇄를 할 때 사용하기 적합한 이미지 파일 형식이다.

정답 29 ④ 30 ⑤

| 2018년

31 **다음은 어느 영화의 한 장면이다. 다음 중 이 영화에서 하고자 하는 이야기로 가장 적절한 것은?**

> 어느 한 법정에서 선정된 12명의 배심원이 한 소년의 살인죄에 대한 유·무죄를 가린다. 배심원들의 의견이 만장일치가 되어야만 소년의 형량이 결정되는데, 12명의 배심원은 학교의 빈 강당으로 수용되고 이들은 모든 외부 세계와 단절된다. 혹시라도 있을 수 있는 편견과 잘못된 판단을 방지하기 위해서이다. 이들은 서로 이름도 모르고 아무런 연계성이 없는 사람들로 이들 중 대표 한 사람을 뽑아서 회의를 연다. 이들은 모두 어차피 수사가 다 끝났고 증인도 있으니 이 불쌍한 소년이 유죄라 생각하며 빨리 결정을 내고 해산하려는 생각뿐이다. 그러나 그중 단 한 사람이 무죄를 선언하자 야단법석이 일어난다.
> "정말로 무죄라고 생각하시나요?"
> "꼭 저런 사람들이 있지."
> "저 소년과 아는 사이 아닌가!"
> 하지만 그 한 명의 배심원은 그들의 압력에 동조하지 않고 말했다.
> "나까지 저 소년이 유죄라고 하면, 저 소년은 진짜로 죽을 것 아니오?"
> 결국 비밀 투표가 시행되고, 한 사람이 더 무죄에 투표하게 된다. 배심원들 사이에서 분분한 논쟁이 이어지면서 하나둘씩 소년의 무죄를 느낀다. 결정적으로 이 살인사건의 증인이었던 옆집 여자의 증언이 위증으로 판명되면서 배심원 모두가 소년의 무죄를 선언하게 된다.

① 다수의 의견에 따라야 한다.
② 범죄를 저질렀으면 벌을 받아야 한다.
③ 결정을 내리기 전에는 다른 의견도 들어봐야 한다.
④ 다수의 의견이 항상 옳은 것은 아니다.
⑤ 소수의 의견은 다수의 의견에 앞선다.

---

31 한 사람만이 소년이 유죄라는 대다수의 의견에 동조하지 않고 소년의 무죄를 주장하였고, 마침내 소년은 무죄로 판결 받는다. 다수의 의견을 따라 판결을 내렸다면 소년은 억울하게 살인죄의 판정을 받았을 것이다. 이를 통해 이 영화는 다수의 의견이 항상 옳지만은 않다는 것을 이야기하고 있다.

정답 31 ④

| 2018년

32 전통적인 회식비 분담 방식은 회식비 총액을 인원수로 나누는 방식이다. 하지만 최근에는 자신이 주문한 만큼 부담하는 거래내역 방식을 사용하기도 한다. 다음 중 전통적인 방식에 비해 거래내역 방식으로 회식비를 분담할 때 부담이 덜어지는 사람은 누구인가?

〈주문내역〉

구분	메인요리	샐러드	디저트
병수	12,000원	–	3,000원
다인	15,000원	5,000원	3,000원, 5,000원
한별	13,000원	5,000원	7,000원
미진	15,000원	3,000원	6,000원, 5,000원
건우	12,000원	4,000원	5,000원, 5,000원

① 병수
② 다인
③ 한별
④ 미진
⑤ 건우

| 2018년

33 다음 중 벤치마킹의 분류와 그 특징이 잘못 연결된 것은?

① 내부적 벤치마킹 – 자사 내 타부서와 비교하는 방법
② 경쟁적 벤치마킹 – 경쟁사와 비교하여 유사 업무 처리 과정을 비교하는 방법
③ 기능적 벤치마킹 – 동일한 산업의 동일한 기능을 비교하는 방법
④ 전략적 벤치마킹 – 최우수 기업의 전략과 방법을 조사하는 방법
⑤ 본원적 벤치마킹 – 동일한 제품을 판매하는 경쟁사의 사업 과정을 비교하는 방법

---

32 거래내역 방식은 각자 주문한 금액만 부담하므로 주문금액을 정리하면 다음과 같다.

구분	주문금액
병수	12,000+3,000=15,000원
다인	15,000+5,000+3,000+5,000=28,000원
한별	13,000+5,000+7,000=25,000원
미진	15,000+3,000+6,000+5,000=29,000원
건우	12,000+4,000+5,000+5,000=26,000원
합계	123,000원

전통적인 회식비 분담 방식으로 낼 경우, 모두 $\frac{123,000}{5}$=24,600원씩 부담한다. 따라서 거래내역 방식으로 회식비를 분담할 때 부담이 덜어지는 사람은 병수이다.

33 본원적 벤치마킹(과정 벤치마킹)은 가장 넓은 범위의 벤치마킹으로, 비교 대상은 경쟁 관계나 산업영역에 구애받지 않는다. 따라서 전혀 다른 제품을 생산하는 회사의 사업 과정도 그 비교 대상이 될 수 있다.

정답 32 ① 33 ⑤

| 2018년

34 다음은 A ~ E자동차의 성능을 비교한 자료이다. K씨의 가족은 서울에서 거리가 140km 떨어진 곳으로 여행을 가려고 한다. 가족 구성원은 총 4명이며 모두가 탈 수 있는 차를 렌탈하려고 할 때, 어떤 자동차를 이용하는 것이 가장 비용이 적게 드는가?(단, 비용은 일의 자리에서 반올림한다)

〈자동차 성능 현황〉

구분	종류	연료	연비
A자동차	하이브리드	일반 휘발유	25km/L
B자동차	전기	전기	6km/kW
C자동차	가솔린 자동차	고급 휘발유	19km/L
D자동차	가솔린 자동차	일반 휘발유	20km/L
E자동차	가솔린 자동차	고급 휘발유	22km/L

〈연료별 비용〉

구분	비용
전기	500원/kW
일반 휘발유	1,640원/L
고급 휘발유	1,870원/L

〈자동차 인원〉

구분	인원
A자동차	5인승
B자동차	2인승
C자동차	4인승
D자동차	6인승
E자동차	4인승

① A자동차
② B자동차
③ C자동차
④ D자동차
⑤ E자동차

---

34 K씨 가족은 4명이므로 4인승 이상의 자동차를 택해야 한다. 2인승인 B자동차를 제외한 나머지 4종류 자동차의 주행거리에 따른 연료비용은 다음과 같다.

- A자동차 : $\frac{140}{25} \times 1,640 \fallingdotseq 9,180$원
- C자동차 : $\frac{140}{19} \times 1,870 \fallingdotseq 13,780$원
- D자동차 : $\frac{140}{20} \times 1,640 = 11,480$원
- E자동차 : $\frac{140}{22} \times 1,870 = 11,900$원

따라서 A자동차를 이용하는 것이 가장 비용이 적게 든다.

정답 34 ①

| 2018년

35 **다음 A, B의 태도에 알맞은 직업윤리 덕목은?**

> A : 내가 하는 일은 내가 가장 잘할 수 있는 일이고, 나는 내게 주어진 사회적 역할과 책무를 충실히 하여 사회에 기여하고 공동체를 발전시켜나간다.
> B : 내가 하는 일은 기업의 이익을 넘어 사회에 기여할 수 있는 일이라고 생각한다. 나는 이런 중요한 일을 하므로 내 직업에 있어서 성실히 임해야 한다.

	A의 직업윤리	B의 직업윤리
①	봉사의식	소명의식
②	책임의식	직분의식
③	천직의식	소명의식
④	전문가의식	직분의식
⑤	봉사의식	책임의식

| 2018년

36 **다음은 철도종사자 등의 신체검사에 관한 지침의 일부이다. 밑줄 친 정보에 해당하는 것은?**

> **〈철도종사자 등의 신체검사에 관한 지침〉**
>
> 제9조(기록보존 등)
> ① 신체검사의료기관은 신체검사 판정서를 발급한 경우에는 별지 제2호 서식의 신체검사 판정서 관리대장에 기록하고, 다음 각 호의 서류를 신체검사 판정서를 발급한 날부터 5년 동안 보존하여야 한다.
> 1. 신체검사판정서 및 관련 검사자료
> 2. 신체검사판정서 교부대장
>
> ② 제1항 각 호에 따른 자료에 대하여는 교육생의 경우에는 교육훈련기관이, 철도종사자의 경우에는 철도운영기관이, 운전면허시험・관제자격증명 응시자의 경우에는 교통안전공단이 각각 철도안전정보망에 입력하여야 하며, 교통안전공단 이사장은 그 자료를 보관・관리하여야 한다.
> ③ 신체검사의료기관의 장은 신체검사 판정서 및 신체검사의 기록 등 신체검사를 시행하는 과정에서 알게 된 <u>정보</u>에 관하여는 누설하지 말아야 한다.

① 몸무게
② 면허발급일자
③ 근속기간
④ 주소지
⑤ 연봉

---

35 A는 직업에 대한 사회적 역할과 책무를 충실히 수행하는 책임의식의 태도를 지니고 있으며, B는 자신이 맡은 일이 사회와 기업을 성장시키는 데 중요하다고 생각하는 직분의식의 태도를 지니고 있다.

오답분석

- 봉사의식 : 직업을 통해 다른 사람과 공동체에 봉사하는 정신을 갖추고 실천하는 태도이다.
- 소명의식 : 자신의 일은 하늘에 의해 맡겨진 것이라 생각하는 태도이다.
- 천직의식 : 자신의 일이 능력과 적성에 꼭 맞다 여기고 열성을 가지고 성실히 임하는 태도이다.
- 전문가의식 : 자신이 맡은 일의 분야에 대한 지식과 교육을 밑바탕으로 성실히 일하는 태도이다.

36 밑줄 친 정보는 신체검사를 통해 알 수 있는 부분으로, ①은 신체검사 항목에 해당되나, ②・③・④・⑤는 해당되지 않는다.

정답 35 ② 36 ①

| 2018년

37 **다음 사례에서 박 과장이 속한 부적응적 인간관계 유형은 무엇인가?**

> 박 과장은 모든 사내 인간관계에서 다툼과 대립을 반복하여 팀 내에서 늘 갈등의 중심으로 여겨진다. 사내에는 박 과장과 친한 사람도 있지만, 자주 갈등을 일으키는 탓에 박 과장을 싫어하는 사람도 많다. 김 대리는 이 과장과의 면담에서 박 과장이 팀 내에서 늘 갈등을 일으키는 것을 이야기하며, 박 과장의 언행으로 인해 감정이 상했다고 털어 놓았다. 그러나 박 과장과 친한 이 과장은 박 과장이 사실은 두려움이 많은 친구라고 이야기했다.

① 불안형　　② 실리형
③ 소외형　　④ 반목형
⑤ 의존형

---

37 박 과장은 다른 사람들과 친밀한 관계를 맺기도 하지만, 주로 인간관계에서 대립과 다툼을 반복하기 때문에 반목형의 유형에 속한다.

부적응적 인간관계 유형

- 회피형
  - 경시형 : 인간관계가 사는 데 있어 중요하지 않고 무의미하다고 생각하는 유형
  - 불안형 : 사람을 사귀고자 하는 욕구가 있지만, 사람을 만나는 것이 불안하고 두려워 결과적으로 경시형과 같이 고립된 생활을 하는 유형
- 피상형
  - 실리형 : 인간관계를 실리적인 목적에 두는 유형
  - 유희형 : 인간관계는 항상 즐거움을 추구하며 가벼운 관계를 유지하는 유형
- 미숙형
  - 소외형 : 대인관계 기술이 미숙하여 다른 사람들로부터 따돌림을 받는 유형
  - 반목형 : 인간관계에서 대립과 다툼을 반복하여 다른 사람에게 상처를 남기는 유형
- 탐닉형
  - 의존형 : 스스로를 나약한 존재라고 생각하여 항상 누군가에게 의지하려는 유형
  - 지배형 : 혼자서는 항상 허전함과 불안함을 느껴 자신의 추종세력을 찾는 유형

정답 37 ④

| 2018년

38 다음 자료는 운전면허 취득을 위한 교육훈련 과정별 교육시간 및 교육훈련 과목이다. 주어진 자료를 참고하여 갑과 을의 대화 중 밑줄 친 ㉠과 관련된 욕구와 이에 대한 을의 조언을 바르게 연결한 것은?

〈운전면허 취득을 위한 교육훈련 과정별 교육시간 및 교육훈련 과목(제20조 제3항 관련)〉

1. 일반응시자

교육과정	교육훈련 과목
디젤차량 운전면허(470시간)	• 현장실습교육 • 운전실무 및 모의운행훈련 • 비상 시 조치 등
제1종 전기차량 운전면허(470시간)	
제2종 전기차량 운전면허(410시간)	
철도장비 운전면허(170시간)	
노면전차 운전면허(240시간)	

2. 운전면허 소지자

소지면허	교육과정	교육훈련 과목
디젤차량 운전면허 제1종 전기차량 운전면허 제2종 전기차량 운전면허	고속철도차량 운전면허(280시간)	• 현장실습교육 • 운전실무 및 모의운행훈련 • 비상 시 조치 등
디젤차량 운전면허	제1종 전기차량 운전면허(35시간)	• 현장실습교육 • 운전실무 및 모의운행훈련
	제2종 전기차량 운전면허(35시간)	
	노면전차 운전면허(20시간)	
제1종 전기차량 운전면허	디젤차량 운전면허(35시간)	• 현장실습교육 • 운전실무 및 모의운행훈련
	제2종 전기차량 운전면허(35시간)	
	노면전차 운전면허(20시간)	
제2종 전기차량 운전면허	디젤차량 운전면허(70시간)	• 현장실습교육 • 운전실무 및 모의운행훈련
	제1종 전기차량 운전면허(70시간)	
	노면전차 운전면허(20시간)	
철도장비 운전면허	디젤차량 운전면허(260시간)	• 현장실습교육 • 운전실무 및 모의운행훈련 • 비상 시 조치 등
	제1종 전기차량 운전면허(260시간)	
	제2종 전기차량 운전면허(170시간)	
	노면전차 운전면허(100시간)	
노면전차 운전면허	디젤차량 운전면허(120시간)	• 현장실습교육 • 운전실무 및 모의운행훈련 • 비상 시 조치 등
	제1종 전기차량 운전면허(120시간)	
	제2종 전기차량 운전면허(105시간)	
	철도장비 운전면허(45시간)	

3. 일반사항
   가. 철도차량 운전면허 소지자가 다른 종류의 철도차량 운전면허를 취득하기 위하여 교육훈련을 받는 경우에는 신체검사와 적성검사를 받은 것으로 본다. 다만, 철도장비 운전면허 소지자가 다른 종류의 철도차량 운전면허를 취득하기 위하여 교육훈련을 받는 경우에는 적성검사를 받아야 한다.
   나. 고속철도차량 운전면허를 취득하기 위한 교육훈련을 받으려는 사람은 법 제21조에 따른 디젤차량, 제1종 전기차량 또는 제2종 전기차량의 운전업무 수행경력이 3년 이상 있어야 한다.
   다. 모의운행훈련은 전(全) 기능 모의운전연습기를 활용한 교육훈련과 병행하여 실시하는 기본기능 모의운전연습기 및 컴퓨터지원교육시스템을 활용한 교육훈련을 포함한다.
   라. 철도장비 운전면허 취득을 위하여 교육훈련을 받는 사람의 모의운행훈련은 다른 차량 종류의 모의운전연습기를 활용하여 실시할 수 있다.
   마. 교육시간은 교육훈련기관이 별도로 정하는 성적평가 기준에 따라 개인별로 20% 범위에서 단축할 수 있다.

갑 : 제1종 전기차량 운전면허를 따야겠어.
을 : 그래, 너의 꿈을 이루려면 지금 가지고 있는 제2종 전기차량 운전면허로는 부족하겠지. 제1종 전기차량 운전면허를 취득하는 것은 좋은 방법이라고 생각해.
갑 : 하지만 나는 지금 아이도 커 가고 있고……. 470시간의 교육을 받으려면 현재 직장을 그만두어야 하는데, 그러면 당장 ㉠ 생활하기가 어려워.
을 : ______________________________

① 안전의 욕구 – 자네는 너무 자기합리화를 하는 것 같아.
② 생리적 욕구 – 자네는 너무 제한적으로 사고하는 것 같아.
③ 안전의 욕구 – 자네는 자기중심적으로 생각하는 것 같아. 주변을 둘러봐.
④ 생리적 욕구 – 자네는 내부정보를 제대로 알아보지 않은 것 같네.
⑤ 자아실현 욕구 – 자네는 너무 제한적으로 사고하는 것 같아.

---

38 매슬로우의 욕구 5단계에 따르면 기본적인 식욕, 수면욕이나 의식주와 같이 우리 생활의 가장 기본적인 요소들은 생리적 욕구에 속하므로 갑이 고민하고 있는 문제는 생리적 욕구이다. 또한, 갑은 제2종 전기차량 운전면허를 이미 소지하고 있으므로 제1종 전기차량 운전면허를 취득하기 위해서는 470시간이 아닌 70시간의 교육과정만 받으면 된다. 따라서 교육시간 정보를 제대로 알아보지 못한 갑에 대해 을의 조언으로 ④가 적절하다.

정답 38 ④

| 2018년

39 다음 중 안드라고지(Andragogy)에 대한 설명으로 옳지 않은 것은?

① 성과 중심, 문제해결 중심, 생활 중심의 성향을 보인다.
② 교수자는 지원자의 안내자 역할을 한다.
③ 교사중심 교육이며 교과중심적인 성향을 갖는다.
④ 학습의 책임이 학생에게 있다고 본다.
⑤ 학습자가 스스로 배우고 주도해 나가는 과정을 의미한다.

| 2018년

40 다음 중 어미 '-지'의 쓰임이 잘못 연결된 것은?

> ㉠ 상반되는 사실을 서로 대조적으로 나타내는 연결 어미
> ㉡ (용언 어간이나 어미 '-으시-', '-었-', '-겠-' 뒤에 붙어) 해할 자리에 쓰여, 어떤 사실을 긍정적으로 서술하거나 묻거나 명령하거나 제안하는 따위의 뜻을 나타내는 종결 어미. 서술, 의문, 명령, 제안 따위로 두루 쓰인다.
> ㉢ (용언의 어간이나 어미 '-으시-', '-었-' 뒤에 붙어) 그 움직임이나 상태를 부정하거나 금지하려 할 때 쓰이는 연결 어미. '않다', '못하다', '말다' 따위가 뒤따른다.

① ㉠ - 콩을 심으면 콩이 나지 팥이 날 수는 없다.
② ㉡ - 그는 이름난 효자이지.
③ ㉡ - 그는 어떤 사람이지?
④ ㉢ - 쓰레기를 버리지 마시오.
⑤ ㉢ - 그는 얼마나 부지런한지 세 사람 몫의 일을 해낸다.

---

39 페다고지(Pedagogy)에 대한 설명이다.

페다고지와 안드라고지의 비교

구분	페다고지(Pedagogy)	안드라고지(Andragogy)
학습자	의존적	자기주도적
교사(교수자)	권위적	동기부여자, 안내자
학습지향성	교과목 지향	생활중심적, 성과지향적
교육방법	교사중심적 수업	학생중심적 수업
학습초점	개인의 초점	문제해결에 초점
학습책임	교사가 책임	학생이 책임
경험	중요하지 않음	매우 중요함

40 ⑤에서는 ㉢이 아닌 '막연한 의문이 있는 채로 그것을 뒤 절의 사실이나 판단과 관련시키는 데 쓰는 연결어미'인 '-ㄴ지'가 사용되었다.

정답 39 ③ 40 ⑤

| 2018년

41 다음 중 철도 운전면허를 취득할 수 있는 사람은?

〈철도안전법〉

제11조(결격사유)
다음 각 호의 어느 하나에 해당하는 사람은 운전면허를 받을 수 없다.
1. 만 18세 미만인 사람
2. 철도차량 운전상의 위험과 장해를 일으킬 수 있는 정신질환자 또는 뇌전증환자로서 대통령령으로 정하는 사람
3. 철도차량 운전상의 위험과 장해를 일으킬 수 있는 약물(마약류 관리에 관한 법률 제2조 제1호에 따른 마약류 및 화학물질관리법 제22조 제1항에 따른 환각물질을 말한다. 이하 같다) 또는 알코올 중독자로서 대통령령으로 정하는 사람
4. 두 귀의 청력을 완전히 상실한 사람, 두 눈의 시력을 완전히 상실한 사람, 그 밖에 대통령령으로 정하는 신체장애인

〈철도안전법 시행규칙〉

제12조(운전면허를 받을 수 없는 사람)
① 철도안전법 제11조 제2호 및 제3호에서 '대통령령으로 정하는 사람'이란 해당 분야 전문의가 정상적인 운전을 할 수 없다고 인정하는 사람을 말한다.
② 철도안전법 제11조 제4호에서 '대통령령으로 정하는 신체장애인'이란 다음 각 호의 어느 하나에 해당하는 사람을 말한다.
1. 말을 하지 못하는 사람
2. 한쪽 다리의 발목 이상을 잃은 사람
3. 한쪽 팔 또는 한쪽 다리 이상을 쓸 수 없는 사람
4. 다리·머리·척추 또는 그 밖의 신체장애로 인하여 걷지 못하거나 앉아 있을 수 없는 사람
5. 한쪽 손 이상의 엄지손가락을 잃었거나 엄지손가락을 제외한 손가락을 3개 이상 잃은 사람

① 전문의가 뇌전증환자로서 정상적인 운전을 할 수 없다고 인정한 사람
② 전문의가 알코올 중독자로서 정상적인 운전을 할 수 없다고 인정한 사람
③ 교통사고로 두 다리를 잃어 걷지 못하는 사람
④ 태어날 때부터 두 눈의 시력을 완전히 상실한 사람
⑤ 사고로 한쪽 손의 새끼손가락을 잃은 사람

---

41 철도안전법 시행규칙 제12조 제2항 제5호에 따르면 한쪽 손 이상의 엄지손가락을 잃었거나 엄지손가락을 제외한 손가락을 3개 이상 잃은 사람의 경우 운전면허를 받을 수 없다. 따라서 한쪽 손의 새끼손가락을 잃은 사람은 이에 해당하지 않으므로, 철도 운전면허를 취득할 수 있다.

오답분석
① 철도안전법 제11조 제2호
② 철도안전법 제11조 제3호
③ 철도안전법 시행규칙 제12조 제2항 제3호
④ 철도안전법 제11조 제4호

정답 41 ⑤

| 2018년

42 K회사의 업무는 전 세계에서 이루어진다. 런던지사에 있는 A대리는 11월 1일 오전 9시에 업무를 시작하여 오후 10시에 마치고 시애틀에 있는 B대리에게 송부하였다. B대리는 11월 2일 오후 3시부터 작업하여, 끝내고 바로 서울에 있는 C대리에게 자료를 송부하였다. C대리는 자료를 받자마자 11월 3일 오전 9시부터 자정까지 작업을 하고 최종 보고하였다. 다음 중 세 명이 업무를 마무리 하는 데 걸린 시간은 총 몇 시간인가?

위치	시차
런던	GMT+0
시애틀	GMT−7
서울	GMT+9

① 25시간
② 30시간
③ 35시간
④ 40시간
⑤ 45시간

| 2018년

43 다음 A사원과 B사원의 대화 중 빈칸에 들어갈 단축키 내용으로 적절한 것은?

A사원 : 오늘 야근 예정이네. 이걸 다 언제하지?
B사원 : 무슨 일인데 그래?
A사원 : 아니 부장님이 오늘 가입한 회원들 중 30대의 데이터만 모두 추출하라고 하시잖아. 오늘 가입한 사람들만 1,000명이 넘는데…
B사원 : 엑셀의 자동필터 기능을 사용하면 되잖아. 단축키는 ________야.
A사원 : 이런 기능이 있었구나! 덕분에 오늘 일찍 퇴근할 수 있겠군. 고마워!

① Ctrl + Shift + L
② Ctrl + Shift + %5
③ Ctrl + Shift + &7
④ Ctrl + Shift + :;
⑤ Ctrl + Shift + F

---

42 런던에서 A대리는 11월 1일 오전 9시부터 오후 10시까지 일을 하여 13시간이 걸렸다. 시애틀의 B대리는 11월 2일 오후 3시부터 서울 시간으로 11월 3일 오전 9시에 일을 끝마쳤다. 서울 시간을 시애틀 시간으로 바꾸면 시애틀이 서울보다 16시간 느리므로 B대리가 끝마친 시간은 11월 2일 오후 5시가 되고, B대리가 업무하는 데 걸린 시간은 2시간이다. 마지막으로 C대리는 11월 3일 오전 9시부터 자정까지 작업을 하고 보고했으므로 15시간이 걸렸다. 따라서 세 명의 대리가 업무를 하는 데 걸린 시간은 총 13+2+15=30시간이다.

43 엑셀 자동필터 설정 단축키는 Ctrl+Shift+L이다.

오답분석

② 백분율 적용
③ 테두리 적용
④ 현재 시간 나타내기
⑤ 셀 서식

정답 42 ② 43 ①

| 2018년

44 A ~ E사의 올해 영업이익 결과에 대해 사람들이 이야기하고 있다. 이 중 한 사람만 거짓을 말할 때, 항상 참인 것은? (단, 영업이익은 올랐거나 내렸다)

> 철수 : A사는 영업이익이 올랐다.
> 영희 : B사는 D사보다 영업이익이 더 올랐다.
> 수인 : E사의 영업이익이 내렸고, C사 영업이익도 내려갔다.
> 희재 : E사는 영업이익은 올랐다.
> 연미 : A사는 D사보다 영업이익이 덜 올랐다.

① E사는 영업이익이 올랐다.
② B사는 A사보다 영업이익이 더 올랐다.
③ C사의 영업이익이 내려갔다.
④ D사는 E사보다 영업이익이 덜 올랐다.
⑤ E사는 B사보다 영업이익이 덜 올랐다.

---

44 다섯 명 중 수인과 희재는 동시에 참이 될 수 없으므로 수인이나 희재가 거짓을 말한다.
수인이가 거짓을 말할 경우와 희재가 거짓을 말할 경우, 항상 참인 영희와 연미의 명제를 정리해보면 영업이익이 많이 오른 순서는 B사 > D사 > A사이다. 따라서 ②가 항상 참임을 알 수 있다.

오답분석

① 희재가 거짓일 때는 E사의 영업이익이 내렸다.
③ 수인이가 거짓일 때는 C사의 영업이익이 올랐다.
④ D사와 E사의 영업이익 비교는 명제들 사이에서 알 수 없는 사실이다.
⑤ B사와 E사의 영업이익 비교는 명제들 사이에서 알 수 없는 사실이다.

정답 44 ②

| 2018년

45 다음의 표는 두 회사가 광고를 투입할 경우에 얻어지는 회사별 수입을 나타내고 있다. 다음 중 옳지 않은 것은?

구분	B회사는 광고를 한다	B회사는 광고를 하지 않는다
A회사는 광고를 한다	A회사 매출 70% 상승, B회사 매출 70% 상승	A회사 매출 100% 상승, B회사 매출 30% 하락
A회사는 광고를 하지 않는다	A회사 매출 30% 하락, B회사 매출 100% 상승	A회사 매출 30% 상승, B회사 매출 30% 상승

① 두 회사 모두 광고를 하는 것이 이 문제의 우월전략균형이다.
② 두 회사 모두 광고를 하지 않는 것이 이 문제의 내쉬균형이다.
③ 이 상황이 반복되면 두 회사는 광고를 계속하게 될 것이다.
④ 광고를 하는 것이 우월전략이고, 안 하는 것이 열등전략이다.
⑤ 두 회사는 상대방이 광고유무에 상관없이 광고를 하는 것이 최적의 전략이다.

| 2018년

46 다음은 권력과 복종을 기준으로 조직을 구분한 에치오니(Etzioni)의 조직 유형이다. 다음 중 각 조직 유형에 대한 설명이 잘못 연결된 것은?

구분	소외적 몰입	타산적 몰입	도덕적 몰입
강제적 권력	㉠		
보상적 권력		㉡	
규범적 권력			㉢

① ㉠ – 강제적 통제 권력이 사용되며, 구성원은 조직의 목적에 매우 부정적인 태도를 취한다.
② ㉠ – 교도소나 군대 등이 이에 속한다.
③ ㉡ – 물질적 보상체제를 사용하여 구성원을 통제하고, 구성원은 보상에 따라 타산적으로 조직에 참여한다.
④ ㉢ – 종교 단체나 전문직 단체 등이 이에 속한다.
⑤ ㉢ – 구성원은 반대급부에 대한 계산을 따져보고 그만큼만 조직에 몰입한다.

---

45 내쉬균형은 게임이론의 개념으로써 각 참여자가 상대방의 전략을 주어진 것으로 보고 자신에게 최적인 전략을 선택할 때, 그 결과가 균형을 이루는 최적 전략의 집합을 말한다. 상대방의 전략이 공개되었을 때 어느 누구도 자기 전략을 변화시키려고 하지 않는 전략의 집합이라고 말할 수 있다. A·B회사가 광고를 같이 하거나 하지 않을 때 둘 다 매출이 상승하고 어느 한 회사만 광고를 할 경우 광고를 한 회사만 매출이 상승한다. 따라서 두 회사 모두 광고를 하는 것이 내쉬균형이 된다.

46 ㉢은 규범적 조직으로 이 조직의 구성원은 보상과 관계없이 당연히 조직에 순응해야 한다고 생각하여 조직에 헌신적으로 참여한다. 이와 달리 공리적 조직(㉡)의 구성원은 대부분이 보수·상여금 등에 대하여 이해득실을 따져 조직에 참여한다. 따라서 ⑤는 공리적 조직에 대한 설명이다.

정답 45 ② 46 ⑤

| 2018년

47 **협상과정은 '협상 시작 → 상호 이해 → 실질 이해 → 해결 대안 → 합의 문서' 5단계로 구분할 수 있다. 다음 〈보기〉의 내용을 협상 순서에 따라 바르게 나열한 것은?**

〈보기〉

㉠ 최선의 대안에 대해 합의하고 이를 선택한다.
㉡ 겉으로 주장하는 것과 실제로 원하는 것을 구분하여 실제로 원하는 바를 찾아낸다.
㉢ 협상 진행을 위한 체제를 구축한다.
㉣ 갈등 문제의 진행 상황 및 현재 상황을 점검한다.
㉤ 합의문의 합의 내용, 용어 등을 재점검한다.

① ㉠ → ㉡ → ㉣ → ㉢ → ㉤
② ㉠ → ㉣ → ㉡ → ㉢ → ㉤
③ ㉢ → ㉣ → ㉡ → ㉠ → ㉤
④ ㉢ → ㉡ → ㉣ → ㉠ → ㉤
⑤ ㉢ → ㉡ → ㉣ → ㉤ → ㉠

---

47 협상의 단계에 따라 〈보기〉를 배열하면 ㉢ 협상 시작 → ㉣ 상호 이해 → ㉡ 실질 이해 → ㉠ 해결 대안 → ㉤ 합의 문서의 순서임을 알 수 있다.

협상과정의 5단계

- 협상 시작
  - 협상 당사자들 사이에 상호 친근감을 쌓음
  - 간접적인 방법으로 협상의사를 전달
  - 상대방의 협상의지를 확인
  - 협상 진행을 위한 체제를 짬
- 상호 이해
  - 갈등 문제의 진행사항과 현재의 상황을 점검
  - 적극적으로 경청하고 자기주장을 제시
  - 협상을 위한 협상대상 안건을 결정
- 실질 이해
  - 겉으로 주장하는 것과 실제로 원하는 것을 구분하여 실제로 원하는 바를 찾아냄
  - 분할과 통합의 기법을 활용하여 이해관계를 분석
- 해결 대안
  - 협상 안건마다 대안들을 평가
  - 개발한 대안들을 평가
  - 최선의 대안에 대해서 합의하고 선택
  - 대안 이행을 위한 실행계획 수립
- 합의 문서
  - 합의문 작성
  - 합의문의 합의 내용, 용어 등을 재점검
  - 합의문에 서명

정답 47 ③

※ 다음은 철도안전법과 철도안전법 시행령·시행규칙의 일부이다. 이어지는 질문에 답하시오. [48~49]

〈철도안전법〉

제5조(철도안전 종합계획)

① 국토교통부장관은 5년마다 철도안전에 관한 종합계획(이하 '철도안전 종합계획'이라 한다)을 수립하여야 한다.

③ 국토교통부장관은 철도안전 종합계획을 수립할 때에는 미리 관계 중앙행정기관의 장 및 철도운영자 등과 협의한 후 기본법 제6조 제1항에 따른 철도산업위원회의 심의를 거쳐야 한다. 수립된 철도안전 종합계획을 변경(대통령령으로 정하는 경미한 사항의 변경은 제외한다)할 때에도 또한 같다. 〈개정 2013. 3. 23.〉

④ 국토교통부장관은 철도안전 종합계획을 수립하거나 변경하기 위하여 필요하다고 인정하면 관계 중앙행정기관의 장 또는 특별시장·광역시장·특별자치시장·도지사·특별자치도지사(이하 '시·도지사'라 한다)에게 관련 자료의 제출을 요구할 수 있다. 자료 제출 요구를 받은 관계 중앙행정기관의 장 또는 시·도지사는 특별한 사유가 없으면 이에 따라야 한다. 〈개정 2013. 3. 23.〉

제6조(시행계획)

① 국토교통부장관, 시·도지사 및 철도운영자등은 철도안전 종합계획에 따라 소관별로 철도안전 종합계획의 단계적 시행에 필요한 연차별 시행계획(이하 '시행계획'이라 한다)을 수립·추진하여야 한다. 〈개정 2013. 3. 23.〉

제7조(안전관리체계의 승인)

① 철도운영자등(전용철도의 운영자는 제외한다. 이하 이 조 및 제8조에서 같다)은 철도운영을 하거나 철도시설을 관리하려는 경우에는 인력, 시설, 차량, 장비, 운영절차, 교육훈련 및 비상대응계획 등 철도 및 철도시설의 안전관리에 관한 유기적 체계(이하 '안전관리체계'라 한다)를 갖추어 국토교통부장관의 승인을 받아야 한다. 〈개정 2013. 3. 23., 2015. 1. 6.〉

② 전용철도의 운영자는 자체적으로 안전관리체계를 갖추고 지속적으로 유지하여야 한다.

③ 철도운영자등은 제1항에 따라 승인받은 안전관리체계를 변경(제5항에 따른 안전관리기준의 변경에 따른 안전관리체계의 변경을 포함한다. 이하 이 조에서 같다)하려는 경우에는 국토교통부장관의 변경승인을 받아야 한다. 다만, 국토교통부령으로 정하는 경미한 사항을 변경하려는 경우에는 국토교통부장관에게 신고하여야 한다. 〈개정 2013. 3. 23.〉

⑤ 국토교통부장관은 철도안전경영, 위험관리, 사고 조사 및 보고, 내부점검, 비상대응계획, 비상대응훈련, 교육훈련, 안전정보관리, 운행안전관리, 차량·시설의 유지관리(차량의 기대수명에 관한 사항을 포함한다) 등 철도운영 및 철도시설의 안전관리에 필요한 기술기준을 정하여 고시하여야 한다. 〈개정 2013. 3. 23., 2015. 1. 6.〉

제8조(안전관리체계의 유지 등)

① 철도운영자등은 철도운영을 하거나 철도시설을 관리하는 경우에는 제7조에 따라 승인받은 안전관리체계를 지속적으로 유지하여야 한다.

② 국토교통부장관은 철도운영자등이 제1항에 따른 안전관리체계를 지속적으로 유지하는지를 점검·확인하기 위하여 국토교통부령으로 정하는 바에 따라 정기 또는 수시로 검사할 수 있다. 〈개정 2013. 3. 23.〉

제9조(승인의 취소 등)

① 국토교통부장관은 안전관리체계의 승인을 받은 철도운영자등이 다음 각 호의 어느 하나에 해당하는 경우에는 그 승인을 취소하거나 6개월 이내의 기간을 정하여 업무의 제한이나 정지를 명할 수 있다. 다만, 제1호에 해당하는 경우에는 그 승인을 취소하여야 한다. 〈개정 2013. 3. 23.〉

1. 거짓이나 그 밖의 부정한 방법으로 승인을 받은 경우
2. 제7조 제3항을 위반하여 변경승인을 받지 아니하거나 변경신고를 하지 아니하고 안전관리체계를 변경한 경우
3. 제8조 제1항을 위반하여 안전관리체계를 지속적으로 유지하지 아니하여 철도운영이나 철도시설의 관리에 중대한 지장을 초래한 경우
4. 제8조 제3항에 따른 시정조치명령을 정당한 사유 없이 이행하지 아니한 경우

제61조(철도사고 등 보고)

① 철도운영자 등은 사상자가 많은 사고 등 대통령령으로 정하는 철도사고 등이 발생하였을 때에는 국토교통부령으로 정하는 바에 따라 즉시 국토교통부장관에게 보고하여야 한다. 〈개정 2013. 3. 23.〉

② 철도운영자 등은 제1항에 따른 철도사고 등을 제외한 철도사고 등이 발생하였을 때에는 국토교통부령으로 정하는 바에 따라 사고 내용을 조사하여 그 결과를 국토교통부장관에게 보고하여야 한다. 〈개정 2013. 3. 23.〉

〈철도안전법 시행령〉

제5조(시행계획 수립절차 등)

① 법 제6조에 따라 특별시장・광역시장・특별자치시장・도지사 또는 특별자치도지사(이하 '시・도지사'라 한다)와 철도운영자 및 철도시설관리자(이하 '철도운영자 등'이라 한다)는 다음 연도의 시행계획을 매년 10월 말까지 국토교통부장관에게 제출하여야 한다. 〈개정 2013. 3. 23.〉

② 시・도지사 및 철도운영자 등은 전년도 시행계획의 추진실적을 매년 2월 말까지 국토교통부장관에게 제출하여야 한다. 〈개정 2013. 3. 23.〉

제57조(국토교통부장관에게 즉시 보고하여야 하는 철도사고 등)

법 제61조 제1항에서 '사상자가 많은 사고 등 대통령령으로 정하는 철도사고 등'이란 다음 각 호의 어느 하나에 해당하는 사고를 말한다.

1. 열차의 충돌이나 탈선사고
2. 철도차량이나 열차에서 화재가 발생하여 운행을 중지시킨 사고
3. 철도차량이나 열차의 운행과 관련하여 3명 이상 사상자가 발생한 사고
4. 철도차량이나 열차의 운행과 관련하여 5천만 원 이상의 재산피해가 발생한 사고

〈철도안전법 시행규칙〉

제86조(철도사고 등의 보고)

① 철도운영자 등은 법 제61조 제1항에 따른 철도사고 등이 발생한 때에는 다음 각 호의 사항을 국토교통부장관에게 즉시 보고하여야 한다. 〈개정 2013. 3. 23.〉

  1. 사고 발생 일시 및 장소
  2. 사상자 등 피해사항
  3. 사고 발생 경위
  4. 사고 수습 및 복구 계획 등

② 철도운영자 등은 법 제61조 제2항에 따른 철도사고 등이 발생한 때에는 다음 각 호의 구분에 따라 국토교통부장관에게 이를 보고하여야 한다. 〈개정 2013. 3. 23.〉

  1. 초기보고 : 사고발생현황 등
  2. 중간보고 : 사고수습・복구상황 등
  3. 종결보고 : 사고수습・복구결과 등

③ 제1항 및 제2항에 따른 보고의 절차 및 방법 등에 관한 세부적인 사항은 국토교통부장관이 정하여 고시한다. 〈개정 2013. 3. 23.〉

| 2018년

48 **다음 중 글을 이해한 내용으로 적절하지 않은 것은?**

① 국토교통부장관은 철도운영 및 철도시설의 안전관리에 필요한 기술기준을 정하여 고시하여야 한다.
② 국토교통부장관은 5년마다 철도안전에 관한 종합계획을 수립하여야 하는데, 이때에는 미리 관계 중앙행정기관의 장 및 철도운영자와 협의한 후 철도산업위원회의 심의를 거쳐야 한다.
③ 이미 수립된 철도안전 종합계획을 변경하려는 경우에 국토교통부장관의 변경승인을 받아야 하지만, 경미한 변경사항의 경우는 국토교통부장관에게 신고하여야 한다.
④ 철도운영자가 부정한 방법으로 안전관리체계에 대한 승인을 받은 경우 국토교통부장관은 6개월 이내의 기간을 정하여 업무의 제한이나 정지를 명할 수 있다.
⑤ 철도안전 종합계획을 수립하거나 변경하기 위하여 자료가 필요한 경우 국토교통부장관은 관계 중앙행정기관의 장 또는 시・도지사에게 관련 자료의 제출을 요구할 수 있다.

| 2018년

49 **다음 중 철도운영자의 임무에 대한 설명으로 옳지 않은 것은?**

① 철도운영자는 철도운영을 하거나 철도시설을 관리하려는 경우 안전관리에 관한 유기적 체계를 갖추어 국토교통부장관의 승인을 받아야 한다.
② 철도운영자가 안전관리체계를 변경하려는 경우 국토교통부장관의 변경승인을 받아야 한다.
③ 3명 이상의 사상자가 발생한 철도사고의 경우 철도운영자는 즉시 국토교통부장관에게 사고 발생 일시 및 장소, 사고발생 경위 등을 보고하여야 한다.
④ 열차의 탈선으로 사고가 발생한 경우 철도운영자는 국토교통부장관에게 최소 3번 이상 보고해야 한다.
⑤ 철도운영자는 다음 연도의 시행계획을 매년 10월 말까지 국토교통부장관에게 제출하여야 한다.

---

48 철도운영자가 부정한 방법으로 안전관리체계에 대한 승인을 받은 경우 국토교통부장관은 그 승인을 취소해야 한다(철도안전법 제9조 제1항 제1호).

오답분석

① 철도안전법 제7조 제5항
② 철도안전법 제5조 제1항・제3항
③ 철도안전법 제7조 제3항
⑤ 철도안전법 제5조 제4항

49 열차의 탈선사고는 '사상자가 많은 사고 등 대통령령으로 정하는 철도사고 등'에 해당하는 사고로 이 경우에는 사고 발생 및 일시 및 장소, 사상자 등 피해사항, 사고 발생 경위 등을 국토교통부장관에게 즉시 보고하여야 한다(철도안전법 제61조 제1항, 철도안전법 시행령 제57조 제1호, 철도안전법 시행규칙 제86조 제1항).

오답분석

① 철도안전법 제7조 제1항
② 철도안전법 제7조 제3항
③ 철도안전법 제61조 제1항, 철도안전법 시행령 제57조 제3호, 철도안전법 시행규칙 제86조 제1항
⑤ 철도안전법 시행령 제5조 제1항

정답 48 ④ 49 ④

| 2018년

50 다음 중 적절한 대답을 한 면접자를 모두 고른 것은?

> 면접관 : 선호하지 않는 일을 한다고 하면 그것도 직업이라고 할 수 있습니까?
> 갑 : 보수를 받지 않는다면 그것은 직업이 아니라고 생각합니다.
> 면접관 : 최근에 직업을 가진 적이 있습니까?
> 을 : 네. 저번 여름에 해외로 자원봉사를 반년간 다녀왔습니다.
> 면접관 : 마지막에 가진 직업이 무엇입니까?
> 병 : 1개월 동안 아르바이트를 한 것이 마지막 직업이었습니다.
> 면접관 : 중요한 미팅에 나가는데 길에 할머니가 쓰러져있으면 어떻게 하시겠습니까?
> 정 : 119에 도움을 요청한 후, 미팅에 나가겠습니다.
> 면접관 : 입사를 한다면 입사 후에 어떠한 활동을 하실 계획입니까?
> 무 : 입사 후에 저의 경력관리를 위해 직무와 관련된 공부를 할 계획입니다.

① 갑, 병
② 갑, 정
③ 을, 병
④ 병, 정
⑤ 정, 무

---

50 정은 중요한 업무를 앞두고 있음에도 불구하고 쓰러진 할머니를 외면하지 않겠다는 대답을 통해 바람직한 윤리적 태도를 보여주었다. 무의 대답에서는 입사 이후에도 자신의 직무와 관련된 능력을 연마하겠다는 바람직한 직업관과 태도를 볼 수 있다. 따라서 면접관의 질문에 대해 적절한 대답을 한 지원자는 정과 무이다.

오답분석

- 갑 : 직업을 보수를 받기 위한 수단으로만 보는 그릇된 직업관을 지니고 있다. 또한, 선호하지 않는 일에 대해 물었는데 다른 대답을 하고 있다.
- 을 : 직업은 일정한 수입을 얻는 것이므로 보수와 관계없는 자원봉사를 직업으로 볼 수 없다.
- 병 : 직업은 일정 기간 계속 수행되어야 한다는 계속성을 지닌다. 1개월 아르바이트는 이러한 계속성을 지니지 못하므로 직업으로 볼 수 없다.

정답 50 ⑤

| 2018년

51 **다음 상황에서 나타난 갑과 을의 행위 원인이 바르게 연결된 것은?**

• 갑은 철도안전법상 열차 내에서 물건을 매매할 수 없다는 것을 알고 있었지만, 생계가 어려워지자 가족들을 먹여 살리기 위해 열차 내에서 물건을 판매하였다.
• 을은 술을 한 잔만 마시려고 했으나 술자리 분위기가 너무 좋아 만취 상태에 이르렀고, 만취 상태에서 판단능력을 상실하고 운전업무를 수행 중인 병을 폭행하였다.

	갑	을
①	무관심	무절제
②	무절제	무지
③	무관심	무지
④	무지	무관심
⑤	무절제	무관심

---

51 갑은 열차 내에서 물건을 판매하는 행위가 비윤리적 행위임을 알면서도 윤리적 행동을 중요하게 여기지 않은 무관심으로, 을은 만취 상태에서 판단능력을 상실하여 자신의 통제를 벗어난 무절제로 인해 비윤리적 행위를 저질렀다.

오답분석

• 무지 : 무엇이 옳고, 무엇이 그른지 모르기 때문에 비윤리적 행위가 발생한다.

정답 51 ①

| 2018년

52 S공사의 A대리는 제품 시연회를 준비하고 있다. 다음 중 5W1H에 해당하는 정보로 옳지 않은 것은?

〈환경개선 특수차 시연회 시행계획〉

안전점검의 날을 맞이하여 시민고객에게 우리공사 환경안전정책 및 지하철 환경개선 노력을 홍보하고, 시민고객과의 소통으로 시민고객과 함께하는 지하철 환경개선사업으로 도약하고자 함

1. 추진개요
   - 행사명 : 시민과 함께하는 환경개선 특수차 시연회 개최
   - 시행일시 : 2017. 12. 4. (월) 10:00 ~ 12:00
   - 장소 : 차량기지 장비유치선
   - 시연장비 : 고압살수차
   - 참석대상 :
     - 환경개선 특수차 시연회 일반인 신청자 : 20명
     - 우리공사 : 장비관리단장 외 20명

   ※ 시민참여 인원 등 행사일정은 현장여건에 따라 변동될 수 있음

2. 행사내용
   - 우리공사 지하철 환경관리 정책홍보 및 특수차 소개
   - 시민과 함께하는 지하철 화재예방 영상 교육
   - 2017년 환경개선 특수장비 운영에 따른 환경개선 활동 및 시연
   - 차량검수고 견학(차량사업소 협조)
   - 지하철 환경개선에 대한 시민고객의 의견수렴(설문지)

① When – 2017년 12월 4일
② Where – 차량기지 장비유치선
③ What – 지하철 환경개선 특수차 시연회
④ How – 환경개선 특수차 시연 및 차량검수고 견학
⑤ Why – 시민참여 인원 등 행사일정 변동 가능

---

52 5W1H의 Why에 해당하는 정보는 제품 시연회의 필요성과 관계있으므로, 공사의 환경안전정책 및 지하철 환경개선 노력 홍보 및 시민고객과의 소통 등이 적절하다.

5W1H
- Who : 누가 적격인가?
- Why : 왜 그것이 필요한가?
- What : 그 목적은 무엇인가?
- Where : 어디서 하는 것이 좋은가?
- When : 언제 하는 것이 좋은가?
- How : 어떤 방법이 좋은가?

정답 52 ⑤

| 2018년

53 **다음 대화와 이메일을 읽고, C회원에게 필요한 네티켓 원칙으로 가장 적절한 것을 고르면?**

> A대리 : 카페 운영이 쉽지 않아요.
> B과장 : 어떤 점에서 쉽지 않나요?
> A대리 : 정보공유를 위한 카페를 만들었는데 질문만 많고 정보 공유는 잘 되지 않아요. 질문 글이 전체 신규 글의 절반이 넘기도 한다니까요.
> B과장 : 카페 운영원칙을 잘 세워서 문화를 만들어야 하지 않을까요?
> A대리 : 원칙을 세우는 것도 문제예요. 질문을 했다는 이유로 이용을 제재하기는 애매하고 반발이 심하니 원칙을 강제할 수 없거든요. 특히, 반말이나 줄임말을 쓰지 않는 원칙을 만들었더니 잘 지키지 않는 분들도 많고, 제재를 가하면 반발을 하는 분들이 많아서 힘들어요.
> B과장 : 참 큰일이군요.
>
> 받는 이 : 카페 운영자
> 보낸 이 : C회원
> 제목 : 줨장 보시오!
> 내용 : 내가 질문한 게 뭐 그리 큰 잘못이라고 이용 제재씩이나 하슈? 그리고 인터넷상에서 줄임말도 쓸 수 있고 반말할 수도 있지. 이런 걸로 불편하게 제재를 하면 카페 이용은 어떻게 하라는 거요?

① 당신의 권력을 남용하지 말라.
② 카페의 환경에 어울리게 행동하라.
③ 논쟁은 절제된 감정 아래 행하라.
④ 전문적인 지식을 공유하라.
⑤ 실제생활과 똑같은 기준과 행동을 고수하라.

---

53 어떤 공간에서는 허용될 수 있는 것들이 다른 공간에서는 무례하다고 판단될 수 있으므로, 새로운 공간에 참여하고자 할 때에는 그 환경을 잘 파악하고, 그러한 문화에 맞게 행동해야 한다. C회원은 카페의 이용 원칙 등을 지키지 않고 운영자인 A대리에게 이용 제재를 받자 오히려 이러한 제재에 반발하여 항의하는 이메일을 보냈다. 따라서 C회원에게 필요한 네티켓 원칙으로 ②가 적절하다.

정답 53 ②

| 2017년

54 서울교통공사의 캐릭터인 또타를 보고 다섯 사람이 대화를 나누었다. 다음 중 또타의 특성에 대해 잘못 말한 사람은?

① 수민 : 또타는 시민과 늘 함께하는 지하철의 모습을 밝고 유쾌한 이미지로 표현한 것 같아.

② 영찬 : 캐릭터의 개구진 표정을 통해 지하철이 자꾸 타고 싶은 즐겁고 행복한 공간임을 강조한 것 같아.

③ 애진 : 서울교통공사의 기업 브랜드에 즐겁고 유쾌한 이미지를 부여하는 커뮤니케이션 수단이 될 것 같아.

④ 경태 : 전동차 정면 모양으로 캐릭터 얼굴을 디자인해서 일상적으로 이용하는 대중교통수단의 모습을 참신한 느낌으로 표현한 것 같아.

⑤ 보라 : 메인 컬러로 사용한 파란색은 시민과 공사 간의 두터운 신뢰를 상징하고 있어.

---

54 전동차 정면 모양이 아닌 측면 모양으로 디자인되었다.

정답 54 ④

| 2017년

55 다음 설명을 읽고 이에 해당하는 것을 고르면?

> 2개 이상의 국가가 서로 상품이나 서비스를 사고팔 때 매기는 관세나 각종 수입제한을 철폐하여 교역을 자유화하려는 협정이다. 모든 품목의 관세를 없애는 것이 원칙이나, 당사자 간 협상에 따라 일부 품목에만 관세를 물리도록 예외를 정하기도 한다.

① WTO
② IMF
③ FTA
④ WHO
⑤ SOFA

| 2017년

56 마케팅팀의 A사원은 아침마다 관련 기사를 찾아본다. 아래 기사를 읽고 ㉠의 사례로 적절한 것을 고른 것은?

> 뉴메릭 마케팅이란, 숫자를 뜻하는 'Numeric'과 'Marketing'을 합한 단어로, 브랜드나 상품의 특성을 나타내는 숫자를 통해 사람들에게 인지도를 높이는 마케팅 전략을 말한다. 숫자는 모든 연령대 그리고 국경을 초월하여 공통으로 사용하는 기호이기 때문에 이미지 전달이 빠르고 제품의 특징을 함축적으로 전달할 수 있다는 장점이 있다. 또한, 숫자 정보를 제시하여 소비자들이 신빙성 있게 받아들이게 되는 효과도 있다. 뉴메릭 마케팅은 크게 세 가지 방법으로 구분할 수 있는데, 기업 혹은 상품의 역사를 나타낼 때, ㉠ 특정 소비자를 한정 지을 때, 제품의 특성을 반영할 때이다.

① 한 병에 비타민 C 500mg이 들어있는 '비타 500'
② 13 ~ 18세 청소년들을 위한 CGV의 '1318 클럽'
③ 46cm 내에서 친밀한 대화가 가능하도록 한 '페리오 46cm'
④ 1955년 당시 판매했던 버거의 레시피를 그대로 재현해 낸 '1955 버거'
⑤ 1974년 GS슈퍼 1호점 창립 연도 때의 초심 그대로를 담아낸 '1974 떡갈비'

---

55 **오답분석**
① WTO : 세계무역기구
② IMF : 국제통화기금
④ WHO : 세계보건기구
⑤ SOFA : 한·미 행정협정

56 특정 소비자(13세부터 18세의 청소년)를 한정하여 판매하는 마케팅 전략을 구사하고 있는 것은 ②이다.

오답분석
①·③ 제품의 특성을 반영한 마케팅
④·⑤ 기업 혹은 상품의 역사를 나타낸 마케팅

정답 55 ③ 56 ②

| 2017년

57 ■, ▲, ♥의 무게가 다음과 같을 때, ■+▲의 무게는 100원짜리로 얼마인지 올바르게 구한 것은?

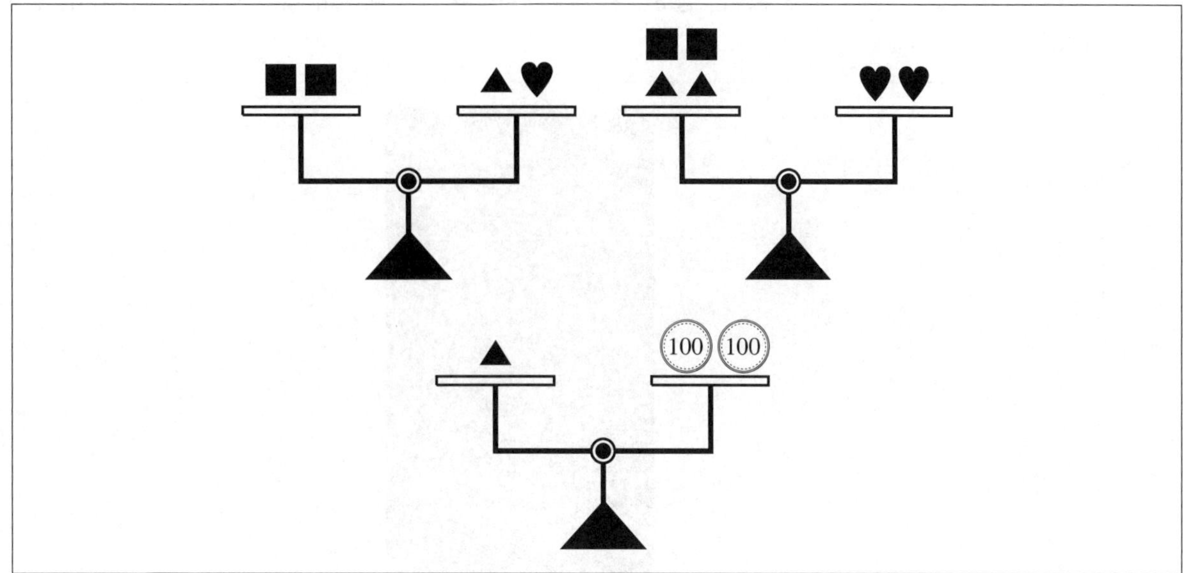

① 300원
② 400원
③ 500원
④ 600원
⑤ 700원

---

57 ■, ▲, ♥의 무게를 각각 x, y, z[g]라 하고, 제시된 무게를 식으로 나타내면 다음과 같다.

$2x=y+z$ … ㉠

$2x+2y=2z$ → $x=-y+z$ … ㉡

$y=200$ … ㉢

㉠−㉡을 하면 $x=2y$ … ㉣

㉣에 ㉢을 대입하면 $x=2\times200=400$

따라서 ■+▲의 무게는 $x+y=400+200=600$원이다.

정답 57 ④

| 2017년

58 K공사 홍보실에 근무하는 A사원은 12일부터 15일까지 워크숍을 가게 되었다. 워크숍을 떠나기 직전 A사원은 자신의 스마트폰 날씨예보 어플을 통해 워크숍 장소인 춘천의 날씨를 확인해 보았다. 다음 중 A사원이 확인한 날씨예보의 내용으로 적절한 것은?

① 워크숍 기간 중 오늘이 일교차가 가장 크므로 감기에 유의해야 한다.
② 내일 춘천지역의 미세먼지가 심하므로 주의해야 한다.
③ 워크숍 기간 중 비를 동반한 낙뢰가 예보된 날이 있다.
④ 내일모레 춘천지역의 최고·최저기온이 모두 영하이므로 야외활동 시 옷을 잘 챙겨 입어야 한다.
⑤ 글피엔 비는 오지 않지만 최저기온이 영하이다.

---

58 글피는 모레의 다음 날로 15일이다. 15일은 비는 오지 않고 최저기온은 영하이다.

오답분석

① 12 ~ 15일의 일교차를 구하면 다음과 같다.

- 12일 : 11−0=11℃
- 13일 : 12−3=9℃
- 14일 : 3−(−5)=8℃
- 15일 : 8−(−4)=12℃

따라서 일교차가 가장 큰 날은 15일이다.

② 제시된 자료에서 미세먼지에 관한 내용은 확인할 수 없다.
③ 14일의 경우 비가 예보되어 있지만 낙뢰에 관한 예보는 확인할 수 없다.
④ 14일의 최저기온은 영하이지만 최고기온은 영상이다.

정답 58 ⑤

| 2017년

59 **진실마을 사람은 진실만을 말하고, 거짓마을 사람은 거짓만을 말한다. 주형이와 윤희는 진실마을과 거짓마을 중 한 곳에서 사는데, 다음 윤희가 한 말을 통해 주형이와 윤희는 각각 어느 마을에 사는지 적절하게 유추한 것은?**

> 윤희 : "적어도 우리 둘 중에 한 사람은 거짓말쟁이 마을 사람이다."

① 윤희는 거짓마을 사람이고, 주형이는 진실마을 사람이다.
② 윤희는 진실마을 사람이고, 주형이는 거짓마을 사람이다.
③ 윤희와 주형이 모두 진실마을 사람이다.
④ 윤희와 주형이 모두 거짓마을 사람이다.
⑤ 윤희의 말만으로는 알 수 없다.

| 2017년

60 **한글에서 파일을 다른 이름으로 저장할 때 사용하는 단축키는 무엇인가?**

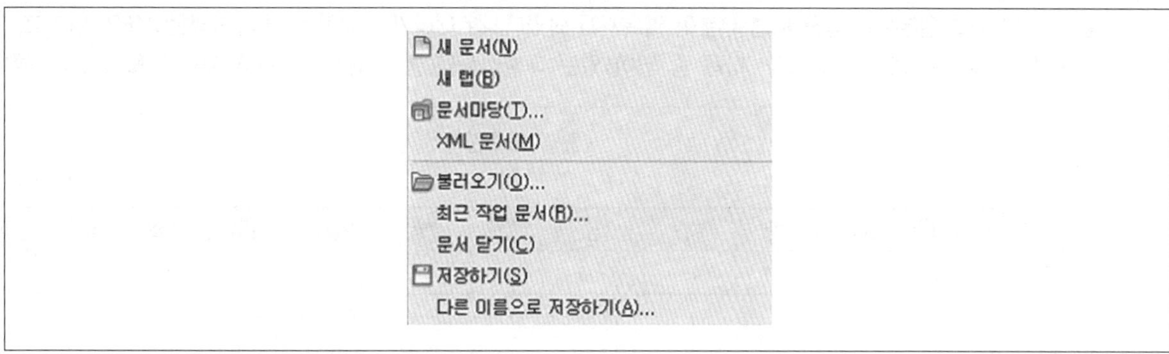

① [Alt]+[N]
② [Ctrl]+[N], [P]
③ [Alt]+[S]
④ [Alt]+[P]
⑤ [Alt]+[V]

---

59 윤희를 거짓마을 사람이라고 가정하면 윤희의 말은 거짓이므로, 두 사람 모두 진실마을 사람이어야 한다. 그러면 가정과 모순이 발생되므로 윤희는 거짓마을 사람이 아니다. 따라서 윤희의 말은 참이므로 주형이는 거짓마을 사람이다.

60 **오답분석**
① 새 문서
② 쪽 번호 매기기
③ 저장하기
④ 인쇄하기

정답 59 ② 60 ⑤

| 2017년

61 다음의 막대를 사용해 서로 다른 길이를 잴 수 있는 경우의 수는?

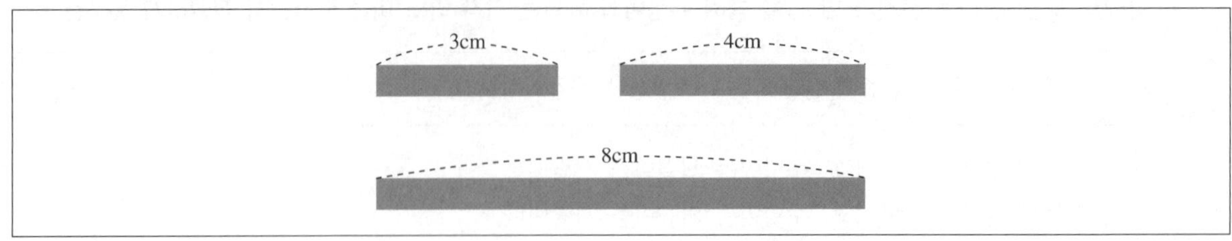

① 6가지 ② 7가지
③ 8가지 ④ 9가지
⑤ 10가지

| 2017년

62 자동차 제조 회사에서 근무하는 황 대리는 T중형차 매출현황에 대한 보고서를 작성 중이었다. 그런데 실수로 커피를 쏟아 월별 매출 일부분과 평균 매출 부분이 얼룩지게 되었다. 황 대리가 기억하는 연 매출액은 246억 원이고, 3분기까지의 평균 매출은 22억 원이었다. 다음 중 남아 있는 매출현황을 통해 4분기의 평균 매출을 올바르게 구한 것은?

〈월별 매출현황〉

(단위 : 억 원)

1월	2월	3월	4월	5월	6월	7월	8월	9월	10월	11월	12월	평균
–	–	–	16	–	–	12	–	18	–	20	–	–

① 14억 원 ② 16억 원
③ 18억 원 ④ 20억 원
⑤ 22억 원

61
- 3가지 막대 중 1가지만 선택하는 경우 : 3cm, 4cm, 8cm
- 3가지 막대 중 2가지를 선택해 긴 막대를 만드는 경우 : 3+4=7cm, 3+8=11cm, 4+8=12cm
- 3가지 막대 중 2가지를 선택해 짧은 막대를 만드는 경우 : 4−3=1cm, 8−4=4cm, 8−3=5cm
- 3가지 막대 중 2가지를 선택해 더한 후 나머지 막대의 길이를 더하거나 빼서 만드는 경우 : 8−(3+4)=1cm, (8+3)−4=7cm, (8+4)−3=9cm
- 3가지 막대를 모두 사용해 긴 막대를 만드는 경우 : 3+4+8=15cm

따라서 구하는 경우의 수는 10가지이다(∵ 1cm, 4cm, 7cm는 두 번 나온다).

62 3분기까지의 매출액은 평균 매출이 22억 원이므로 22×9=198억 원이다. 연 매출액이 246억 원이라고 하였으므로 4분기의 매출액은 246−198=48억 원이다. 따라서 4분기의 평균 매출은 $\frac{48}{3}$=16억 원이다.

정답 61 ⑤ 62 ②

| 2017년

63 M사 전산팀의 팀원들은 회의를 위해 회의실에 모였다. 회의실의 테이블은 원형모형이고, 다음 〈조건〉에 근거하여 자리 배치를 하려고 할 때, 김 팀장을 기준으로 왼쪽 방향으로 앉은 사람을 순서대로 올바르게 나열한 것은?

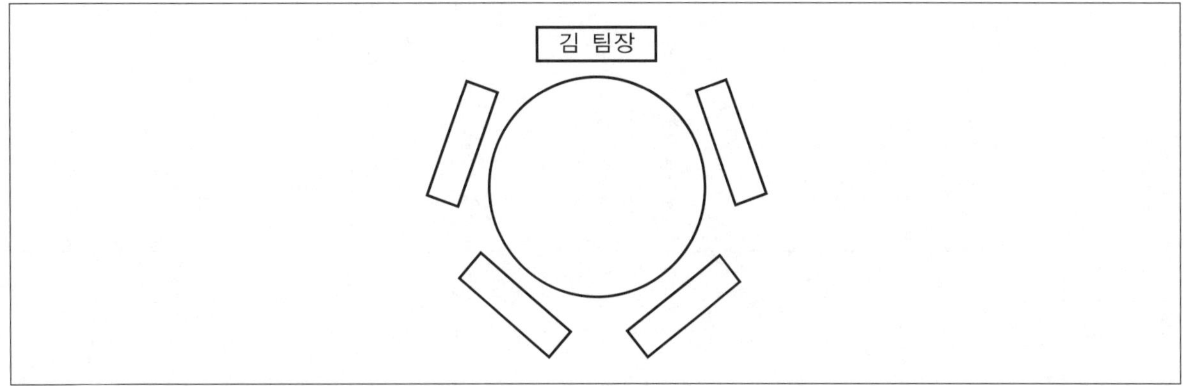

〈조건〉

- 정 차장과 오 과장은 서로 사이가 좋지 않아서 나란히 앉지 않는다.
- 김 팀장은 정 차장이 바로 오른쪽에 앉기를 바란다.
- 한 대리는 오른쪽 귀가 좋지 않아서 양 사원이 왼쪽에 앉기를 바란다.

① 정 차장 – 양 사원 – 한 대리 – 오 과장
② 한 대리 – 오 과장 – 정 차장 – 양 사원
③ 양 사원 – 정 차장 – 오 과장 – 한 대리
④ 오 과장 – 양 사원 – 한 대리 – 정 차장
⑤ 오 과장 – 한 대리 – 양 사원 – 정 차장

---

63 두 번째 조건을 통해 김 팀장의 오른쪽에 정 차장이 앉고, 세 번째 조건을 통해 양 사원은 한 대리 왼쪽에 앉는다고 하면, 왼쪽을 기준으로 김 팀장 – 한 대리 – 양 사원 – 오 과장 – 정 차장 순서로 앉거나, 김 팀장 – 오 과장 – 한 대리 – 양 사원 – 정 차장 순서로 앉을 수 있다. 하지만 첫 번째 조건에서 정 차장과 오 과장은 나란히 앉지 않는다고 하였으므로, 김 팀장 – 오 과장 – 한 대리 – 양 사원 – 정 차장 순서로 앉게 된다.

정답 63 ⑤

| 2017년

64 다음과 같은 규칙으로 수를 나열할 때, 11행 3열에 오는 숫자는?

	1열	2열	3열
1행	1	4	5
2행	2	3	6
3행	9	8	7
4행	10	11	110
5행	25	24	23

① 118
② 119
③ 120
④ 121
⑤ 122

| 2017년

65 다음 중 동영상 파일 포맷의 확장자로 옳은 것은?

① TIFF
② GIF
③ PNG
④ JPG
⑤ MPEG

---

64 각 홀수 번째 행의 1열에 나열된 수의 규칙은 홀수의 제곱수이다(1, 3^2, 5^2 …). 그리고 1행을 제외한 홀수 번째 행에서 열의 수가 1씩 증가할 때, 나열된 수는 1씩 감소한다. 11행 1열에 오는 숫자는 11^2=121이므로 11행 3열에 오는 숫자는 121−2=119이다.

65 오답분석

① 꼬리표(Tag)가 붙은 화상(이미지) 파일 형식이다.
② 인터넷 표준 그래픽 형식으로 8비트 컬러를 사용하여 2^8가지 색을 표현, 애니메이션 표현이 가능하다.
③ GIF를 대체하여 인터넷에서 이미지를 표현하기 위해 제정한 그래픽 형식, 애니메이션은 표현이 불가능하다.
④ 정지영상을 표현하기 위한 국제 표준 압축 방식으로 24비트 컬러를 사용하여 2^{24}가지의 색을 표현한다.

정답 64 ② 65 ⑤

| 2017년

66 다음은 18개 지역의 날씨에 관한 자료이다. 주어진 자료를 보고 날씨의 평균값과 중앙값의 차를 올바르게 구한 것은?

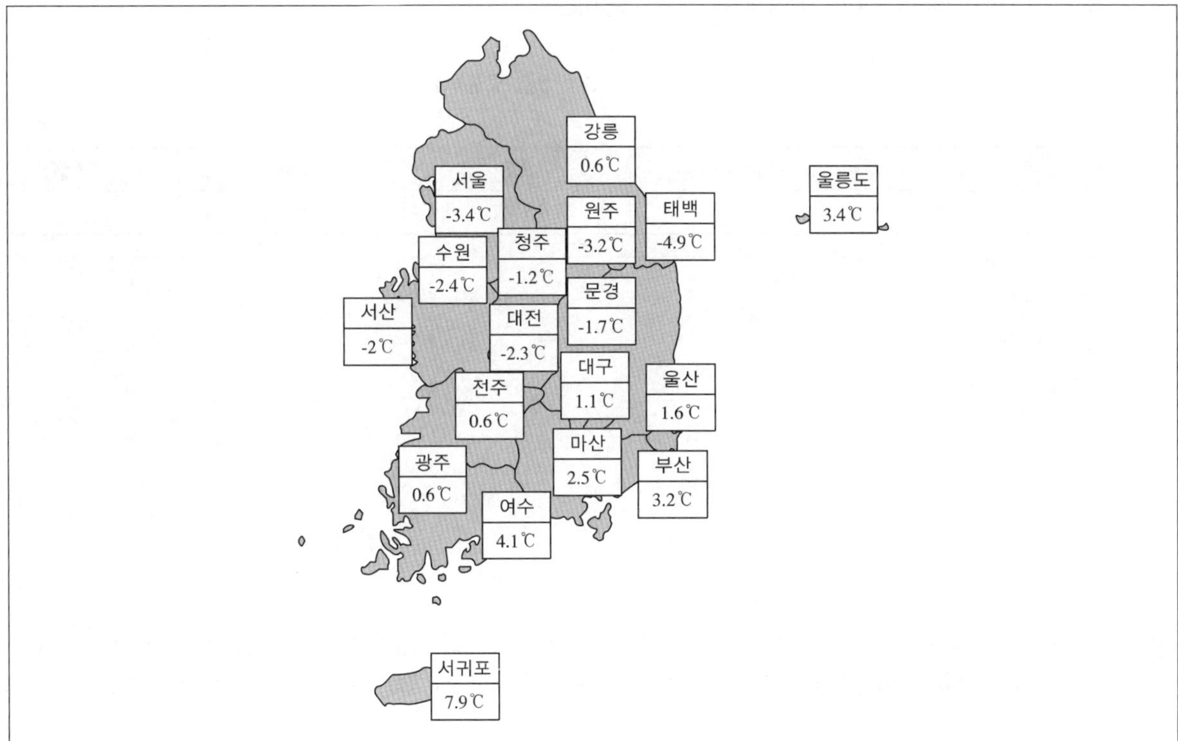

① 0.38
② 0.35
③ 0.26
④ 0.22
⑤ 0.17

---

66 • 18개 지역 날씨의 총합 : (−3.4)+(−2.4)+(−2.0)+(0.6)+(7.9)+(4.1)+(0.6)+(−2.3)+(−1.2)+(2.5)+(1.1)+(−1.7)+(−3.2)+(0.6)+(−4.9)+(1.6)+(3.2)+(3.4)=4.5℃

• 18개 지역 날씨의 평균 : $\frac{4.5}{18}$=0.25℃

• 18개 지역의 중앙값 : 0.6℃

따라서 평균값과 중앙값의 차는 0.6−0.25=0.35이다.

정답 66 ②

| 2017년

67 다음은 A씨가 1 ~ 4월에 지출한 교통비이다. 1 ~ 5월의 평균 교통비가 49,000원 이상 50,000원 이하가 되게 하려고 할 때, A씨가 5월에 최대로 사용할 수 있는 교통비는?

〈1 ~ 5월 교통비〉

(단위 : 원)

1월	2월	3월	4월	5월
45,000	54,000	61,000	39,000	?

① 48,000원
② 49,000원
③ 50,000원
④ 51,000원
⑤ 52,000원

| 2017년

68 G제약회사는 이번에 개발한 신약의 약효실험을 한 결과 약효 S와 약물의 양 Ag, 시간 t분 사이에 S$=A^{1-0.02t}$의 관계가 성립함을 밝혔다. 약물을 10g 투입하고 5분 뒤의 약효를 S_1, 35분 뒤의 약효를 S_2라 할 때, $S_1 \div S_2$의 값은?

① $10^{0.3}$
② $10^{0.4}$
③ $10^{0.5}$
④ $10^{0.6}$
⑤ $10^{0.7}$

---

67 5월 교통비를 x원이라고 하면 1 ~ 5월 평균 교통비는 $\frac{45,000+54,000+61,000+39,000+x}{5}=\frac{199,000+x}{5}$원이다. 이때, 1 ~ 5월 평균 교통비의 범위는 49,000원 이상 50,000원 이하이므로 $49,000 \le \frac{199,000+x}{5} \le 50,000 \rightarrow 245,000 \le 199,000+x \le 250,000$

$\therefore 46,000 \le x \le 51,000$

따라서 A씨가 5월에 최대로 사용할 수 있는 교통비는 51,000원이다.

68 $S_1=10^{1-0.02\times5}=10^{0.9}$

$S_2=10^{1-0.02\times35}=10^{0.3}$

$\therefore S_1 \div S_2=10^{0.9}\div10^{0.3}=10^{0.9-0.3}=10^{0.6}$

정답 67 ④ 68 ④

| 2017년

69 S공사 총무부에서 근무하는 N사원은 워드프로세서 프로그램을 사용해 결재 문서를 작성해야 하는데 결재란을 페이지마다 넣고 싶다. 다음 중 N사원이 사용해야 하는 워드프로세서 기능은?

① 스타일
② 쪽 번호
③ 미주
④ 머리말
⑤ 글자 겹치기

| 2017년

70 다음 자료는 A～E의 NCS 직업기초능력평가 점수이다. 자료를 보고 표준편차가 가장 큰 순서대로 나열한 것은?

(단위 : 점)

구분	의사소통능력	수리능력	문제해결능력	조직이해	직업윤리
A	60	70	75	65	80
B	50	90	80	60	70
C	70	70	70	70	70
D	70	50	90	100	40
E	85	60	70	75	60

① D>B>E>C>A
② D>B>E>A>C
③ B>D>A>E>C
④ B>D>C>E>A
⑤ E>B>D>A>C

---

69 워드프로세서의 머리말은 한 페이지의 맨 위에 한두 줄의 내용이 고정적으로 반복되게 하는 기능이다.

70 A～E의 평균은 모두 70점으로 같으며 분산은 다음과 같다.

- A : $\frac{(60-70)^2+(70-70)^2+(75-70)^2+(65-70)^2+(80-70)^2}{5}=50$
- B : $\frac{(50-70)^2+(90-70)^2+(80-70)^2+(60-70)^2+(70-70)^2}{5}=200$
- C : $\frac{(70-70)^2+(70-70)^2+(70-70)^2+(70-70)^2+(70-70)^2}{5}=0$
- D : $\frac{(70-70)^2+(50-70)^2+(90-70)^2+(100-70)^2+(40-70)^2}{5}=520$
- E : $\frac{(85-70)^2+(60-70)^2+(70-70)^2+(75-70)^2+(60-70)^2}{5}=90$

표준편차는 분산의 양의 제곱근이므로 표준편차를 큰 순서로 나열한 것과 분산을 큰 순서로 나열한 것은 같다. 따라서 표준편차가 큰 순서대로 나열하면 D>B>E>A>C이다.

정답 69 ④ 70 ②

| 2017년

71 여러 온도계 종류 중 자주 사용되는 온도계에는 섭씨온도계와 화씨온도계가 있다. 섭씨 0℃는 화씨 32°F이고 화씨 212°F는 섭씨 100℃일 때, 화씨 92°F를 섭씨온도계로 올바르게 환산한 것은?(단, 소수점 이하 둘째 자리에서 반올림한다)

① 약 29.8℃
② 약 31.2℃
③ 약 33.3℃
④ 약 35.7℃
⑤ 약 37.6℃

| 2017년

72 토요일이 의미 없이 지나간다고 생각한 직장인 S씨는 자기계발을 위해 집 근처 문화센터에서 하는 프로그램에 수강신청 하려고 한다. 문화센터 프로그램 안내표를 보고 적절하지 않은 설명을 고른 것은?(단, 시간이 겹치는 프로그램은 수강할 수 없다)

〈문화센터 프로그램 안내표〉

프로그램	수강료(3달 기준)	강좌시간
중국어 회화	60,000원	11:00 ~ 12:30
영어 회화	60,000원	10:00 ~ 11:30
지르박	180,000원	13:00 ~ 16:00
차차차	150,000원	12:30 ~ 14:30
자이브	195,000원	14:30 ~ 18:00

① 시간상 김 대리가 선택할 수 있는 과목은 최대 2개이다.
② 자이브의 강좌시간이 가장 길다.
③ 중국어 회화와 차차차를 수강할 때 한 달 수강료는 7만 원이다.
④ 차차차와 자이브를 둘 다 수강할 수 있다.
⑤ 회화 중 하나를 들으면 최소 2과목을 수강할 수 있다.

---

71 섭씨온도가 0℃에서 100℃로 100℃−0℃=100℃만큼 올라갈 때, 화씨온도는 32°F에서 212°F로 212°F−32°F=180°F만큼 올라간다. 화씨 92°F일 때 섭씨온도를 x℃라고 하면 섭씨온도가 x℃−0℃=x℃만큼 올라갈 때, 화씨온도가 32°F에서 92°F로 92°F−32°F=60°F만큼 올라간다.

$100:180=x:60 \rightarrow 180x=6{,}000$

$\therefore x \fallingdotseq 33.3$℃

72 ①·⑤ 회화(영어·중국어) 중 한 과목을 수강하고, 지르박을 수강하면 2과목 수강이 가능하고 지르박을 수강하지 않고, 차차차와 자이브를 수강하면 최대 3과목 수강이 가능하다.

오답분석

② 자이브의 강좌시간이 3시간 30분으로 가장 길다.
③ 중국어 회화의 한 달 수강료는 60,000÷3=20,000원이고, 차차차의 한 달 수강료는 150,000÷3=50,000원이므로 한 달 수강료는 70,000원이다.
④ 차차차의 강좌시간은 12:30 ~ 14:30이고, 자이브의 강좌시간은 14:30 ~ 18:00이므로 둘 다 수강할 수 있다.

정답 71 ③ 72 ①

| 2017년

73 의사소통능력은 다음과 같이 구분할 수 있다. ㉠에 들어갈 것으로 적절한 것은?

말하기	듣기	㉠
쓰기	읽기	문자
산출	수용	

① 음성　② 표현
③ 상징　④ 의미
⑤ 해석

| 2017년

74 12층에 살고 있는 수진이는 출근하려고 나왔다가 중요한 서류를 깜빡한 것이 생각나 다시 집에 다녀오려고 한다. 엘리베이터 고장으로 계단을 이용해야 하는데, 1층부터 6층까지 쉬지 않고 올라갈 때 35초가 걸리고, 7층부터는 한 층씩 올라갈 때마다 5초씩 쉬려고 한다. 이때, 수진이가 1층부터 12층까지 올라가는 데 걸리는 시간은?(단, 6층에서는 쉬지 않는다)

① 102초　② 107초
③ 109초　④ 112초
⑤ 114초

---

73 말하기, 듣기, 쓰기, 읽기를 가로와 세로 방향에 따라 그 특성으로 분류한 것이다. 먼저, 세로 방향으로 말하기와 쓰기는 생각이나 느낌 등을 표현하는 것이기 때문에 산출이고 듣기와 읽기는 타인의 생각이나 느낌 등을 받아들이는 것이기 때문에 수용이다. 가로 방향으로 쓰기와 읽기는 의사소통의 방식으로 문자를 사용한다. 이에 따라 말하기와 듣기는 의사소통 방식으로 음성을 사용하므로 ㉠에 들어갈 말은 ①이다.

74 수진이가 1층부터 6층까지 쉬지 않고 올라갈 때 35초가 걸린다고 하였으므로, 한 층을 올라가는 데 걸리는 시간은 $\frac{35}{5}$=7초이다. 또한, 6층부터 12층까지 올라가는 데 7×6=42초가 걸리고, 6층부터는 한 층을 올라갈 때마다 5초씩 쉰다고 했으므로, 쉬는 시간은 5×5=25초이다(∵ 7, 8, 9, 10, 11층에서 쉰다). 따라서 수진이가 1층부터 12층까지 올라가는 데 걸린 시간은 35+42+25=102초이다.

정답 73 ① 74 ①

| 2017년

75 여행을 가는 지완이는 주유소에 들러 9만 원어치의 연료를 주유했다. 주유 전과 주유 후의 연료 게이지는 다음과 같고 주유소와 목적지까지의 거리가 350km일 때, 목적지에 도착 후 남은 연료의 양은?(단, 연료 가격은 리터당 1,000원이며, 연비는 7km/L이다)

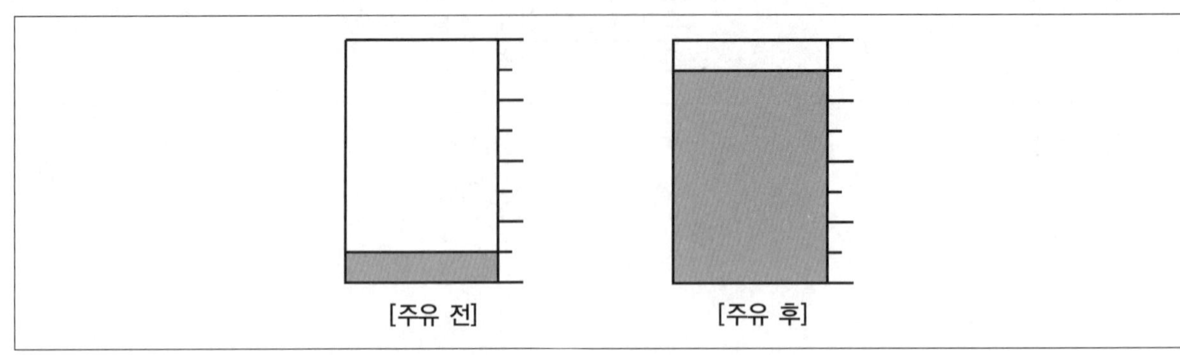

① 45L
② 50L
③ 55L
④ 60L
⑤ 65L

| 2017년

76 0～9 자연수 중에서 A, 2, 5, 6, 9가 하나씩 적힌 5장의 카드가 있다. 이 중 2장의 카드를 골라서 만든 가장 큰 수와 가장 작은 수의 합이 108이 된다고 했을 때, A의 값은?(단, $A \neq 0$)

① 1
② 3
③ 4
④ 7
⑤ 8

---

75 지완이는 90,000원어치의 연료를 주유했고 연료 가격은 리터당 1,000원이므로, 지완이가 주유한 연료의 양은 90,000÷1,000=90L이다. 주유 전과 주유 후의 연료 게이지는 6칸이 차이가 나므로 연료 게이지 1칸에 해당하는 연료의 양은 90÷6=15L이고, 주유 후 전체 연료의 양은 15+90=105L이다. 이때, 연비가 7km/L이므로 350km를 가는 데 소모하는 연료의 양은 350÷7=50L이다. 따라서 목적지에 도착 후 남은 연료의 양은 105−50=55L이다.

76 만약 A가 1이라고 하면 가장 작은 수는 12, 가장 큰 수는 96이다. 따라서 $A=1(\because 12+96=108)$이다.

정답 75 ③ 76 ①

| 2017년

77 다음 그림과 같이 검은색 바둑돌과 흰색 바둑돌을 교대로 개수를 늘려가며 삼각형 모양으로 배열할 때, 37번째에 배열되는 바둑돌 중 개수가 많은 바둑돌의 종류와 바둑돌 개수 차이를 순서대로 나열한 것은?

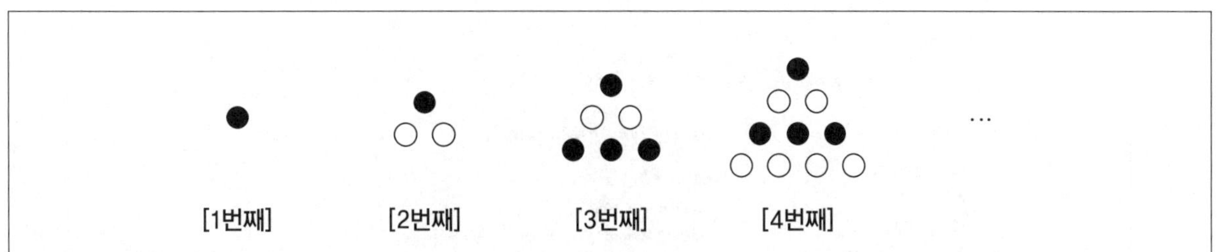

	바둑돌	차이
①	검은색	18개
②	검은색	19개
③	검은색	20개
④	흰색	18개
⑤	흰색	19개

---

77 n번째에 배열하는 전체 바둑돌의 개수를 a_n개(단, n은 자연수)라고 하면 제시된 규칙에 의하여

$a_1=1,\ a_2=1+2=3,\ a_3=1+2+3=6,\ \cdots,\ a_n=1+2+3+\cdots+n=\sum_{k=1}^{n}k=\frac{n(n+1)}{2}$이다.

즉, 37번째에 배열하는 전체 바둑돌의 개수는 $a_{37}=\frac{37\times38}{2}=703$개이다.

제시된 그림을 보면 검은색 바둑돌은 홀수 번째에서 추가로 배열된다. 홀수 번째에 있는 검은색 바둑돌의 개수를 b_{2m-1}개(단, m은 자연수)라고 하고, 표로 나타내면 다음과 같다.

m	$2m-1$	b_{2m-1}
1	1	1
2	3	1+3=4
3	5	1+3+5=9
…	…	…
m	$2m-1$	$\sum_{k=1}^{m}(2k-1)=m^2$

즉, $2m-1=37$에서 $m=19$이므로 $b_{37}=19^2=361$개이다. 37번째에 배열된 흰색 바둑돌의 개수는 703−361=342개이므로 검은색 바둑돌이 흰색 바둑돌보다 361−342=19개 많다.

정답 77 ②

| 2017년

78 P씨는 이번에 새로 산 노트북의 사양을 알아보기 위해 다음과 같이 [제어판]의 [시스템]을 열어 보았다. 다음 중 P씨의 노트북 사양에 대한 내용으로 옳지 않은 것은?

① 그래픽카드는 i7 – 7700HQ 모델이 설치되어 있다.
② OS는 Windows 10 Home이 설치되어 있다.
③ 설치된 RAM의 용량은 16GB이다.
④ Windows 운영체제는 64비트 시스템이 설치되어 있다.
⑤ 컴퓨터의 이름은 DESKTOP – M9INL3K로 설정되어 있다.

---

78 그래픽카드가 아닌 설치된 CPU 정보에 해당된다. 제시된 화면에서 그래픽카드에 관한 정보는 알 수 없다.

정답 78 ①

| 2017년

79 독서실 총무인 소연이는 독서실의 시계가 4시간마다 6분씩 늦어진다는 것을 확인하여 오전 8시 정각에 시계를 맞춰 놓았다. 다음 날 아침 오전 9시 30분까지 서울역에 가야 하는 소연이는 오전 8시에 독서실을 나서야 하는데, 이때 독서실 시계는 몇 시를 가리키고 있겠는가?

① 오전 7시 21분
② 오전 7시 24분
③ 오전 7시 27분
④ 오전 7시 30분
⑤ 오전 7시 33분

---

79 소연이가 시계를 맞춰 놓은 시각과 다음 날 독서실을 나선 시각의 차는 24시간이다. 4시간마다 6분씩 늦어진다고 하였으므로 24시간 후 36분이 늦어진다. 따라서 소연이가 독서실을 나설 때 시계가 가리키고 있는 시각은 8시−36분=7시 24분이다.

정답 79 ②

| 2017년

80 **A회사에 재직 중인 노민찬 대리는 9월에 결혼을 앞두고 있다. 다음 〈조건〉을 참고할 때, 노민찬 대리의 결혼날짜로 가능한 날은?**

〈조건〉

- 9월은 1일부터 30일까지이며, 9월 1일은 금요일이다.
- 9월 30일부터 추석연휴가 시작되고 추석연휴 이틀 전엔 노민찬 대리가 주관하는 회의가 있다.
- 노민찬 대리는 결혼식을 한 다음 날 8박 9일간 신혼여행을 간다.
- 회사에서 신혼여행으로 주는 휴가는 5일이다.
- 노민찬 대리는 신혼여행과 겹치지 않도록 수요일 3주 연속 치과 진료가 예약되어 있다.
- 신혼여행에서 돌아오는 날 부모님 댁에서 하루 자고, 다음 날 출근할 예정이다.

① 1일 ② 2일
③ 22일 ④ 23일
⑤ 29일

---

80 〈조건〉에 따라 9월 달력을 나타내면 다음과 같다.

월요일	화요일	수요일	목요일	금요일	토요일	일요일
				1	2	3
4	5	6	7	8	9	10
11	12	13 치과	14	15	16	17
18	19	20 치과	21	22	23	24
25	26	27	28 회의	29	30 추석연휴	

치과 진료는 수요일 연속 3주간 받는다고 하였으므로 셋째 주·넷째 주 수요일은 무조건 치과 진료가 있다. 또한, 8박 9일간 신혼여행을 간다고 하였으므로 적어도 9일은 쉴 수 있어야 한다. 위 달력에서 9일 동안 아무 일정이 없는 날은 1일부터 12일까지이다. 신혼여행으로 인한 휴가는 5일 동안이므로 이 〈조건〉을 고려하면 노민찬 대리의 신혼여행은 9월 2일부터 10일까지이다. 이때, 결혼식 다음 날 신혼여행을 간다고 하였으므로 노민찬 대리의 결혼날짜는 9월 1일이다.

정답 80 ①

합격의공식
시대
에듀

제1회 서울교통공사 전기직

NCS 직업기초능력평가 + 직무수행능력평가

〈문항 및 시험시간〉

평가영역	문항 수	시험시간	비고
직업기초능력평가+직무수행능력평가	80문항	90분	객관식 5지선다형

서울교통공사 전기직 신입사원 필기시험

직업기초능력평가

문항 수 : 40문항
시험시간 : 45분

※ 다음 글을 읽고, 이어지는 질문에 답하시오. [1~2]

개인 이동수단을 일컫는 '퍼스널 모빌리티' 열풍이 빠르게 확산하면서 전동 킥보드가 도로와 인도 곳곳을 달리고 있다. 서울에서 시작된 퍼스널 모빌리티 열풍이 서서히 뻗어나가며 전동 킥보드 공유 서비스는 점차 전국으로 확장해 가고 있다.
이러한 퍼스널 모빌리티의 인기는 '공유경제', '친환경', '재미' 세 단어로 설명된다. 내 소유는 아니지만, 앱을 깔고 몇 단계 인증만 거치면 언제 어디서나 쉽게 이용할 수 있고, 목적지에 도착하면 주차·보관 걱정 없이 그냥 내려두면 된다. 게다가 오토바이 등과 다르게 전기 충전으로 움직이는 친환경적인 이동수단이면서 재미까지 갖췄다.
___㉠___ 이에 따른 각종 안전사고도 늘고 있다. 어두운 도로에서 불쑥 튀어나와 운전자를 당황하게 하는 고라니처럼 '킥라니(킥보드+ 고라니)'라는 오명도 쓰며, 인도와 도로의 골칫거리가 되고 있다. 경찰청에 따르면 2017년과 2018년 접수된 개인 이동수단 인명사고는 사망 8건, 중상 110건, 경상 171건 등 289건에 이른다. 특히 전동킥보드와 전기자전거가 전도돼 목숨을 잃는 사건도 5건이나 됐다.
___㉡___ 도로 무단 적치도 골칫거리가 되고 있다. 전용 주차 공간이 없다 보니 아파트 입구, 인도 중앙, 경사로, 보행자 이동로 등에 아무렇게나 세워두는 경우가 비일비재하다.

01 다음 중 ㉠, ㉡에 들어갈 접속어가 바르게 연결된 것은?

	㉠	㉡
①	그러므로	그러나
②	그러므로	또한
③	그러나	또한
④	그러나	그래서
⑤	그래서	한편

02 다음 중 글의 제목으로 가장 적절한 것은?

① 퍼스널 모빌리티의 실태
② 퍼스널 모빌리티의 정의
③ 퍼스털 모빌리티의 한계
④ 퍼스널 모빌리티의 부정적 영향
⑤ 퍼스널 모빌리티의 긍정적 영향

※ 다음은 철도안전법 시행규칙의 일부 내용이다. 이어지는 질문에 답하시오. [3~4]

제46조(철도차량 형식승인 신청 절차 등)

① 법 제26조 제1항에 따라 철도차량 형식승인을 받으려는 자는 별지 제26호 서식의 철도차량 형식승인신청서에 다음 각 호의 서류를 첨부하여 국토교통부장관에게 제출하여야 한다.

1. 법 제26조 제3항에 따른 철도차량의 기술기준(이하 '철도차량기술기준'이라 한다)에 대한 적합성 입증계획서 및 입증자료
2. 철도차량의 설계도면, 설계 명세서 및 설명서(적합성 입증을 위하여 필요한 부분에 한정한다)
3. 법 제26조 제4항에 따른 형식승인검사의 면제 대상에 해당하는 경우 그 입증서류
4. 제48조 제1항 제3호에 따른 차량형식 시험 절차서
5. 그 밖에 철도차량기술기준에 적합함을 입증하기 위하여 국토교통부장관이 필요하다고 인정하여 고시하는 서류

② 법 제26조 제2항 본문에 따라 철도차량 형식승인을 받은 사항을 변경하려는 경우에는 별지 제26호의2 서식의 철도차량 형식변경승인신청서에 다음 각 호의 서류를 첨부하여 국토교통부장관에게 제출하여야 한다.

1. 해당 철도차량의 철도차량 형식승인증명서
2. 제1항 각 호의 서류(변경되는 부분 및 그와 연관되는 부분에 한정한다)
3. 변경 전후의 대비표 및 해설서

③ 국토교통부장관은 제1항 및 제2항에 따라 철도차량 형식승인 또는 변경승인 신청을 받은 경우에 15일 이내에 승인 또는 변경승인에 필요한 검사 등의 계획서를 작성하여 신청인에게 통보하여야 한다.

03 다음 중 철도차량 형식승인신청서와 같이 첨부하여야 하는 서류로 옳지 않은 것은?

① 차량형식 시험 절차서
② 적합성 입증과 관계없는 철도차량의 설계도면, 설계 명세서 및 설명서
③ 형식승인검사의 면제 대상에 해당함을 입증하는 서류
④ 철도차량기술기준에 적합함을 입증하기 위하여 국토교통부장관이 필요하다고 인정하여 고시하는 서류
⑤ 철도차량기술기준에 대한 적합성 입증계획서 및 입증자료

04 다음 중 철도차량의 설계도면이 변경되어 철도차량 형식승인을 변경하려는 경우 제출하여야 하는 서류로 옳지 않은 것은?

① 해당 철도차량의 철도차량 형식승인증명서
② 변경 전후의 대비표 및 해설서
③ 철도차량 형식변경승인신청서
④ 변경되는 철도차량의 설계도면
⑤ 철도차량 완성검사 신청서

05 업무수행과정에서 발생하는 문제를 발생형, 탐색형, 설정형의 세 가지 문제 유형으로 분류한다고 할 때, 다음 〈보기〉의 ㉠～㉥을 문제 유형에 따라 바르게 분류한 것은?

〈보기〉

㉠ 제품을 배송하는 과정에서 고객의 개인정보를 잘못 기입하는 바람에 배송이 지연되고 있다.
㉡ 제약업계는 개발의 효율성 및 성과를 위해 매출액 가운데 상당 부분을 연구・개발에 투자하고 있으나, 기대만큼의 성과를 도출하지 못하고 있다.
㉢ 제품에서 기준치를 초과한 발암물질이 검출됨에 따라 회사는 전 제품에 대한 리콜을 고민하고 있다.
㉣ 연구팀은 제품 개발에 필수적인 제작 과정을 획기적으로 줄일 수 있는 기술을 개발할 것을 요청받았다.
㉤ 회사는 10대 전략 과제를 선정하고 부서별 역할과 세부추진계획을 점검하기로 하였다.
㉥ 정부의 사업 허가 기준이 강화될 것이라는 예측에 따라 새로운 사업 계획서 작성 방향에 대해 기업의 고민도 커질 것으로 예상된다.

	발생형	탐색형	설정형
①	㉠, ㉢	㉡, ㉣	㉤, ㉥
②	㉡, ㉢	㉠, ㉣	㉤, ㉥
③	㉢, ㉣	㉠, ㉤	㉡, ㉥
④	㉣, ㉤	㉡, ㉥	㉠, ㉢
⑤	㉤, ㉥	㉢, ㉣	㉠, ㉡

06 직장생활 중 지속적으로 요구되는 논리적 사고는 사고의 전개에 있어서 전후의 관계가 일치하고 있는가를 살피고, 아이디어를 평가하는 능력을 의미한다. 이러한 논리적 사고는 다른 사람을 공감시켜 움직일 수 있게 하며, 짧은 시간에 헤매지 않고 사고할 수 있게 한다. 다음 중 논리적 사고를 하기 위해 필요한 5가지 요소에 해당하지 않는 것은?

① 생각하는 습관
② 상대 논리의 구조화
③ 구체적인 생각
④ 타인에 대한 이해
⑤ 논리에 대한 확신

07 자동차 부품을 생산하는 E기업은 반자동생산라인과 자동생산라인을 하나씩 보유하고 있다. 최근 일본의 자동차 회사와 수출계약을 체결하여 자동차 부품 34,500개를 납품하였다. 아래 E기업의 생산조건을 고려할 때, 일본에 납품할 부품을 생산하는 데 소요되는 시간은 얼마인가?

〈자동차 부품 생산조건〉

- 반자동라인은 4시간에 300개의 부품을 생산하며, 그중 20%는 불량품이다.
- 자동라인은 3시간에 400개의 부품을 생산하며, 그중 10%는 불량품이다.
- 반자동라인은 8시간마다 2시간씩 생산을 중단한다.
- 자동라인은 9시간마다 3시간씩 생산을 중단한다.
- 불량 부품은 생산 후 폐기하고 정상인 부품만 납품한다.

① 230시간
② 240시간
③ 250시간
④ 260시간
⑤ 270시간

08 다음은 동일성의 원칙과 유사성의 원칙에 대한 설명이다. 빈칸에 들어갈 말을 올바르게 나열한 것은?

동일성의 원칙은 _____ 물품은 _____ 장소에 보관한다는 것이며, 유사성의 원칙은 _____ 물품은 _____한 장소에 보관한다는 것을 말한다.

① 동일, 같은, 유사, 인접
② 동일, 같은, 유사, 동일
③ 동일, 같은, 유사, 상이
④ 유사, 같은, 동일, 인접
⑤ 유사, 다른, 동일, 동일

09 다음 중 입·출하의 빈도가 높은 품목은 출입구 가까운 곳에 보관해야 한다는 원칙은 무엇인가?

① 통로대면 보관의 원칙
② 회전 대응 보관의 원칙
③ 높이 쌓기의 원칙
④ 선입선출의 원칙
⑤ 중량특성의 원칙

※ 다음 글을 읽고, 이어지는 질문에 답하시오. [10~11]

지오펜싱(Geofencing)이란 지리적(Geographic)과 울타리(Fencing)의 합성어로, GPS를 활용한 범위 기반의 가상 울타리 기반 응용 서비스를 말한다. 쉽게 말해 지오펜싱은 GPS 울타리를 설정하여 울타리 내의 사용자 출입 현황을 알려주는 서비스이다. 위치 추적의 핵심이 대상의 위치 파악이라면, 지오펜싱은 범위 및 구역을 중요시한다. 즉, 대상의 위치보다 대상이 범위 내에 존재하는지의 여부가 핵심이다.

현재 지오펜싱은 여러 산업 분야에서 다양하게 활용되고 있으며, 특히 마케팅 측면에서의 활용이 두드러진다. 이전에는 블루투스 기반의 비콘(Beacon) 기술을 활용했으나, 최근에는 지오펜싱 기반의 서비스가 ㉠ 빈번히 활용되고 있다. 블루투스를 사용하는 근거리 무선통신 기술인 비콘은 단말기가 내보내는 신호 범위 내의 사용자에게 메시지를 전송하거나 모바일 결제 등을 가능하게 해준다. 즉, 비콘은 별도의 단말기를 필요로 하며, 설치 지점으로부터 최대 100m 거리 내에서만 사용이 가능하다. 그러나 지오펜싱은 별도의 단말기가 필요하지 않으며, 비콘에 비해 넓어진 도달 범위로 인해 비교적 거리 제한 없이 활용할 수 있다.

10 다음 중 지오펜싱의 활용 사례로 가장 적절하지 않은 것은?

① 아이들이 일정 지역을 벗어날 경우 스마트폰 알람을 통해 부모에게 알려준다.
② 회사는 사무실 주위 지역을 설정하여 근로자의 출퇴근을 자동으로 확인한다.
③ 매장 200m 내에 위치한 고객의 스마트폰 앱으로 할인 쿠폰을 전송한다.
④ 비행 금지 구역으로 지정된 공항 시설 구역에 드론이 접근할 경우 경고음이 울린다.
⑤ 매장의 최대 70m 반경 내에 있는 고객은 스마트폰을 통해 음료를 주문・결제할 수 있다.

11 다음 중 밑줄 친 ㉠과 바꾸어 쓸 수 없는 것은?

① 자주
② 흔히
③ 때때로
④ 누누이
⑤ 수차

※ 다음은 물적자원을 효과적으로 관리하기 위한 과정을 나타낸 글이다. 다음을 읽고 이어지는 질문에 답하시오. [12~13]

(가) 물품을 적절하게 보관할 수 있는 장소를 선정하여야 한다. 종이류와 유리, 플라스틱 등은 그 재질의 차이로 인해서 보관 장소의 차이를 두는 것이 좋다. 특히 유리의 경우 쉽게 파손될 우려가 있기 때문에 따로 보관해야 한다. 또한, 물품의 무게와 부피에 따라서도 차이를 두어야 한다. 보관 장소에 따라 물품의 무게가 무겁거나 부피가 큰 것은 별도로 취급하는 것이 적절하다. 모든 물품을 같이 놓아두게 된다면 개별 물품의 훼손이 생길 수 있으므로 주의해야 한다.

(나) 보관의 원칙 중 동일성의 원칙과 유사성의 원칙에 따라 물품을 분류한다. 이는 보관한 물품을 다시 활용할 때 보다 쉽고 빠르게 찾을 수 있도록 하기 위해서이다. 특정 물품의 정확한 위치를 알 수 없어도 대략의 위치를 알고 있다면 물품을 찾는 시간을 단축할 수 있기 때문이다.

(다) 물품을 정리하고 보관하고자 할 때, 해당 물품을 앞으로 계속 사용할 것인지, 그렇지 않을지를 구분해야 한다. 그렇지 않으면 가까운 시일 내에 활용하게 될 물품도 창고나 박스 등에 넣어두었다가 다시 꺼내야 하는 경우가 발생하게 될 것이다. 처음부터 철저하게 물품의 활용계획이나 여부를 확인하는 것이 이러한 시행착오를 예방할 수 있다.

12 다음 중 (가)~(다)를 효과적인 물적자원관리 과정에 따라 순서대로 바르게 나열한 것은?

① (가) – (나) – (다)
② (가) – (다) – (나)
③ (나) – (다) – (가)
④ (다) – (가) – (나)
⑤ (다) – (나) – (가)

13 다음 중 (가)의 단계에서 물품 보관 장소를 선정하는 기준으로 가장 옳은 것은?

① 물품의 재질
② 물품의 부피
③ 물품의 무게
④ 물품의 특성
⑤ 물품의 파손 여부

※ 다음 글을 읽고 이어지는 질문에 답하시오. [14~15]

상생형 스마트공장 구축지원 사업이란 중소기업중앙회가 중소・중견기업 제조현장의 경쟁력 제고를 위해 이들 기업을 대상으로 국내 현실에 적합한 다양한 형태의 스마트공장 구축 및 고도화를 지원하는 사업을 말한다. 여기서 스마트공장이란 제품의 기획부터 판매까지 모든 생산과정을 ICT(정보통신기술)로 통합해 최소 비용과 시간으로 고객 맞춤형 제품을 생산하는 사람 중심의 첨단 지능형 공장을 말한다.

중소기업중앙회는 피보험자 수를 조사한 자료를 토대로 상생형 스마트공장 도입 1년을 넘긴 중소기업 478개사의 고용 데이터를 분석한 결과 상생형 스마트공장을 도입한 기업 가운데 50%에서 일자리가 증가했다고 밝혔다. 또한 기업당 추가 고용된 인력은 평균 2명으로 조사되었다.

______________________________ 상생형 스마트공장 유형은 레벨 1부터 5까지 기준에 따라 A, B, C형으로 나뉜다. 스마트화 정도가 가장 높은 A형(레벨 3 ~ 5) 기업 중 72.1%에서 일자리가 늘어났으며, 이보다 구축 수준이 낮은 B형(레벨 2) 기업은 55.7%, C형(레벨 1) 기업은 45%에서 일자리 증가가 확인되었다.

중소기업중앙회 관계자는 더 많은 중소기업이 스마트공장 구축 수준을 높여 근로환경을 개선하고 일자리를 창출할 수 있도록 노력하겠다고 밝혔다.

14 윗글의 내용과 일치하지 않는 것은?

① 상생형 스마트공장 구축지원 사업에는 중소・중견기업만 참여할 수 있다.
② 상생형 스마트공장을 도입한 478개의 기업 중 239개의 기업에서 일자리가 증가하였다.
③ 상생형 스마트공장을 도입한 478개의 기업에서는 평균 2명의 인력이 추가 고용되었다.
④ 상생형 스마트공장 중 레벨 1의 공장이 레벨 2의 공장보다 스마트화 정도가 더 높다.
⑤ 상생형 스마트공장의 B형 기업 중 절반 이상의 기업에서 일자리가 증가하였다.

15 윗글의 빈칸에 들어갈 내용으로 가장 적절한 것은?

① 상생형 스마트공장을 구축한 모든 기업에서 일자리가 증가하였다.
② 구축 수준이 높은 상생형 스마트공장일수록 더 많은 구직자가 지원하였다.
③ 구축 수준이 높은 상생형 스마트공장의 경우 더 많은 지원을 받을 수 있다.
④ 상생형 스마트공장의 구축 수준이 높을수록 일자리 증가도 많았다.
⑤ 상생형 스마트공장의 구축 수준이 높을수록 일자리가 빠르게 증가하였다.

16 다음 중 디지털 컴퓨터와 아날로그 컴퓨터의 차이점에 관한 설명으로 옳은 것은?

① 디지털 컴퓨터는 전류, 전압, 온도 등 다양한 입력 값을 처리하며, 아날로그 컴퓨터는 숫자 데이터만을 처리한다.
② 디지털 컴퓨터는 증폭 회로로 구성되며, 아날로그 컴퓨터는 논리 회로로 구성된다.
③ 디지털 컴퓨터는 산술이나 논리 연산을 주로 하며, 아날로그 컴퓨터는 미분이나 적분 연산을 주로 한다.
④ 디지털 컴퓨터는 특수 목적용으로 많이 사용되며, 아날로그 컴퓨터는 범용이다.
⑤ 디지털 컴퓨터는 연산속도가 빠르지만 아날로그 컴퓨터는 느리다.

17 다음 제어판의 장치관리자 목록 중 LAN카드가 포함된 항목은?

① 디스크 드라이브
② 디스플레이 어댑터
③ 시스템 장치
④ 네트워크 어댑터
⑤ 사운드, 비디오 및 게임 컨트롤러

18 다음 중 데이터 유효성 검사에 대한 설명으로 옳지 않은 것은?

① 목록의 값들을 미리 지정하여 데이터 입력을 제한할 수 있다.
② 입력할 수 있는 정수의 범위를 제한할 수 있다.
③ 목록으로 값을 제한하는 경우 드롭다운 목록의 너비를 지정할 수 있다.
④ 유효성 조건 변경 시 변경 내용을 범위로 지정한 모든 셀에 적용할 수 있다.
⑤ 한 셀에 허용되는 텍스트의 길이를 제한할 수 있다.

19 **다음 상황에서 팀장의 지시를 적절히 수행하기 위하여 오 대리가 거쳐야 할 부서명을 순서대로 나열한 것은?**

> 오 대리, 내가 내일 출장 준비 때문에 무척 바빠서 그러는데 자네가 좀 도와줘야 할 것 같군. 우선 박 비서한테 가서 오후 사장님 회의 자료를 좀 가져다주게나. 오는 길에 지난주 기자단 간담회 자료 정리가 되었는지 확인해 보고 완료됐으면 한 부 챙겨오고. 다음 주에 승진자 발표가 있을 것 같은데 우리 팀 승진 대상자 서류가 잘 전달되었는지 그것도 확인 좀 해줘야겠어. 참, 오후에 바이어가 내방하기로 되어 있는데 공항 픽업 준비는 잘 해 두었지? 배차 예약 상황도 다시 한번 점검해 봐야 할 거야. 그럼 수고 좀 해 주게.

① 기획팀 – 홍보팀 – 총무팀 – 경영관리팀
② 비서실 – 홍보팀 – 인사팀 – 총무팀
③ 인사팀 – 법무팀 – 총무팀 – 기획팀
④ 경영관리팀 – 법무팀 – 총무팀 – 인사팀
⑤ 회계팀 – 경영관리팀 – 인사팀 – 총무팀

20 **다음은 조직목표의 특징을 나타낸 것이다. 5가지의 특징 중 옳지 않은 내용은 총 몇 가지인가?**

> 〈조직목표의 특징〉
>
> • 공식적 목표와 실제적 목표가 다를 수 있다.
> • 다수의 조직목표를 추구할 수 있다.
> • 조직목표 간에는 수평적 상호관계가 있다.
> • 불변적 속성을 가진다.
> • 조직의 구성요소와 상호관계를 가진다.

① 1가지
② 2가지
③ 3가지
④ 4가지
⑤ 5가지

21 다음 자료는 A～D사의 남녀 직원비율을 나타낸 것이다. 이에 대한 설명으로 옳지 않은 것은?

〈회사별 남녀 직원비율〉

(단위 : %)

구분	A사	B사	C사	D사
남직원	54	48	42	40
여직원	46	52	58	60

① 여직원 대비 남직원 비율이 가장 높은 회사는 A이며, 가장 낮은 회사는 D이다.
② B, C, D사의 여직원 수의 합은 남직원 수의 합보다 크다.
③ A사의 남직원이 B사의 여직원보다 많다.
④ A, B사의 전체 직원 중 남직원이 차지하는 비율이 52%라면 A사의 전체 직원 수는 B사 전체 직원 수의 2배이다.
⑤ A, B, C사의 전체 직원 수가 같다면 A, C사 여직원 수의 합은 B사 여직원 수의 2배이다.

22 다음은 어느 해 개최된 올림픽에 참가한 6개국의 성적이다. 이에 대한 내용으로 옳지 않은 것은?

〈국가별 올림픽 성적〉

(단위 : 명, 개)

국가	참가선수	금메달	은메달	동메달	메달 합계
A	240	4	28	57	89
B	261	2	35	68	105
C	323	0	41	108	149
D	274	1	37	74	112
E	248	3	32	64	99
F	229	5	19	60	84

① 획득한 금메달 수가 많은 국가일수록 은메달 수는 적었다.
② 금메달을 획득하지 못한 국가가 가장 많은 메달을 획득했다.
③ 참가선수의 수가 많은 국가일수록 획득한 동메달 수도 많았다.
④ 획득한 메달의 합계가 큰 국가일수록 참가선수의 수도 많았다.
⑤ 참가선수가 가장 적은 국가의 메달 합계는 전체 6위이다.

23 **다음 수제 초콜릿에 대한 분석 기사를 읽고 〈보기〉에서 설명하는 SWOT 분석에 의한 마케팅 전략을 진행하고자 할 때, 마케팅 전략에 해당되지 않은 것은?**

오늘날 식품 시장을 보면 원산지와 성분이 의심스러운 제품들로 넘쳐 납니다. 이로 인해 소비자들은 고급스럽고 안전한 먹거리를 찾고 있습니다. 우리의 수제 초콜릿은 이러한 요구를 완벽하게 충족시켜주고 있습니다. 풍부한 맛, 고급 포장, 모양, 건강상의 혜택, 강력한 스토리텔링 모두 높은 품질을 원하는 소비자들의 요구를 충족시키는 것입니다. 사실 수제 초콜릿을 만드는 데는 비용이 많이 듭니다. 각종 장비 및 유지 보수에서부터 값비싼 포장과 유통 업체의 높은 수익을 보장해주다 보면 초콜릿을 생산하는 업체에게 남는 이익은 많지 않습니다. 또한, 수제 초콜릿의 존재 자체를 많은 사람들이 알지 못하는 상황입니다. 하지만 보다 좋은 식품에 대한 인기가 높아짐에 따라 더 많은 업체들이 수제 초콜릿을 취급하기를 원하고 있습니다. 따라서 수제 초콜릿은 일반 초콜릿보다 더 높은 가격으로 판매될 수 있을 것입니다. 현재 초콜릿을 대량으로 생산하는 대형 제조업체들은 자신들의 일반 초콜릿과 수제 초콜릿의 차이를 줄이는 데 최선을 다하고 있습니다. 그리고 직접 맛을 보기 전에는 일반 초콜릿과 수제 초콜릿의 차이를 알 수 없기 때문에 소비자들은 굳이 초콜릿에 더 많은 돈을 지불해야 하는 이유를 알지 못할 수 있습니다. 따라서 수제 초콜릿의 효과적인 마케팅 전략이 필요한 시점입니다.

〈보기〉

〈SWOT 분석에 의한 마케팅 전략〉

- SO전략(강점 – 기회전략) : 강점을 살려 기회를 포착
- ST전략(강점 – 위협전략) : 강점을 살려 위협을 회피
- WO전략(약점 – 기회전략) : 약점을 보완하여 기회를 포착
- WT전략(약점 – 위협전략) : 약점을 보완하여 위협을 회피

① 수제 초콜릿의 값비싸고 과장된 포장을 바꾸고, 그 비용으로 안전하고 맛있는 수제 초콜릿을 홍보하면 어떨까.
② 수제 초콜릿의 고급 포장하여 수제 초콜릿의 스토리텔링을 더 살려보는 것은 어떨까.
③ 수제 초콜릿의 스토리텔링을 포장에 명시한다면 소비자들이 믿고 구매할 수 있을 거야.
④ 효과적인 마케팅 방법으로 수제 초콜릿을 알려 대기업과의 경쟁에서 이겨야겠어.
⑤ 전문가의 의견을 통해 수제 초콜릿의 풍부한 맛을 알리는 동시에 일반 초콜릿과 맛의 차이도 알려야겠어.

24 S전자의 영업지원팀 무 팀장은 새로 출시한 제품의 홍보를 지원하기 위해 월요일부터 목요일까지 매일 남녀 한 명씩, 두 사람을 홍보팀으로 보내야 한다. 영업지원팀에는 현재 남자 사원 4명(기태, 남호, 동수, 지원)과 여자 사원 4명(고은, 나영, 다래, 리화)이 근무하고 있다. 다음 〈조건〉에 따라 홍보팀으로 보낼 때, 옳지 않은 것은?

〈조건〉

(가) 매일 다른 사람을 보내야 한다.
(나) 기태는 화요일과 수요일에 휴가를 간다.
(다) 동수는 다래의 바로 이전 요일에 보내야 한다.
(라) 고은이는 월요일에는 근무할 수 없다.
(마) 남호와 나영이는 함께 근무할 수 없다.
(바) 지원이는 기태 이전에 근무하지만 화요일은 갈 수 없다.
(사) 리화는 고은이와 나영이 이후에 보낸다.

① 고은이가 수요일에 근무한다면 기태는 리화와 함께 근무한다.
② 다래가 수요일에 근무한다면 화요일에는 동수와 고은이가 근무한다.
③ 리화가 수요일에 근무한다면 남호는 화요일에 근무한다.
④ 고은이가 화요일에 근무한다면 지원이는 월요일에 근무할 수 없다.
⑤ 지원이가 수요일에 근무한다면 다래는 화요일에 근무한다.

25 다음은 리더십의 유형을 살펴볼 수 있는 사례이다. (A), (B) 사례에서 볼 수 있는 리더십 유형으로 적절한 것은?

(A) K팀장은 최근 팀의 성과가 나지 않는 원인을 팀원들이 역량이 낮고 참여도가 적기 때문이라고 판단하였다. 이를 통해 K팀장은 팀원 개개인들에 대한 업무를 자신이 직접 할당하기로 하였으며, 업무에 대한 불만은 받지 않기로 했다. 또한, 목표를 위한 핵심적인 정보를 자신만이 가짐으로써 명확하게 의사결정을 하였으며, 팀원들의 업무에 대한 질적 수준을 항상 최고로 유지해야 한다고 보았고, 이를 어길 경우 엄중히 징계할 것을 다짐하였다.
(B) S팀장은 지금까지 팀과 팀원들이 유지해온 업무과정을 발전시켜 더 큰 비전을 추구하기로 다짐했다. 이를 위해 우선 S팀장은 팀원들에게 팀의 명확한 비전을 제시하였고, 그 비전을 이루기 위해 팀원들 스스로 중요한 존재임을 깨닫게 하여 자신을 존경할 수 있도록 노력하였다. 또한 팀과 팀원이 성과를 냈을 경우 칭찬을 아끼지 않았으며, 회의가 끝날 때마다 '우리는 할 수 있습니다.'라는 구호를 통해 팀원들에게 자극을 주어 업무 수행에 대한 자신감을 북돋았다.

	(A)	(B)
①	독재자 유형	민주주의에 근접한 유형
②	변혁적 유형	민주주의에 근접한 유형
③	독재자 유형	파트너십 유형
④	변혁적 유형	파트너십 유형
⑤	독재자 유형	변혁적 유형

26 다음은 2015～2019년 스포츠 4종목의 경기 수를 나타낸 자료이다. 다음 중 자료에 대한 설명으로 옳지 않은 것은?

〈국내 스포츠 종목별 경기 수〉

(단위 : 회)

구분	2015년	2016년	2017년	2018년	2019년
농구	413	403	403	403	410
야구	432	442	425	433	432
배구	226	226	227	230	230
축구	228	230	231	233	233

① 2016년 농구 경기 수의 전년 대비 감소율이 2019년의 전년 대비 증가율보다 크다.
② 2015년 농구와 배구 경기 수 차이는 야구와 축구 경기 수 차이의 90% 이상이다.
③ 2015～2019년 야구의 평균 경기 수는 축구 평균 경기 수의 2배 이하이다.
④ 2016～2018년 경기 수가 증가한 종목은 1종목이다.
⑤ 2019년 각 종목별 경기 수가 5년 동안의 평균 경기 수보다 적은 종목은 1종목이다.

27 다음은 5개 업체에서 판매 중인 사이다를 비교한 자료이다. 어느 업체에서 사이다를 사는 것이 가장 저렴한가?(단, 소수점 이하 셋째 자리에서 반올림한다)

〈업체별 사이다 용량 및 가격〉

구분	A업체	B업체	C업체	D업체	E업체
가격(원)	25,000	25,200	25,400	25,600	25,800
한 개당 용량(mL)	340	345	350	355	360
한 묶음 개수(개)	25	24	25	24	24

※ 사이다는 한 묶음으로만 판매한다.

① A업체
② B업체
③ C업체
④ D업체
⑤ E업체

28 남성 정장 전문 제조회사에서 20대를 타깃으로 한 캐주얼 SPA 시장에 진출하려고 한다. 귀하는 3C 분석 방법으로 다양한 자료를 조사했으며, 다음과 같은 분석내용을 도출하였다. 자사에서 추진하려는 신규 사업 계획의 타당성에 대해서 올바르게 설명한 것은?

3C	상황분석
고객(Customer)	• 40대 중년 남성을 대상으로 한 정장 시장은 정체 및 감소 추세 • 20대 캐주얼 및 SPA 시장은 매년 급성장
경쟁사(Competitor)	• 20대 캐주얼 SPA 시장에 진출할 경우, 경쟁사는 글로벌 및 토종 SPA 기업, 캐주얼 전문 기업 외에도 비즈니스 캐주얼, 아웃도어 의류 기업도 포함 • 경쟁사들은 브랜드 인지도, 유통망, 생산 등에서 차별화된 경쟁력을 가짐 • 경쟁사 중 상위업체는 하위업체와의 격차 확대를 위해 파격적 가격 정책과 20대 지향 디지털마케팅 전략을 구사
자사(Company)	• 신규 시장 진출 시 막대한 마케팅 비용 발생 • 낮은 브랜드 인지도 • 기존 신사 정장 이미지 고착 • 유통과 생산 노하우 부족 • 디지털마케팅 역량 미흡

① 20대 SPA 시장이 급성장하고, 경쟁이 치열해지고 있지만, 자사의 유통 및 생산 노하우로 가격경쟁력을 확보할 수 있으므로 신규 사업을 추진하는 것이 바람직하다.

② 40대 중년 정장 시장은 감소 추세에 있으므로 새로운 수요발굴이 필요하며, 기존의 신사 정장 이미지를 벗어나 20대 지향 디지털마케팅 전략을 구사하면 신규 시장의 진입이 가능하므로 신규 사업을 진행하는 것이 바람직하다.

③ 20대 SPA 시장이 급성장하고 있지만, 하위업체의 파격적인 가격정책을 이겨 내기에 막대한 비용이 발생하므로 신규 사업 진출은 적절하지 않다.

④ 20대 SPA 시장은 계속해서 성장하고 매력적이지만, 경쟁이 치열하고 경쟁자의 전략이 막강하다. 이에 비해 자사의 자원과 역량은 부족하여 신규 사업 진출은 하지 않는 것이 바람직하다.

⑤ 브랜드 경쟁력을 유지하기 위해서는 20대 SPA 시장 진출이 필요하며, 파격적 가격정책을 도입하면 자사의 높은 브랜드 이미지와 시너지 효과를 낼 수 있기에 신규 사업을 진행하는 것이 바람직하다.

※ H호텔 뷔페에서는 백미, 잡곡, 현미밥을 고객의 취향대로 먹을 수 있도록 3대의 밥솥을 비치하였다. 다음 설명서를 읽고 이어지는 질문에 답하시오. [29~31]

■ 취사요령

구분	백미	백미쾌속	잡곡	현미	죽	누룽지	만능 찜
취사시간	40 ~ 50분	30 ~ 35분	50 ~ 60분	70 ~ 80분	60분	40분	30분

1) 쌀을 인원수에 맞게 계량합니다.
2) 쌀을 깨끗이 씻어 물이 맑아질 때까지 헹굽니다.
3) 내솥에 씻은 쌀을 담고 물을 채웁니다.
4) 내솥을 밥솥에 넣고 뚜껑을 닫습니다.
5) 원하는 메뉴를 선택한 뒤 취사 버튼을 누릅니다.

※ 콩은 따로 씻어서 30분 이상 물에 불린 뒤 잡곡에 섞어 취사하도록 합니다.

■ 예약취사 방법

1) 〈예약〉 버튼을 누른 뒤 〈메뉴〉 버튼으로 원하시는 메뉴를 선택합니다.
2) 〈시 / 분〉 버튼을 눌러 시간을 먼저 선택한 뒤, 분을 선택합니다.
3) 시간 설정이 완료되면 〈취사〉 버튼을 눌러주세요.

※ 예약시간은 완료시간을 기준으로 합니다(저녁 6시에 12시간 예약을 할 경우 저녁 6시로부터 12시간 후인 아침 6시에 취사가 완료됩니다).

■ 문제해결방법

증상	확인	해결방법
취사 시간이 너무 오래 걸려요.	취사 중 다른 조작을 하지는 않았나요?	취사 중 다른 버튼을 조작하지 마십시오.
뚜껑 틈으로 수증기가 나옵니다.	뚜껑 패킹이 찢어지지는 않았나요?	새 뚜껑 패킹으로 교환해 주세요.
	뚜껑 패킹과 내솥 사이에 이물질이 끼어있지 않나요?	이물질을 제거해 주세요.
밥물이 넘쳐요.	물의 양이 많지는 않나요?	물 눈금에 맞게 취사해 주세요.
예약이 안 돼요.	예약 가능한 메뉴를 확인하셨나요?	예약 가능한 메뉴는 백미, 잡곡, 현미 3가지 메뉴입니다.
취사 후 밥을 뒤집으니 밥 밑면이 누렇게 됐어요.	쌀을 씻을 때 맑은 물이 나올 때까지 씻었나요?	쌀뜨물이 바닥으로 깔려 취사가 누렇게 될 수 있습니다. 맑은 물이 나올 때까지 헹궈 주세요.
	개봉한 지 오래된 쌀로 밥을 하셨나요?	개봉한 지 오래된 쌀은 바닥에 쌀겨가 많이 깔릴 수 있습니다. 맑은 물이 나올 때까지 헹궈 주세요.
보온이 잘 안 돼요.	12시간 이상 장시간 보온하셨나요?	12시간 이내로 보온하세요.
	취사 후 밥을 잘 섞어주셨나요?	취사 후 밥을 섞어 주세요.

29 **뷔페의 저녁 타임 오픈 시간은 17시이다. 한식 구역을 배정받은 조리사 L씨는 오픈 준비를 위해 취사를 하였다. 다음 중 L씨의 취사 과정으로 옳은 것은?**

① 백미는 40 ~ 50분 소요되므로 15시에 '백미' 모드로 50분을 선택하여 예약하였다.
② 백미를 내솥에 담아 밥물을 맞춘 뒤 15시에 '백미쾌속' 모드로 2시간을 선택하여 예약하였다.
③ 콩은 따로 씻어서 30분 이상 물에 불린 뒤 잡곡에 섞어 '잡곡쾌속' 모드로 취사하였다.
④ 현미를 맑은 물이 나올 때까지 깨끗하게 헹궈서 내솥에 담았다.
⑤ 현미를 내솥에 담아 밥물을 맞춘 뒤 16시에 취사 버튼을 눌렀다.

30 **취사 도중 뚜껑 틈으로 수증기가 나왔다. 설명서를 참고했을 때 뚜껑 틈으로 수증기가 나오는 원인이 될 수 있는 것은?**

① 취사 도중 실수로 보온 버튼이 눌러졌다.
② 밥물의 양이 많았다.
③ 12시간 이상 보온을 하였다.
④ 뚜껑 패킹과 내솥 사이에 이물질이 끼어 있었다.
⑤ 내솥 바닥에 이물질이 묻어 있었다.

31 **30번 문제에서 찾은 원인에 따라 조치를 취했지만 여전히 뚜껑 틈으로 수증기가 나왔다. 추가적인 해결방법으로 적절한 것은?**

① 물 눈금에 맞게 취사하였다.
② 내솥 및 내부 부품을 깨끗하게 닦았다.
③ 취사 후 밥을 골고루 섞었다.
④ 서비스센터로 문의하였다.
⑤ 새 뚜껑 패킹으로 교환하였다.

32 다음은 멤버십 유형별 특징을 정리한 자료이다. 다음 자료를 참고하여 각 유형의 멤버십을 가진 사원에 대한 리더의 대처방안으로 가장 적절한 것은?

〈멤버십 유형별 특징〉

소외형	순응형
• 조직에서 자신을 인정해주지 않음 • 적절한 보상이 없음 • 업무 진행에 있어 불공정하고 문제가 있음	• 기존 질서를 따르는 것이 중요하다고 생각함 • 리더의 의견을 거스르는 것은 어려운 일임 • 획일적인 태도와 행동에 익숙함
실무형	**수동형**
• 조직에서 규정준수를 강조함 • 명령과 계획을 빈번하게 변경함	• 조직이 나의 아이디어를 원치 않음 • 노력과 공헌을 해도 아무 소용이 없음 • 리더는 항상 자기 마음대로 함

① 소외형 사원은 팀에 협조하는 경우에 적절한 보상을 주도록 한다.
② 소외형 사원은 팀을 위해 업무에서 배제시킨다.
③ 순응형 사원에 대해서는 조직을 위해 순응적인 모습을 계속 권장한다.
④ 실무형 사원에 대해서는 징계를 통해 규정준수를 강조한다.
⑤ 수동형 사원에 대해서는 의견 존중을 통해 자신감을 가지도록 한다.

33 F공사 관리팀에 근무하는 B팀장은 최근 부하직원인 A사원 때문에 고민 중이다. B팀장이 보기에 A사원의 업무방법은 업무성과를 내기에 부적절해 보이지만, 자존감이 강하고 자기결정권을 중시하는 A사원은 자기 자신이 스스로 잘하고 있다고 생각하며 B팀장의 조언이나 충고에 대해 반발심을 표현하고 있기 때문이다. 이와 같은 상황에서 B팀장이 부하직원인 A사원에게 할 수 있는 가장 효과적인 코칭방법은 무엇이겠는가?

① 징계를 통해 B팀장의 조언을 듣도록 유도한다.
② 대화를 통해 스스로 자신의 잘못을 인식하도록 유도한다.
③ A사원에 대한 칭찬을 통해 업무 성과를 극대화시킨다.
④ A사원을 더 강하게 질책하여 업무방법을 개선시키도록 한다.
⑤ 스스로 업무방법을 고칠 때까지 믿어주고 기다려준다.

34 다음 팔로워십의 유형에 대한 설명을 보고 〈보기〉에서 알 수 있는 A와 B의 팔로워십 유형은?

1. 수동형
   - 의존적이고 비판적이지 않지만, 임무 역시 열심히 참여하지 않는다.
   - 책임감이 결여되어 지시하지 않으면 임무를 수행하지 않는다.
2. 소외형
   - 개성이 강한 사람으로 조직에 대해 독립적이고 비판적인 의견을 내며, 임무 수행에서는 소극적이다.
   - 리더의 노력을 비판하면서, 스스로는 노력하지 않거나 불만스런 침묵으로 일관한다.
3. 모범형
   - 스스로 생각하고 행동하며, 집단과 리더를 도와준다.
   - 독립심이 강하고 헌신적이며 건설적인 비판을 한다.
4. 실무형
   - 비판적이지 않으며 리더의 지시에 의문이 생겨도 적극적으로 대립하지 않는다.
   - 지시한 일은 잘 수행하지만 그 이상을 하지 않는 등 개인의 이익을 따진다.
5. 순응형
   - 독립적·비판적인 사고는 부족하지만 자신의 임무를 수행한다.
   - 리더의 지시나 판단에 지나치게 의존하는 경향이 있다.

〈보기〉

- 팀장은 평소 일에 대한 책임감이 적은 A사원에게 무엇을 시켜야 하는지, 어떻게 말해야 되는지 매일 생각하고 있다. A사원은 스스로 무엇을 할지 생각하지 않고, 해야 될 것을 알려달라고 하며 맡은 일을 제대로 하지 못해 감독이 필요하다.
- B대리는 사람들 사이에서 잔머리를 굴릴 줄 안다고 얘기된다. B대리는 평소 업무를 수행하면서 가지고 있는 불만을 표현하지 않고 모두 수행하지만 더 능력이 있음에도 더 노력하지 않는다.

	A	B		A	B
①	수동형	실무형	②	소외형	순응형
③	모범형	수동형	④	실무형	소외형
⑤	순응형	모범형			

35 다음의 사례로 판단했을 때, 기업의 직원들에게 필요한 역량은 무엇인가?

스칸디나비아항공은 고객이 예약 문의전화를 하고, 공항카운터를 방문하고, 티켓을 받은 후 탑승을 하고, 기내서비스를 받고, 공항을 빠져나오는 등의 모든 순간에 고객이 항공사와 함께 있다는 기분을 느낄 수 있도록 다양한 광고와 질 높은 서비스를 제공하는 MOT 마케팅을 도입함으로써 수년간의 적자경영을 흑자경영으로 돌려놓는 결과를 낳았다. MOT 마케팅은 고객이 여러 번에 걸쳐 최상의 서비스를 경험했다 하더라도 단 한 번의 불만족스러움을 느낀다면 결국 전체 서비스에 대한 만족도를 0으로 만들어버린다는 곱셈의 법칙(100−1=99가 아니라 100×0=0이라는 법칙)에 따라 고객과의 접점의 순간에서 최상의 서비스를 제공할 것을 강조한다.

① 근면　　② 성실
③ 봉사　　④ 책임감
⑤ 정직

36 다음 중 역무원이 지켜야 할 행동지침으로 옳지 않은 것은?

① 편파적이지 않고 공정하게 처리해야 한다.
② 사회통념상 허용범위를 넘는 물품의 수수 및 제공을 금한다.
③ 민원은 타 업무를 신속하게 마치고 친절하게 처리한다.
④ 항상 친절과 봉사로 임해야 한다.
⑤ 민원 등의 상황에 사적으로 개입하지 않는다.

37 다음 TRIZ에 대한 글을 읽고 알 수 있는 TRIZ 사례로 옳지 않은 것은?

TRIZ는 주어진 문제에 대하여 가장 이상적인 결과를 정의하고, 그 결과를 얻는 데 관건이 되는 모순을 찾아내어 그 모순을 극복할 수 있는 해결안을 얻을 수 있도록 생각하는 방법에 대한 40가지 이론이다. 예를 들어 '차 무게가 줄면 연비는 좋아지지만 안전성은 나빠진다.'를 모순으로 정하고 '어떻게 하면 차가 가벼우면서 안전성이 좋을 수 있을까?'라는 해결책을 찾아 모순을 극복하는 것이다. 이어폰이 무선 이어폰이 되는 것 등도 이에 해당된다.

〈TRIZ 40가지 이론〉

분할	추출	국부적품질	비대칭	통합	다용도	포개기	공중부양
사전 반대 조치	사전 조치	사전 예방 조치	동일한 높이	역방향	곡선화	역동성 증가	초과나 부족
차원변화	진동	주기적 작용	유용한 작용의 지속	급히 통과	전화위복	피드백	중간매개물
셀프서비스	복사	값싸고 짧은 수명	기계 시스템의 대체	공기 및 유압 사용	얇은 막	다공성물질	색깔변화
동질성	폐기 및 재생	속성변화	상전이	열팽창	산화제	불활성 환경	복합재료

① 여러 구간으로 납작하게 접을 수 있는 접이식 자전거 헬멧
② 자동으로 신발 끈이 조여지는 운동화
③ 최초로 발견된 죽지 않는 식물
④ 회전에 제약이 없는 구형 타이어
⑤ 줄 없이 운동할 수 있는 줄 없는 줄넘기

38 K공사의 A사원은 지사방문 일정으로 여수와 순천으로 출장을 다녀와야 한다. 다음은 용산역－여수EXPO역, 여수EXPO역－순천역 및 순천역－용산역 KTX 운행시간 및 요금에 관한 일부 자료이다. A사원이 용산역에서 07:30에 출발해서 일정을 마친 뒤 최대한 일찍 용산역에 도착하려고 할 때, 다음 중 A사원이 가장 일찍 용산역에 도착할 수 있는 시각과 총 요금으로 올바르게 짝지어진 것은?(단, A사원은 여수를 처음으로 방문하고, 점심식사 시간은 12:00 ~ 13:00이며, 열차 운행의 지연은 없다고 가정한다)

〈용산역－여수EXPO역 KTX 운행시간 및 요금〉

열차	출발－도착 시각	요금
KTX 703	07:15 ~ 10:18	47,200원
KTX 781	07:45 ~ 11:19	46,000원
KTX 705	08:40 ~ 11:40	47,200원

※ 여수 지사방문 일정에는 40분이 소요된다(이동시간 포함).

〈여수EXPO역－순천역 KTX 운행시간 및 요금〉

열차	출발－도착 시각	요금
KTX 710	12:00 ~ 12:20	8,400원
KTX 782	12:10 ~ 12:27	8,400원
KTX 712	13:05 ~ 13:22	8,400원
KTX 714	14:05 ~ 14:25	8,400원
KTX 716	15:00 ~ 15:18	8,400원

※ 순천 지사방문 일정에는 2시간이 소요된다(이동시간 포함).

〈순천역－용산역 KTX 운행시간 및 요금〉

열차	출발－도착 시각	요금
KTX 716	15:20 ~ 17:59	44,000원
KTX 718	16:57 ~ 19:31	44,000원
KTX 720	18:21 ~ 21:03	44,000원
KTX 784	19:10 ~ 22:29	43,000원
KTX 724	22:10 ~ 00:38	44,000원

	용산역 도착 시각	총 요금
①	17:59	99,600원
②	19:31	98,400원
③	21:03	98,600원
④	22:29	97,400원
⑤	00:38	98,400원

※ 다음은 A연구원이 작성한 '열차 출 · 도착 데이터와 교통카드 데이터를 활용한 도시철도 역사 보행 서비스수준 추정 방안' 논문의 서론이다. 이어지는 질문에 답하시오. [39~40]

4차 산업혁명 시대의 교통은 모빌리티 4.0이라 일컬으며, 대중교통중심의 지속가능한 교통체계를 중심으로 이용자 맞춤형, 수요 대응형 서비스를 지향하고 있다. 이로 인해 교통시설의 기능이 강조되고 있으며, 사람 중심의 교통체계 구축, 국민의 삶의 질 향상 등의 정부정책에 따라 국민체감형 편의서비스 제공이 요구되고 있다. 특히, 대중교통 중심의 교통체계는 터미널을 거점으로 발생하며, 터미널에 대한 계획, 설계 및 활용 기술에 대한 과학적이고 객관적인 정량화 기법을 기반으로 이용자 중심의 편의성에 대한 정교한 분석 및 평가의 필요성이 대두되고 있다.
철도 및 도시철도 역사는 더 이상 이동의 공간이 아닌 이동, 상업, 여가 등의 다양한 공간으로 변화하고 있다. 이러한 역사를 이용하는 이용자들의 편의성을 제공하기 위해 다양한 연구 및 기술개발이 수행되고 있으며, 이를 위해서는 대중교통 이용자들에 대한 현상 파악, 서비스 분석, 이동행태 분석이 선행되어야 한다. 그러나 이러한 요구와 기대를 담아내기에는 다양한 이용자 특성에 대한 대중교통 이동 패턴 조사 및 데이터 기반의 문제점 파악이 미비한 실정이다. 우리나라는 2004년 대중교통체계개편 사업을 통해 전국 호환 스마트카드 기반의 대중교통 통합 이용이 가능해졌으며, 이로 인해 서울 98%, 대도시 90% 이상의 전수에 가까운 대중교통 통행 데이터 획득이 용이해졌다. 이를 통해 열차 승 · 하차 정보를 이용하여 역사 서비스 수준, 혼잡도 등을 예측하고 있으나, 도시철도 역사 내의 이동패턴, 이동시간 등은 교통카드 데이터만으로 분석하기에 한계가 존재한다. 현장조사, 설문조사 및 시뮬레이션 등을 통해 도시철도 역사 내 이용자들의 이동패턴, 이동성 등에 대한 연구는 다수 수행되었으나, 데이터 기반의 이동시간, 서비스 분석 등에 대한 연구는 미비한 실정이다.
이에 본 연구에서는 도시 · 광역철도 간 각 노선별 개별 열차의 실시간 위치 정보를 기반으로 한 열차 출 · 도착 데이터와 교통카드 데이터를 연계하여, 실적기반의 도시철도와 관련된 두 데이터에 대한 연계성을 검토하였다. 역사 내 하차 이용객의 이동시간을 분석하여, 이용객 수와 이동속도 기반의 도시철도 역사별 보행 서비스수준 추정을 위한 방안을 제시하고자 한다. 본 연구에서는 2017년 10월 31일의 교통카드 데이터와 열차 출 · 도착데이터를 활용하여 각기 다른 두 데이터의 연계 분석 가능성을 검토하고, 연계된 데이터 기반으로 이용객 특성에 따른 도시철도 역사 내 이동성을 분석하였다. 데이터에 대한 누락데이터 검토 및 보정과정을 통해 데이터 신뢰성을 확보하고자 하였으며, 시간기준으로 열차 도착 데이터와 교통카드 하차 정보를 연계하였다. 분석 시간대에 따른 누적 하차량과 열차 도착정보를 이용하여 자료의 연관성을 분석하였으며, 열차 도착시간과 하차태그 시간을 이용하여 역사 내 하차 이동시간을 분석하여 도시철도 역사 내 서비스수준을 추정하기 위한 데이터 기반의 분석 및 활용 가능성을 제시하였다.
본 논문의 구성은 다음과 같다. 2장에서는 철도 및 도시철도 역사 관련 서비스 평가 관련 기존연구를 고찰하였고, 3장에서는 연구방법론 및 분석자료에 대한 내용을 제시하였다. 4장에서는 열차 출 · 도착 데이터와 교통카드 데이터 연계 및 이동성 분석 결과를 제시하였으며, 5장에서는 연구 결과에 대한 논의와 결론을 제시하였다.

39 다음 중 논문의 내용과 일치하지 않는 것은?

① 4차 산업혁명 시대의 교통은 지속가능한 교통체계를 중심으로 이용자 맞춤형, 수요 대응형 서비스를 지향하고 있다.
② 정부정책에 따라 국민체감형 편의서비스 제공이 요구되고 있다.
③ 데이터 기반의 이동시간, 서비스 분석 등에 대한 연구는 미비한 실정이다.
④ 교통카드 데이터만으로 도시철도 역사 내의 이동패턴, 이동시간 분석이 가능하다.
⑤ 이용자 특성에 대한 대중교통 이동 패턴 조사 및 데이터 기반의 문제점 파악이 미비한 실정이다.

40 다음 제시된 논문 (가), (나)를 읽고 추론한 목차를 올바르게 연결한 것은?

(가) 본 연구에서는 도시철도 열차의 실시간 위치 정보를 기반으로 한 열차 출·도착 데이터와 교통카드 데이터를 연계하여, 데이터 기반의 도시철도 역사 내 보행 시설물에 대한 서비스 수준 추정 가능성을 제시하고자 하였다. 실적 기반의 도시철도 이용객 정보와 열차 출·도착 정보를 연계하여 앞으로 다가올 데이터 시대에 대응 할 수 있는 방안을 마련하고자 하였다. 관련된 두 데이터에 대한 연계성을 분석하고, 역사 내 하차 이용객의 이동시간을 분석하여 열차 하차 이용객 수와 이동속도 지수의 관계를 도출하여 도시철도 역사 내 보행 시설물 서비스 수준 추정 가능성을 제시하였다.

(나) 본 연구에서는 도시철도 역에 대하여 이용객 현황, 노선 특성을 반영하여 3개의 역을 선정하였다. 분석대상 역은 비환승역과 환승역으로 구분하였으며, 비환승역은 수요가 높은 구로디지털단지역과, 비교적 수요가 낮은 한양대역을 설정하였다. 환승역의 경우 열차 출·도착 데이터가 비교적 정확하게 도출된 잠실역을 대상으로 분석을 수행하였다. 분석 시, 비환승역의 경우 상행과 하행을 구분하였으며, 환승역의 경우 노선별, 방향별로 구분하여 분석을 수행하였다.

	(가)	(나)
①	3장. 연구방법론 및 분석자료	4장. 분석 자료 구축
②	5장. 분석결과 및 결론	3장. 연구방법론 및 분석자료
③	4장. 분석 자료 구축	5장. 분석결과 및 결론
④	4장. 분석 자료 구축	3장. 연구방법론 및 분석자료
⑤	5장. 분석결과 및 결론	4장. 분석 자료 구축

서울교통공사 전기직 신입사원 필기시험

직무수행능력평가

문항 수 : 40문항
시험시간 : 45분

01 다음과 같은 불평형 3상 4선식 회로에 대칭 3상 상전압 200V를 가할 때, 중성선에 흐르는 전류 I_n[A]은?(단, $R_a=10\Omega$, $R_b=5\Omega$, $R_c=20\Omega$ 이다)

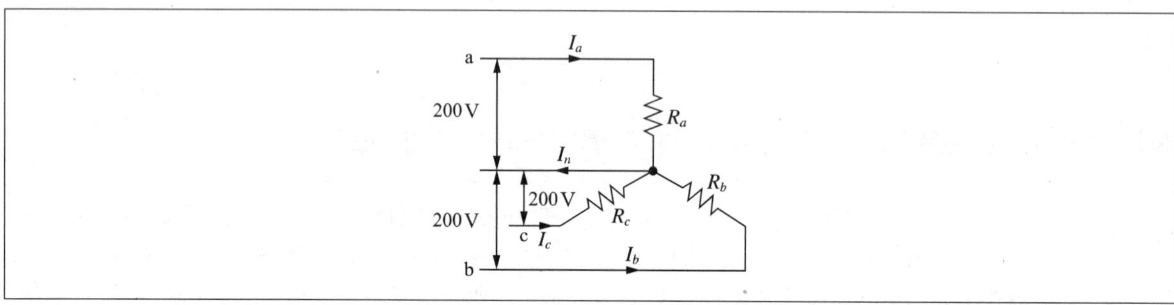

① $-5-j15\sqrt{3}$ A
② $-5+j15\sqrt{3}$ A
③ $-5-j20\sqrt{3}$ A
④ $-5+j20\sqrt{3}$ A
⑤ $-5+j10\sqrt{3}$ A

02 기전력이 1.5V, 내부 저항이 3Ω 인 전지 3개를 같은 극끼리 병렬로 연결하고, 어떤 부하저항을 연결하였더니 부하에 0.5A의 전류가 흘렀다. 부하저항의 값을 두 배로 높였을 때, 부하에 흐르는 전류는?

① 0.3A
② 0.35A
③ 0.4A
④ 0.45A
⑤ 0.5A

03 다음 RLC 직렬회로에서 회로에 흐르는 전류 I는 전원의 주파수에 따라 크기가 변한다. 임의의 주파수에서 회로에 흐르는 전류가 최대가 되었다고 하면, 그때의 전류 I[A]는?

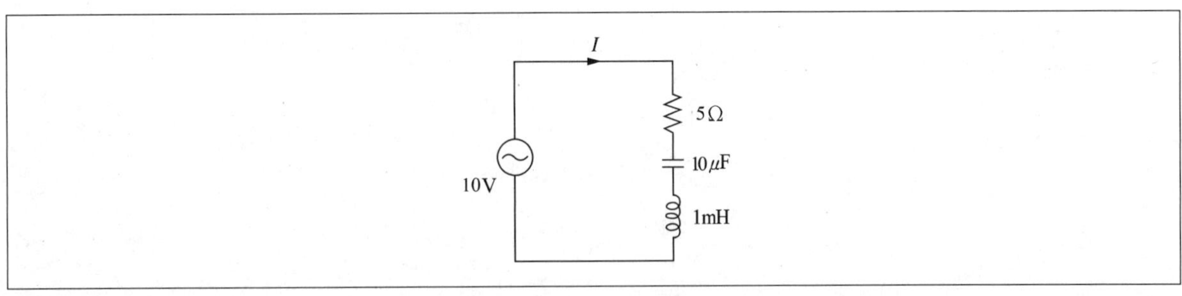

① 0A
② 0.5A
③ 1A
④ 2A
⑤ 2.5A

04 100V, 10A, 1,500rpm인 직류 분권 발전기의 정격 시의 계자 전류는 2A이다. 이때 계자 회로에는 10Ω의 외부 저항이 삽입되어 있다. 계자 권선의 저항은?

① 100Ω
② 80Ω
③ 60Ω
④ 40Ω
⑤ 20Ω

05 그림과 같은 유도 전동기가 있다. 고정자가 매초 100회전하고 회전자가 매초 95회전하고 있을 때, 회전자의 도체에 유기되는 기전력의 주파수는?

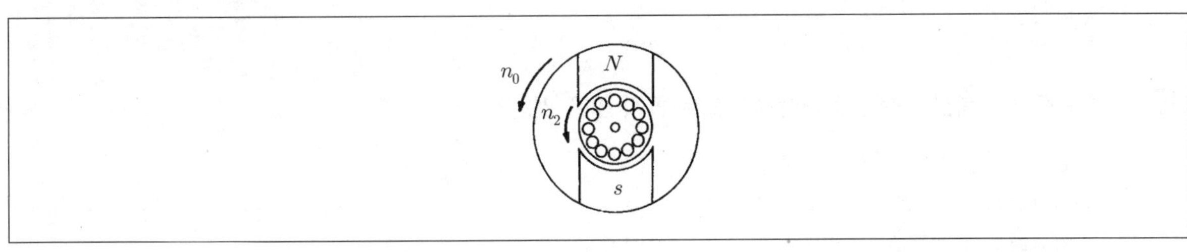

① 5Hz
② 10Hz
③ 15Hz
④ 20Hz
⑤ 25Hz

06 5kVA 단상 변압기의 단락 시험에서 임피던스 와트를 150W라 하면 퍼센트 저항 강하는 몇 %인가?

① 2%
② 3%
③ 4%
④ 5%
⑤ 6%

07 직류 전동기의 회전수를 $\frac{1}{2}$로 하려면, 계자 자속을 몇 배로 해야 하는가?

① $\frac{1}{4}$
② $\frac{1}{2}$
③ 2
④ 4
⑤ 6

08 다음 중 전류의 발열작용에 관한 법칙으로 가장 적절한 것은?

① 옴의 법칙
② 패러데이의 법칙
③ 줄의 법칙
④ 키르히호프의 법칙
⑤ 렌츠의 법칙

09 다음 중 전기력선의 성질에 대한 설명으로 옳지 않은 것은?

① 전기력선은 서로 교차하지 않는다.
② 전기력선은 도체의 표면에 수직이다.
③ 전기력선의 밀도는 전기장의 크기를 나타낸다.
④ 같은 전기력선은 서로 끌어당긴다.
⑤ 전기력선은 전위가 높은 점에서 낮은 점으로 향한다.

10 다음 그림과 같은 전기 회로 a, b 간의 합성 저항은 얼마인가?

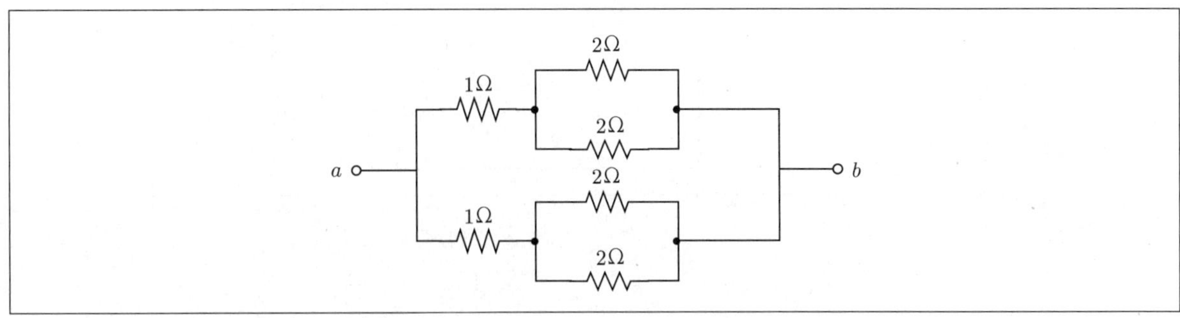

① 0.5Ω
② 2Ω
③ 1Ω
④ 3Ω
⑤ 4Ω

11 성형 결선에서 상전압이 120V인 대칭 3상 교류의 선간 전압은 얼마인가?

① 약 105V
② 약 150V
③ 약 208V
④ 약 225V
⑤ 약 230V

12 도체의 저항값에 대한 설명으로 옳지 않은 것은?

① 저항값은 도체의 고유 저항에 비례한다.
② 저항값은 도체의 단면적에 비례한다.
③ 저항값은 도체의 길이에 비례한다.
④ 저항값은 도체의 단면적에 반비례한다.
⑤ 저항값은 도체의 길이에 반비례한다.

13 전원 전압 P, 부하 저항 R일 때 최대 전력을 공급하기 위한 조건은?(단, r은 전원의 내부 저항이다)

① $r=R$
② $r=2R$
③ $r=4R$
④ $r=6R$
⑤ $r=8R$

14 다음의 회로에서 저항 $R[\Omega]$은 몇 Ω 인가?

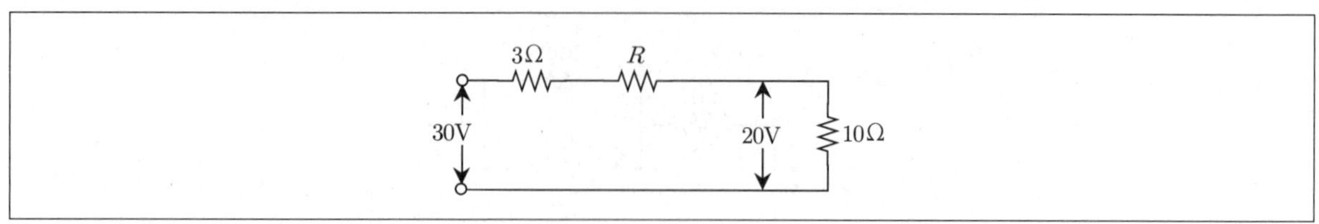

① 1Ω
② 2Ω
③ 3Ω
④ 4Ω
⑤ 6Ω

15 1C.G.S 정전 단위의 같은 부호의 두 점 전하가 진공 내에서 1m 떨어졌을 때 작용하는 반발력은 얼마인가?

① 1,000dyne
② 100dyne
③ 10dyne
④ $\frac{1}{1,000}$dyne
⑤ $\frac{1}{10,000}$dyne

16 다음 그림과 같은 파형의 파형률은 얼마인가?

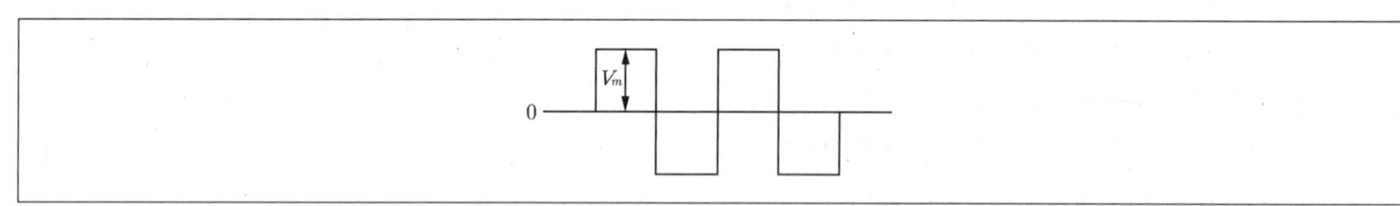

① 1
② 1.11
③ 1.2
④ 1.4
⑤ 1.5

17 $\Delta-\Delta$ 평형 회로에서 선간 전압이 220V, 부하 임피던스 $Z=6+j8[\Omega]$일 때 선전류는 몇 A인가?

① 약 38A
② 약 36A
③ 약 32A
④ 약 28A
⑤ 약 26A

18 저항값이 같은 두 개의 도선을 병렬로 연결한 경우의 합성 저항은 얼마인가?

① 한 도선 저항과 같다.
② 한 도선 저항의 2배이다.
③ 한 도선 저항의 $\frac{1}{2}$이다.
④ 한 도선 저항의 $\frac{2}{3}$이다.
⑤ 한 도선 저항의 3배이다.

19 전기 회로의 과도 현상과 시상수와의 관계가 바른 것은?

① 시상수가 클수록 과도 현상은 오래 지속된다.
② 시상수가 클수록 과도 현상은 매우 느리다.
③ 시상수와 과도 지속 시간은 관계가 없다.
④ 시상수는 전압의 크기에 비례한다.
⑤ 시상수는 전력량에 비례한다.

20 공기 중에 있어서 자속 밀도 1.5Wb/m^2의 평등 자장 내에 길이 40cm의 도선을 자장의 방향과 30°의 각도로 놓고 여기에 5A의 전류를 흐르게 하면 도선에 작용하는 힘은 얼마인가?

① 1.5N
② 3N
③ 4N
④ 5N
⑤ 6N

21 다음은 Y-Δ로 결선한 평형 3상 회로이다. 부하의 상전류와 선전류의 크기는?(단, 각 상의 부하 임피던스 $Z_p = 24 + j18[\Omega]$이다)

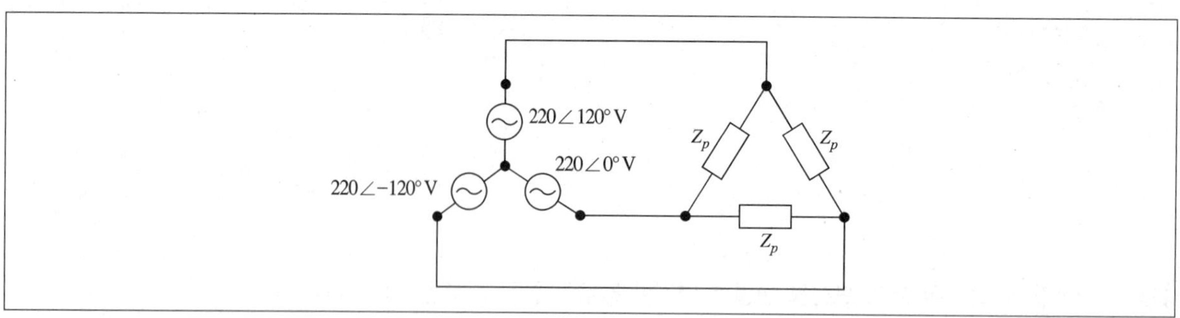

	상전류	선전류
①	$\frac{11}{\sqrt{3}}$A	11A
②	11A	11A
③	$\frac{22}{\sqrt{3}}$A	22A
④	22A	22A
⑤	$\frac{33}{\sqrt{3}}$A	33A

22 균일 자기장(z축 방향) 내에 길이가 0.5m인 도선을 y축 방향으로 놓고 2A의 전류를 흘렸더니 6N의 힘이 작용하였다. 이 도선을 그림과 같이 z축에 대해 수직이며 x축에 대해 30° 방향으로 $v=10$m/s의 속도로 움직일 때, 발생하는 유도기전력의 크기는?

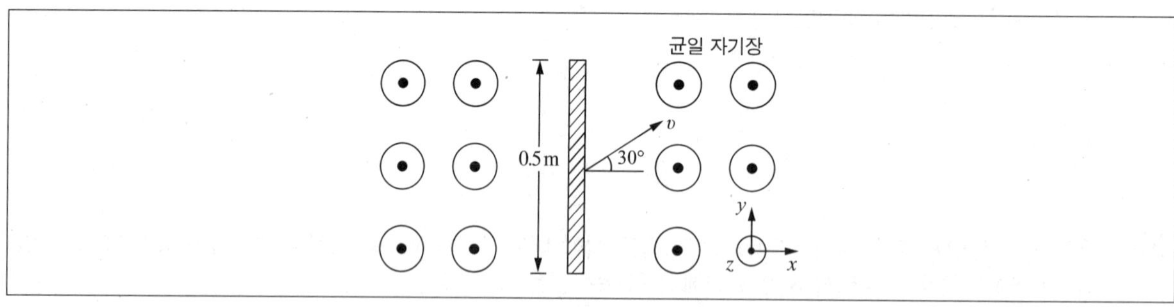

① 15V
② $15\sqrt{3}$V
③ 30V
④ $30\sqrt{3}$V
⑤ 45V

23 용량 100kVA인 동일 정격의 단상 변압기 4대로 낼 수 있는 3상 최대 출력 용량은?

① $200\sqrt{3}$ kVA
② $200\sqrt{2}$ kVA
③ $300\sqrt{2}$ kVA
④ 400kVA
⑤ $400\sqrt{3}$ kVA

24 6극, 3상 유도 전동기가 있다. 회전자도 3상이며 회전자 정지 시의 1상의 전압은 200V이다. 전부하 시의 속도가 1,152rpm이면 2차 1상의 전압은 몇 V인가?(단, 1차 주파수는 60Hz이다)

① 8.0V
② 8.3V
③ 11.5V
④ 15.0V
⑤ 23.0V

25 60Hz, 8극 15HP인 3상 유도 전동기가 855rpm으로 회전하면 회전자 동손과 회전자 효율은 얼마인가?(단, 기계손은 무시한다)

	회전자 동손	회전자 효율
①	565W	94.5%
②	589W	95%
③	560W	95%
④	558W	95.5%
⑤	593W	94.5%

26 평형 3상 전류를 측정하려고 변류비 60/5A의 변류기 두 대를 그림과 같이 접속했더니 전류계에 2.5A가 흘렀다. 1차 전류는 몇 A인가?

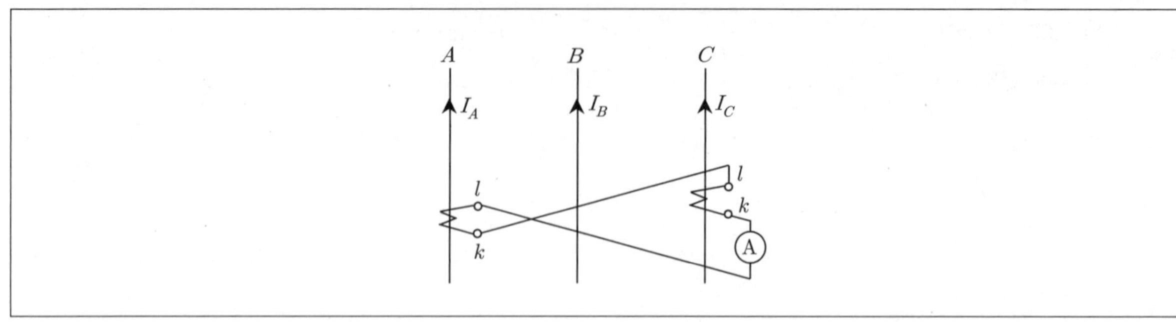

① 약 12.0A
② 약 17.3A
③ 약 30.0A
④ 약 51.9A
⑤ 약 53.8A

27 정지 시에 있어서의 회전자 상기 전력이 100V, 50Hz인 6극 3상 권선형 유도 전동기가 있다. 회전자 기전력과 동일 주파수 및 동일 위상의 20V인 상전압을 외전자에 공급하면 무부하 속도는?

① 240rpm
② 800rpm
③ 1,200rpm
④ 1,440rpm
⑤ 1,680rpm

28 4극, 60Hz의 유도 전동기가 슬립 5%로 전부하 운전하고 있을 때 2차 권선의 손실이 94.25W라고 하면 토크는?

① 1.02N · m
② 2.04N · m
③ 10.00N · m
④ 20.00N · m
⑤ 30.00N · m

29 권수비 3인 2상 변압기를 사용하여 교류 100V의 입력을 가했을 때, 전파 정류하면 출력측 직류 전압의 평균값은 몇 V인가?

① $300\sqrt{2}$[V]
② 300[V]
③ $300\sqrt{2}/\pi$[V]
④ $600\sqrt{2}/\pi$[V]
⑤ $900\sqrt{2}/\pi$[V]

30 그림과 같은 단상 전파 정류에서 직류 전압 100V를 얻는 데 필요한 변압기 2차 한상의 전압은 약 얼마인가?(단, 부하는 순저항으로 하고 변압기 내의 전압 강하는 무시하고 정류기의 전압 강하는 10V로 한다)

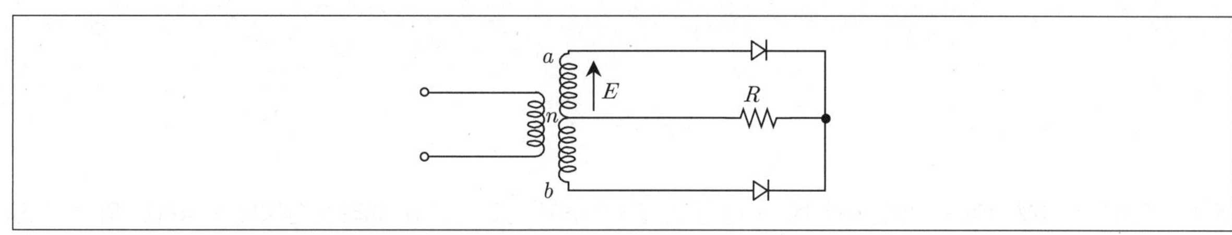

① 156V
② 144V
③ 122V
④ 100V
⑤ 80V

31 다음 중 쿨롱의 법칙(Coulomb's law)에 관한 설명으로 옳지 않은 것은?

① 힘의 크기는 전하 사이의 거리에 반비례한다.
② 힘의 크기는 두 전하량의 곱에 비례한다.
③ 작용하는 힘의 방향은 두 전하를 연결하는 직선과 일치한다.
④ 작용하는 힘은 두 전하가 존재하는 매질에 따라 다르다.
⑤ 법칙이 성립하기 위해서는 상호작용하는 전하는 상대적으로 멈춰 있어야 한다.

32 그림과 같은 변압기 회로에서 부하 R_2에 공급되는 전력이 최대로 되는 변압기의 권수비 a는?

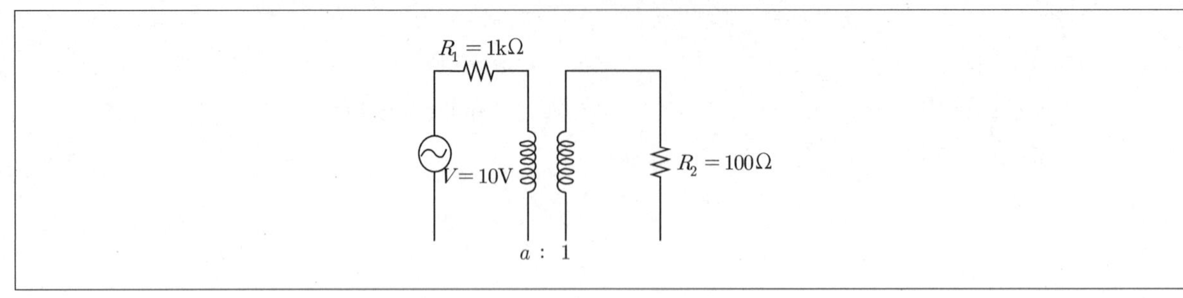

① 5
② $\sqrt{5}$
③ 10
④ $\sqrt{10}$
⑤ 15

33 2,000/100V, 10kVA 변압기의 1차 환산 등가 임피던스가 $6.2 + j7[\Omega]$이라면 임피던스 강하는 약 몇 %인가?

① 2.35%
② 2.5%
③ 7.25%
④ 7.5%
⑤ 9.25%

34 4kVA인 변압기에서 무유도 전부하 시 동손은 120W, 철손은 80W이다. 부하가 $\frac{1}{2}$ 되었을 때의 효율은?

① 약 75%
② 약 80%
③ 약 85%
④ 약 90%
⑤ 약 95%

35 회전자가 슬립 s로 회전하고 있을 때 고정자, 회전자의 실효 권수비를 a라 하면, 고정자 기전력 E_1과 회전자 기전력 E_2의 비는?

① $\frac{a}{s}$
② sa
③ $(1-s)a$
④ $\frac{a}{1-s}$
⑤ $\frac{1-s}{a}$

36 8극 60Hz의 유도 전동기가 부하를 걸고 864rpm으로 회전할 때 54.134kg·m의 토크를 내고 있다. 이때의 동기 와트로 옳은 것은?

① 약 48kW
② 약 50kW
③ 약 52kW
④ 약 54kW
⑤ 약 56kW

37 4극 3상 유도 전동기에 전원 전압 200V로 전부하를 걸었을 때 전류는 21.5A였다. 이 전동기의 전출력은 몇 W인가? (단, 전부하 역률 86%, 효율 85%이다)

① 약 5,029W
② 약 5,444W
③ 약 5,820W
④ 약 6,103W
⑤ 약 6,312W

38 다음 회로에서 저항 R_x에 흐르는 전류는 몇 A인가?

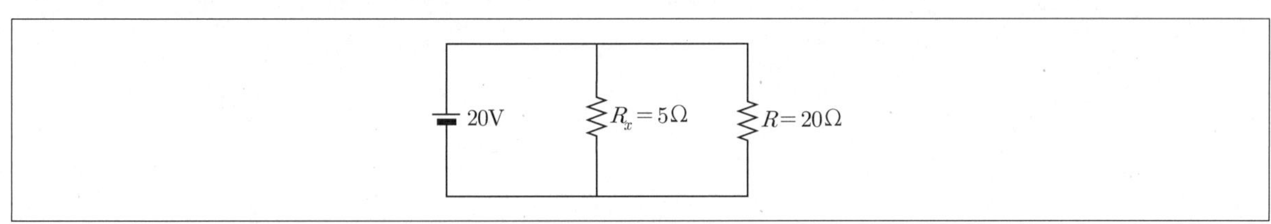

① 4A
② 3A
③ 2A
④ 1A
⑤ 0.5A

39 0.5Ω 의 컨덕턴스를 가진 저항체에 6A의 전류를 흘리려면 몇 V의 전압을 가해야 하는가?

① 3V
② 10V
③ 12V
④ 15V
⑤ 30V

40 다음 중 전자기파에 대한 설명으로 옳은 것은?

① 진공 중에서의 전파 속도는 파장에 따라 다르다.
② 음극선은 전자기파의 일종이다.
③ 전기장과 자기장의 방향은 평행이다.
④ 시간에 따른 전기장의 변화가 자기장을 유도한다.
⑤ 전자기파는 양자들의 집합이다.

제2회 서울교통공사 전기직

NCS 직업기초능력평가 + 직무수행능력평가

〈문항 및 시험시간〉

평가영역	문항 수	시험시간	비고
직업기초능력평가+직무수행능력평가	80문항	90분	객관식 5지선다형

서울교통공사 전기직 신입사원 필기시험

직업기초능력평가

문항 수 : 40문항
시험시간 : 45분

※ 다음 글을 읽고, 이어지는 질문에 답하시오. [1~2]

4차 산업혁명이 현대인의 라이프스타일에 많은 영향을 미치고 있다. 인공지능(AI), 사물인터넷, 로봇 등 첨단과학기술의 급속한 발달이 현대인의 일상생활을 디지털 라이프스타일로 바꿔놓고 있다. 물리적·시간적 제약을 뛰어넘어 대량의 지식과 정보가 쏟아지는 홍수 속에서 디지털 라이프스타일은 사람들의 가치를 변화시키고 직업의 변화를 촉진한다.

(가) 개방성·다양성·역동성의 가치도 강조되는 분야 중 하나이다. 첨단과학기술은 세계를 하나의 촌(村)으로 만들고 있다. 미래사회로 갈수록 다양성과 역동성의 가치가 직업 선택에서 주요 기준이 될 것이다. 조직에서 개인의 출신과 국적은 더 이상 주요 문제가 아니다. 앞으로는 이질적 문화를 이해하는 지식을 갖추고 이에 빠르게 적응할 수 있는 인력만이 직업세계에서 생존할 수 있을 것이다.

(나) 성공에 대한 가치가 변화함에 따라 과거와 같이 사회적으로 인정받는 좋은 직장과 직업은 더 이상 성공의 잣대가 되지 않는다. 오히려 개인의 보람 혹은 성취감이 성공을 평가하는 주요 가치로 작용한다. 많은 수입은 얻지 못하더라도 자신이 하고 싶은 분야에서 일과 여가를 함께 누리며 전문성과 보람을 갖는 것이 인생의 성공이라 생각한다.

(다) 여가와 성공의 가치도 변화하고 있다. 과거 여가가 '일로부터의 탈출'이라면, 미래 사회는 여가를 '일과 함께 즐기는 형태'로 바라본다. 지능형 로봇, 사물인터넷, 드론, 웨어러블 스마트기기 등의 기술이 직무구조를 변화시키고 직장 공간을 개인의 삶 전체로 확장시킴에 따라 일과 여가를 위한 물리적 공간의 구분이 모호해진 것이다.

(라) 먼저 최근 등장한 '친환경일자리(Green Jobs)'가 사회의 지속가능한 발전을 위한 필수 요소로 주목받으면서 타인에 대한 나눔·봉사의 가치가 개인의 직업선택에 중요한 기준으로 부상하였다. 이에 따라 사람들은 나눔을 실천하는 착한 기업에 보다 우호적이며 높은 충성심을 갖는다.

이처럼 4차 산업혁명 시대의 디지털 라이프스타일은 새로운 가치 변화를 가져온다. 따라서 향후 역동적인 직업세계의 구조에서는 자신의 진로 가치를 명확히 이해하여 직업을 찾는 개인의 진로개발이 더욱 강조될 것이다.

01 다음 중 (가)~(라) 문단을 논리적 순서대로 배열한 것은?

① (가) – (나) – (다) – (라)
② (나) – (가) – (라) – (다)
③ (다) – (나) – (가) – (라)
④ (라) – (가) – (다) – (나)
⑤ (라) – (다) – (나) – (가)

02 다음 중 글의 제목으로 가장 적절한 것은?

① 현대인의 디지털 라이프스타일
② 4차 산업혁명 시대의 직업세계
③ 나에게 맞는 직업 찾기의 중요성
④ 진정한 성공이란 무엇인가?
⑤ 일과 함께 즐기는 여가 생활

※ 다음 글을 읽고, 이어지는 질문에 답하시오. [3~4]

인공지능(AI)을 통한 얼굴 인식 프로그램은 인간의 얼굴 표정을 통해 감정을 분석한다. 인간의 표정을 인식하여 슬픔・기쁨・놀라움・분노 등을 얼마나 느끼고 있는지 정량적으로 보여주는 것이다.
많은 AI 기업들이 이와 같은 얼굴 인식 프로그램을 개발하고 있다. 미국의 한 AI 기업은 얼굴 표정을 식별하여 감정을 읽어내는 안면 인식 기술 '레코그니션(Rekognition)'을 개발하였고, 대만의 다른 AI 기업은 인간의 얼굴 표정을 인식해 그 사람의 나이와 성별, 감정을 식별하는 '페이스 미(Face Me)'를 공개하였다.
___㉠___ 인간의 얼굴 표정으로 감정을 읽는 것은 매우 비과학적이다. 얼굴의 움직임과 내적 감정 상태의 명확한 연관성을 찾기 어렵기 때문이다. 인간의 얼굴 표정에서 감정 상태를 유추할만한 증거는 거의 없으며, 사람들은 감정을 느껴도 얼굴을 움직이지 않을 수 있다. 심지어 다른 사람에게 자신의 감정을 속이는 것도 가능하다. 게다가 얼굴 표정은 문화적 맥락과도 관련이 있기 때문에 서양인과 동양인의 기쁨・슬픔에 대한 표정은 다를 수 있다.
___㉡___ 채용이나 법 집행 등 민감한 상황에서 감정인식 기술을 사용하는 것은 금지해야 한다. 현재 안면 및 감정 인식 기술을 광고 마케팅이나 채용 인터뷰, 범죄 수사 등에 활용하고 있는 것은 매우 위험하다. 인간의 감정은 계량화가 불가능하며, 이러한 인간의 감정을 알고리즘화하려는 것은 시도 자체가 잘못된 것이다.

03 다음 중 글쓴이의 주장을 뒷받침하는 근거로 적절하지 않은 것은?

① 감정은 상황, 신체 움직임, 부끄러움이나 흥분할 때 나오는 호르몬 반응 등 다양한 요소들이 작용한 결과이다.
② 얼굴 인식을 통해 감정을 파악하는 기술은 인간이 행복할 때는 웃고 화가 날 때면 얼굴을 찌푸린다는 단순한 가설에 기대고 있다.
③ 실제로 경찰에서 사용 중인 거짓말 탐지기조차도 증거 능력에 대해 인정하지 않고 참고 용도로만 사용하고 있다.
④ AI가 제공해주는 과학적이고 분석적인 데이터를 통해 보다 자세히 지원자의 감정을 파악할 수 있다.
⑤ 사람들은 '눈을 감은 채 입을 크게 벌리고 있는 홍조 띤 남자 사진'을 보고 화가 난 표정이라고 이야기했으나, 남자가 축구 선수라는 사실을 알게 되자 골 세리머니로 흥분한 얼굴 표정이라고 생각을 바꾸었다.

04 다음 중 빈칸 ㉠, ㉡에 들어갈 접속어가 바르게 연결된 것은?

	㉠	㉡
①	그러므로	그러나
②	그러므로	또한
③	그러나	또한
④	그러나	따라서
⑤	그래서	따라서

※ 다음은 도시철도법의 일부 내용이다. 다음을 읽고 이어지는 질문에 답하시오. [5~6]

〈도시철도운송사업〉

제26조(면허 등)

① 국가 또는 지방자치단체가 아닌 법인으로서 도시철도운송사업을 하려는 자는 국토교통부령으로 정하는 바에 따라 도시철도운송사업계획을 제출하여 시·도지사에게 면허를 받아야 한다.

② 도시철도운송사업의 사업구간이 인접한 시·도에 걸쳐있는 경우에는 해당 시·도지사 간 협의에 따라 면허를 줄 시·도지사를 정하되 협의가 성립되지 아니한 경우에는 국토교통부장관이 조정할 수 있다. 이 경우 시·도지사는 특별한 사유가 없으면 국토교통부장관의 조정에 따라야 한다.

③ 시·도지사는 제1항에 따라 면허를 주기 전 도시철도운송사업계획에 대하여 국토교통부장관과 미리 협의하여야 한다.

④ 시·도지사는 제1항에 따라 면허를 줄 때에는 도시교통의 원활화와 이용자의 안전 및 편의 증진을 위하여 필요한 조건을 붙일 수 있다.

제27조(면허의 기준)

도시철도운송사업의 면허기준은 다음 각 호와 같다.

1. 해당 사업이 도시교통의 수송수요에 적합할 것
2. 해당 사업을 수행하는 데 필요한 도시철도차량 및 운영인력 등이 국토교통부령으로 정하는 기준에 맞을 것

제28조(결격사유)

① 임원 중에 다음 각 호의 어느 하나에 해당하는 사람이 있는 법인은 도시철도운송사업의 면허를 받을 수 없다.

1. 피성년후견인 또는 피한정후견인
2. 파산선고를 받고 복권되지 아니한 사람
3. 이 법 또는 대통령령으로 정하는 철도 및 도시철도 관계 법령을 위반하여 금고 이상의 실형을 선고받고 그 집행이 끝나거나(끝난 것으로 보는 경우를 포함한다) 면제된 날부터 2년이 지나지 아니한 사람
4. 이 법 또는 대통령령으로 정하는 철도 및 도시철도 관계 법령을 위반하여 금고 이상의 형의 집행유예를 선고받고 그 유예기간 중에 있는 사람

② 이 법에 따라 도시철도운송사업의 면허가 취소된 후 그 취소일부터 2년이 지나지 아니한 법인은 도시철도운송사업의 면허를 받을 수 없다. 다만, 제1항 제1호 및 제2호에 해당하여 제37조 제1항 제3호에 따라 도시철도운송사업의 면허가 취소된 경우는 제외한다.

제30조(운송개시의 의무)

① 제26조 제1항에 따라 도시철도운송사업의 면허를 받은 자(이하 '도시철도운송사업자'라 한다)는 시·도지사가 정하는 날짜 또는 기간 내에 운송을 개시하여야 한다. 다만, 천재지변이나 그 밖의 불가피한 사유로 시·도지사가 정하는 날짜 또는 기간 내에 운송을 개시할 수 없는 경우에는 시·도지사의 승인을 받아 날짜를 연기하거나 기간을 연장할 수 있다.

② 시·도지사가 제1항 단서에 따라 운송개시 변경의 승인을 할 때에는 국토교통부장관과 미리 협의하여야 한다.

제31조(운임의 신고 등)

① 도시철도운송사업자는 도시철도의 운임을 정하거나 변경하는 경우에는 원가(原價)와 버스 등 다른 교통수단 운임과의 형평성 등을 고려하여 시·도지사가 정한 범위에서 운임을 정하여 시·도지사에게 신고하여야 한다.

② 도시철도운영자는 도시철도의 운임을 정하거나 변경하는 경우 그 사항을 시행 1주일 이전에 예고하는 등 도시철도 이용자에게 불편이 없도록 필요한 조치를 하여야 한다.

05 **다음 중 도시철도운송사업의 면허를 취득할 수 있는 상황을 모두 고른 것은?**

> ㉠ 경기도의 지방단체인 A법인이 도시철도운송사업계획을 도지사에게 제출하였다.
> ㉡ 파산선고를 받은 후 복권된 지 1주일 지난 사람이 도시철도운송사업계획을 제출하였다.
> ㉢ 철도 관계 법령을 위반하여 집행유예 기간이 하루 남은 사람이 도시철도 운송사업계획을 제출하였다.
> ㉣ 도시철도 법령을 위반하여 실형을 선고받고 집행이 끝난 지 3년 된 사람이 도시철도 운송사업계획을 제출하였다.

① ㉠, ㉡
② ㉠, ㉢
③ ㉡, ㉢
④ ㉡, ㉣
⑤ ㉢, ㉣

06 **다음은 서울교통공사에 입사하려는 사람들의 대화 내용이다. 도시철도법을 잘못 이해한 사람은?**

> A : 오늘은 도시철도운송사업에 대해 공부한 것을 말해보자. 경기도와 충남을 거쳐 이어지는 사업에서 시・도지사들이 협의하지 못했다면 국토교통부장관이 조정할 수 있어.
> B : 맞아. 그럴 때는 시・도지사는 특별한 사유가 없으면 국토교통부장관이 조정한 것을 따라야 돼. 그리고 시・도지사는 개인법인에게 면허를 줄 때 조건을 추가로 붙일 수도 있지.
> C : 또한 면허를 주기 전에 국토교통부장관과 미리 협의를 해야 돼.
> D : 어 맞아. 운송에 관한 법으로는 면허를 받은 자는 국토교통부장관이 정한 날짜 내에 운송을 해야만 해.
> E : 면허받은 자가 도시철도 운임을 변경할 때는 최소한 1주일 이전에 예고해서 불편이 없게 해야 돼.

① A
② B
③ C
④ D
⑤ E

07 **다음 철도안전법의 일부 내용으로 판단했을 때, 철도차량 운전면허의 취소·정지와 관련된 국토교통부장관의 역할로 적절하지 않은 것은?**

〈철도안전법〉

제11조(운전면허의 결격사유)

다음 각 호의 어느 하나에 해당하는 사람은 운전면허를 받을 수 없다.

1. 19세 미만인 사람
2. 철도차량 운전상의 위험과 장해를 일으킬 수 있는 정신질환자 또는 뇌전증환자로서 대통령령으로 정하는 사람
3. 철도차량 운전상의 위험과 장해를 일으킬 수 있는 약물(마약류 관리에 관한 법률 제2조 제1호에 따른 마약류 및 화학물질관리법 제22조 제1항에 따른 환각물질을 말한다. 이하 같다) 또는 알코올 중독자로서 대통령령으로 정하는 사람
4. 두 귀의 청력을 완전히 상실한 사람, 두 눈의 시력을 완전히 상실한 사람, 그 밖에 대통령령으로 정하는 신체장애인
5. 운전면허가 취소된 날부터 2년이 지나지 아니하였거나 운전면허의 효력정지기간 중인 사람

제20조(운전면허의 취소·정지 등)

① 국토교통부장관은 운전면허 취득자가 다음 각 호의 어느 하나에 해당할 때에는 운전면허를 취소하거나 1년 이내의 기간을 정하여 운전면허의 효력을 정지시킬 수 있다. 다만, 제1호부터 제4호까지의 규정에 해당할 때에는 운전면허를 취소하여야 한다.

1. 거짓이나 그 밖의 부정한 방법으로 운전면허를 받았을 때
2. 제11조 제2호부터 제4호까지의 규정에 해당하게 되었을 때
3. 운전면허의 효력정지기간 중 철도차량을 운전하였을 때
4. 운전면허증을 다른 사람에게 대여하였을 때
5. 철도차량을 운전 중 고의 또는 중과실로 철도사고를 일으켰을 때

5의 2. 제40조의2 제1항 또는 제5항을 위반하였을 때

6. 술을 마시거나 약물을 사용한 상태에서 철도차량을 운전하였을 때
7. 술을 마시거나 약물을 사용한 상태에서 업무를 하였다고 인정할 만한 상당한 이유가 있음에도 불구하고 국토교통부장관 또는 시·도지사의 확인 또는 검사를 거부하였을 때
8. 이 법 또는 이 법에 따라 철도의 안전 및 보호와 질서유지를 위하여 한 명령·처분을 위반하였을 때

② 국토교통부장관이 제1항에 따라 운전면허의 취소 및 효력정지 처분을 하였을 때에는 국토교통부령으로 정하는 바에 따라 그 내용을 해당 운전면허 취득자와 운전면허 취득자를 고용하고 있는 철도운영자등에게 통지하여야 한다.

③ 제2항에 따른 운전면허의 취소 또는 효력정지 통지를 받은 운전면허 취득자는 그 통지를 받은 날부터 15일 이내에 운전면허증을 국토교통부장관에게 반납하여야 한다.

④ 국토교통부장관은 제3항에 따라 운전면허의 효력이 정지된 사람으로부터 운전면허증을 반납 받았을 때에는 보관하였다가 정지기간이 끝나면 즉시 돌려주어야 한다.

⑤ 제1항에 따른 취소 및 효력정지 처분의 세부기준 및 절차는 그 위반의 유형 및 정도에 따라 국토교통부령으로 정한다.

⑥ 국토교통부장관은 국토교통부령으로 정하는 바에 따라 운전면허의 발급, 갱신, 취소 등에 관한 자료를 유지·관리하여야 한다.

① 운전면허의 발급, 갱신, 취소 등에 관한 자료를 관리한다.
② 부정한 방법으로 운전면허를 받은 운전자의 운전면허 효력을 정지시킨다.
③ 운전면허 정지 처분을 받은 운전자의 운전면허증을 보관한다.
④ 운전면허 취소 처분을 받은 운전자가 속한 기관에 해당 내용을 통지한다.
⑤ 취소 및 효력정지 처분의 세부기준 및 절차를 정한다.

08 슬기와 경서는 꽁꽁 언 강 위에서 각기 다른 일정한 속력으로 썰매를 타고 있다. 경서는 슬기의 출발선보다 1.2m 앞에 위치하고 동시에 출발하여 슬기가 경서를 따라잡기로 하였다. 경서의 속력은 0.6m/s이며, 동시에 출발하고 6초 후 경서를 따라잡았다고 할 때, 슬기의 속력은 몇 m/s인가?

① 0.8m/s
② 1.0m/s
③ 1.2m/s
④ 1.4m/s
⑤ 1.6m/s

09 K씨는 시내 공영 주차장에서 주차 관리 업무를 총괄하고 있다. K씨는 주차장에 출입하는 자동차 수와 시간을 계산하면 관리 효율이 증가할 것이라고 생각하였고 자동차가 3분에 1대 나가고, 5분에 3대가 들어오는 것을 알게 되었다. 오전 10시 12분에 주차장에서 차가 1대 나가고 3대가 들어와서 총 156대가 주차되어 있을 때, 주차장에 200대의 차가 주차되는 시간은?

① 오전 11시 57분
② 오전 11시 59분
③ 오후 12시 57분
④ 오후 12시 59분
⑤ 오후 1시 57분

10 다음은 A그룹의 주요 경영지표이다. 다음 중 자료에 대한 설명으로 옳은 것은?

〈경영지표〉

(단위 : 억 원)

구분	공정자산총액	부채총액	자본총액	자본금	매출액	당기순이익
2014년	2,610	1,658	952	464	1,139	170
2015년	2,794	1,727	1,067	481	2,178	227
2016년	5,383	4,000	1,383	660	2,666	108
2017년	5,200	4,073	1,127	700	4,456	−266
2018년	5,242	3,378	1,864	592	3,764	117
2019년	5,542	3,634	1,908	417	4,427	65

① 2014 ~ 2019년 자본총액은 꾸준히 증가하였다.
② 직전 해의 당기순이익과 비교했을 때, 당기순이익이 가장 많이 증가한 해는 2015년이다.
③ 공정자산총액과 부채총액의 차가 가장 큰 해는 2019년이다.
④ 각 지표 중 총액 규모가 가장 큰 것은 매출액이다.
⑤ 2014 ~ 2017년 자본총액에서 자본금이 차지하는 비중은 꾸준히 증가하였다.

11 다음 문장을 읽고 유추할 수 있는 것은?

- 태환, 지성, 영표, 주영, 수윤이가 수영 시합을 하였다.
- 지성이는 태환이보다 늦게, 주영이보다 빨리 들어왔다.
- 영표는 지성이보다 늦게 들어왔지만 5등은 아니었다.
- 수윤이는 태환이보다 먼저 들어왔다.

① 태환이는 4등이다.
② 수윤이는 1등이다.
③ 지성이는 3등이 아니다.
④ 주영이는 5등이 아니다.
⑤ 영표는 2등이다.

12 다음은 A와 B의 시계조립 작업지시서의 내용이다. 〈조건〉에 따라 작업할 때, B의 최종 완성 시간과 유휴 시간은 각각 얼마인가?(단, 이동 시간은 고려하지 않는다)

〈작업지시서〉

[각 공작 기계 및 소요 시간]
1. 앞면 가공용 공작 기계 : 20분
2. 뒷면 가공용 공작 기계 : 15분
3. 조립 : 5분

[공작 순서]
시계는 각 1대씩 만들며 A는 앞면부터 가공을 시작하여 완료 후 뒷면 가공과 조립을 하고, B는 뒷면부터 가공을 시작하여 완료 후 앞면 가공과 조립을 하기로 하였다.

〈조건〉

1. 공작 기계는 앞면 가공용, 뒷면 가공용 각 1대씩이며 모두 사용해야 하고, 두 명이 동시에 작업을 시작한다.
2. 조립은 가공이 이루어진 후 즉시 실시한다.

	최종 완성 시간	유휴 시간
①	40분	5분
②	45분	5분
③	45분	10분
④	50분	5분
⑤	50분	10분

13 K사원은 A기업과 B기업의 사례를 통해 〈보기〉와 같은 결론을 도출하였다. 다음 중 빈칸에 들어갈 말이 순서대로 연결된 것은?

> 국내 대표 주류업체인 A기업과 B기업은 오래전부터 업계 1위를 경쟁해오고 있었다. 그러나 최근에는 A기업의 저조한 판매 실적으로 인해 B기업이 계속해서 업계 선두를 차지하고 있는 상황이다. A기업은 판매 부진 문제를 해결하기 위해 많은 비용을 투입하고 있지만, B기업을 따라잡기에는 역부족이다. 특히 해외의 유명 주류업체들이 국내 시장에 진출함에 따라 국내 시장에서의 A기업의 입지는 더욱더 좁아지고 있다. 반면, B기업은 해외 주류업체들의 국내 시장 진출에도 불구하고 국내 입지가 더욱 탄탄해지고 있으며, 판매율 역시 계속해서 높은 수준을 유지하고 있다. 이미 해외 주류업체의 국내 진출 전부터 이에 대한 문제를 인식하고 대책을 마련해왔기 때문이다.

〈보기〉

> A기업은 현재 겪고 있는 ___㉠___ 문제만을 해결하는 데 급급했지만, B기업은 미래에 발생할지도 모르는 ___㉡___ 문제를 인식하고 이를 대비했다. 결국 문제를 인식하는 ___㉢___의 차이가 두 기업의 성장에 많은 차이를 초래할 수 있음을 알 수 있었다.

	㉠	㉡	㉢
①	발생형	탐색형	시점
②	발생형	설정형	시점
③	탐색형	발생형	관점
④	탐색형	설정형	관점
⑤	설정형	발생형	방법

14 다음 밑줄 친 이것과 관련된 문제해결을 위한 기본요소로 가장 적절한 것은?

> 문제해결을 위해서는 기존의 패러다임, 고정관념, 편견 등 심리적 타성을 극복하고 새로운 아이디어를 효과적으로 낼 수 있어야 하며, 문제해결과정에 필요한 스킬 등을 습득해야 한다. 문제해결을 위해서는 이것을 통해 문제해결을 위한 기본 지식과 스킬을 습득해야 한다.

① 체계적인 교육훈련
② 문제해결방법에 대한 지식
③ 문제관련 지식에 대한 가용성
④ 문제해결자의 도전의식과 끈기
⑤ 문제에 대한 체계적인 접근

15 다음 문제해결절차에 따라 (가)~(마)를 순서대로 바르게 배열한 것은?

〈문제해결절차〉

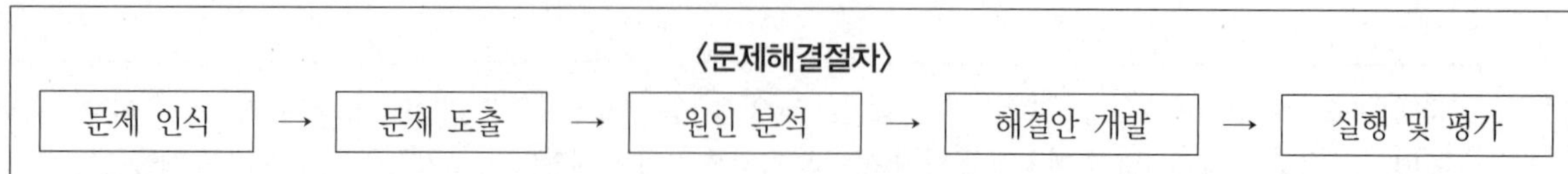

(가) 파악된 핵심문제에 대한 분석을 통해 근본 원인을 도출한다.
(나) 실행계획을 실제 상황에 적용하는 활동으로 당초 장애가 되는 문제의 원인들을 해결안을 사용하여 제거한다.
(다) 해결해야 할 전체 문제를 파악하여 우선순위를 정하고, 선정 문제에 대한 목표를 명확히 한다.
(라) 문제로부터 도출된 근본 원인을 효과적으로 해결할 수 있는 최적의 해결방안을 수립한다.
(마) 선정된 문제를 분석하여 해결해야 할 것이 무엇인지를 명확히 한다.

① (가) – (나) – (다) – (라) – (마)
② (나) – (마) – (가) – (라) – (다)
② (다) – (가) – (마) – (나) – (라)
④ (다) – (마) – (가) – (라) – (나)
⑤ (라) – (다) – (마) – (가) – (나)

16 다음 자료에서 설명하는 자원관리 시스템으로 적절한 것은?

미국의 코네티컷주 정보기술 컨설팅 회사인 가트너 그룹에서 처음으로 사용한 용어로, 인사·재무·생산 등 기업의 전 부문에 걸쳐 독립적으로 운영되던 인사정보 시스템·재무정보 시스템·생산관리 시스템 등을 하나로 통합하여 기업 내의 인적·물적 자원의 활용도를 극대화하고자 하는 경영 혁신기법이다.

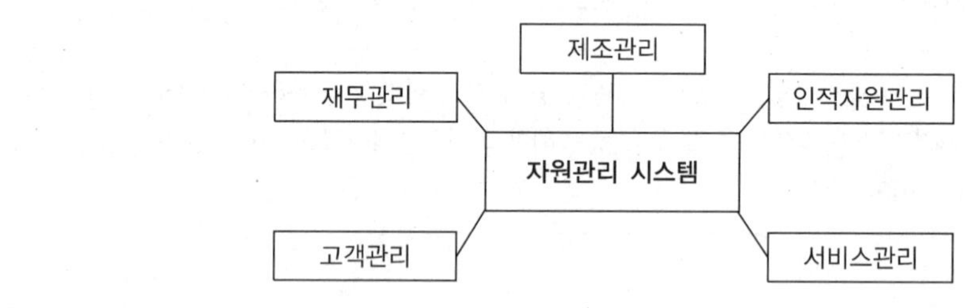

① TPS
② MRP
③ ERP
④ CRM
⑤ MIS

17 **다음과 같은 상황에서 A기업이 얻을 수 있는 효과로 적절하지 않은 것은?**

> A기업은 전자가격표시기(ESL; Electronic Shelf Label)를 점포별로 확대 설치한다고 밝혔다. 전자가격표시기는 과거 종이에 표시했던 상품의 가격 등을 전자 종이와 같은 디지털 장치를 활용해 표시하는 방식으로, 중앙 서버에서 상품정보를 변경하면 무선 통신을 통해 매장 내 전자가격표시기에 자동 반영된다. 기존 시스템의 경우 매주 평균 3,700여 개의 종이 가격표를 교체하는 데 평균 31시간이 걸렸으나, 전자가격표시 도입 이후 관련 업무에 투입되는 시간은 기존의 1/10 수준인 3.8시간으로 단축됐다.
> 현장에서 근무하는 직원들은 세일 행사 직전에는 30분～1시간 정도 일찍 출근하거나 전날 늦게 퇴근해 가격을 점검해야 했다. 그러나 전자가격표시기를 도입한 이후 업무가 간소화되면서 정시 출퇴근도 수월해졌다는 반응이다. A기업은 전자가격표시기 운영 데이터를 바탕으로 업그레이드 버전을 확대 적용할 방안이다.

① 생산성 향상
② 가격 인상
③ 위험 감소
④ 시장 점유율 증가
⑤ 고용 인력 증가

18 **다음 중 예산 집행 관리에 대한 설명으로 가장 적절한 것은?**

① 예산 집행 과정에서의 관리 및 통제는 사업과 같은 큰 단위에서만 필요하므로 직장인의 월급이나 용돈 등에는 필요하지 않다.
② 예산에 대한 계획을 제대로 세워놓았다면, 실제 예산 집행 과정에서는 관리가 필요하지 않다.
③ 예산을 관리하기 위해서는 예산 사용을 얼마만큼 했는지를 알아볼 수 있도록 수시로 정리해야 한다.
④ 예산 사용 내역에서 계획된 지출보다 계획되지 않은 지출이 더 많은 경우 비교적 예산 집행에 대한 관리를 잘하고 있다고 할 수 있다.
⑤ 프로젝트나 과제의 경우, 가계부를 작성함으로써 효과적으로 예산 집행 과정을 관리할 수 있다.

19 **A유통업체의 물류창고에서는 다량의 물품에 대한 정보를 다음과 같이 기호화하여 관리하고 있다. 다음 중 A유통업체가 사용한 물품관리 방법에 대한 설명으로 적절하지 않은 것은?**

① 문자나 숫자를 기계가 읽을 수 있는 흑과 백의 막대모양 기호로 조합하였다.
② 데이터를 빠르게 입력할 수 있으며, 컴퓨터가 판독하기 쉽다.
③ 물품의 수명기간 동안 무선으로 물품을 추적 관리할 수 있다.
④ 광학식 마크판독장치를 통해 판독이 가능하다.
⑤ 막대의 넓이와 수, 번호에 따라 물품을 구분한다.

20 **다음 중 효과적으로 인맥을 관리하기 위한 방법으로 적절하지 않은 것은?**

① SNS상에서 많은 팔로우를 보유하고 있는 유명 인플루언서 A씨는 자신이 팔로우한 사람들의 SNS에 찾아가 댓글을 남기며 안부를 전한다.
② NQ를 높이는 데 관심이 많은 B씨는 사람들의 경조사에 참석하며 인맥을 관리하고 있다.
③ 인맥을 키워나가기 위해 C씨는 먼저 인맥 지도를 그려 현재 자신의 인맥 상태를 점검하기로 하였다.
④ D씨는 자신의 주변에 있는 인맥을 모두 하나의 인맥관리카드에 작성하여 관리하고 있다.
⑤ 명함관리를 통해 효과적으로 인맥을 관리할 수 있다는 이야기를 들은 E씨는 명함에 상대방의 특징들을 메모해두기 시작했다.

21 **직원 수가 100명인 A회사에서 치킨을 주문하려고 한다. 1마리를 2명이 나눠 먹는다고 할 때, 최소 비용으로 치킨을 먹을 수 있는 방법은?**

구분	정가	할인	
		방문 포장 시	단체 주문 시(50마리 이상)
A치킨	15,000원/마리	35%	5%
B치킨	16,000원/마리	20%	3%

※ 방문 포장 시 유류비와 이동할 때의 번거로움 등을 계산하면 A치킨은 50,000원, B치킨은 15,000원의 비용이 든다.
※ 중복 할인이 가능하며, 중복 할인 시 할인율을 더한 값으로 계산한다.

① A치킨에서 방문 포장하고 단체 주문 옵션을 선택한다.
② B치킨에서 방문 포장하고 단체 주문 옵션을 선택한다.
③ A치킨에서 배달을 시킨다.
④ A치킨과 B치킨에서 반씩 방문 포장하고 단체 주문 옵션을 선택한다.
⑤ B치킨에서 배달을 시킨다.

22 다음 〈보기〉의 A～E점포의 일일매출액 총합은?

〈보기〉

- A점포의 일일매출액은 B점포의 일일매출액보다 30만 원 적다.
- B점포의 일일매출액은 D점포 일일매출액의 20% 수준이다.
- D점포와 E점포의 일일매출액을 합한 것은 C점포의 매출액보다 2,450만 원이 모자라다.
- C점포가 이틀 동안 일한 매출액에서 D점포가 12일 동안 일한 매출액을 빼면 3,500만 원이다.
- E점포가 30일 동안 진행한 매출액은 9,000만 원이다.

① 3,400만 원
② 3,500만 원
③ 3,600만 원
④ 3,700만 원
⑤ 3,800만 원

23 다음은 R대리가 부산 출장을 갔다 올 때, 선택할 수 있는 교통편에 대한 자료이다. R대리가 교통편 하나를 선택하여 왕복티켓을 모바일로 예매하려고 할 때, 가장 저렴한 교통편은 무엇인가?

〈출장 시 이용가능한 교통편 현황〉

교통편	종류	비용	기타
버스	일반버스	24,000원	-
	우등버스	32,000원	모바일 예매 1% 할인
기차	무궁화호	28,000원	왕복 예매 시 15% 할인
	새마을호	36,000원	왕복 예매 시 20% 할인
	KTX	58,000원	1+1 이벤트(편도 금액으로 왕복 예매 가능)

① 일반버스
② 우등버스
③ 무궁화호
④ 새마을호
⑤ KTX

24 과장인 귀하는 올해 입사한 사원들의 중간 평가를 해야 한다. 사원 A, B, C를 업무 능력, 리더십, 인화력 세 영역에서 평가한다. 평가는 절대 평가 방식에 따라 −1(부족), 0(보통), 1(우수)로 이루어지고, 세 영역의 점수를 합산하여 개인별로 총점을 낸다. 다음 중 가능한 평가 결과표의 개수는?

〈중간 평가 결과표〉

영역 / 사원	업무 능력	리더십	인화력
A			
B			
C			

※ 각자의 총점은 0이다.
※ 각 영역의 점수 합은 0이다.
※ 인화력 점수는 A가 제일 높고, 그다음은 B, C 순서이다.

① 3개
② 4개
③ 5개
④ 6개
⑤ 7개

25 다음 차트에 설정되어 있지 않은 차트 요소는?

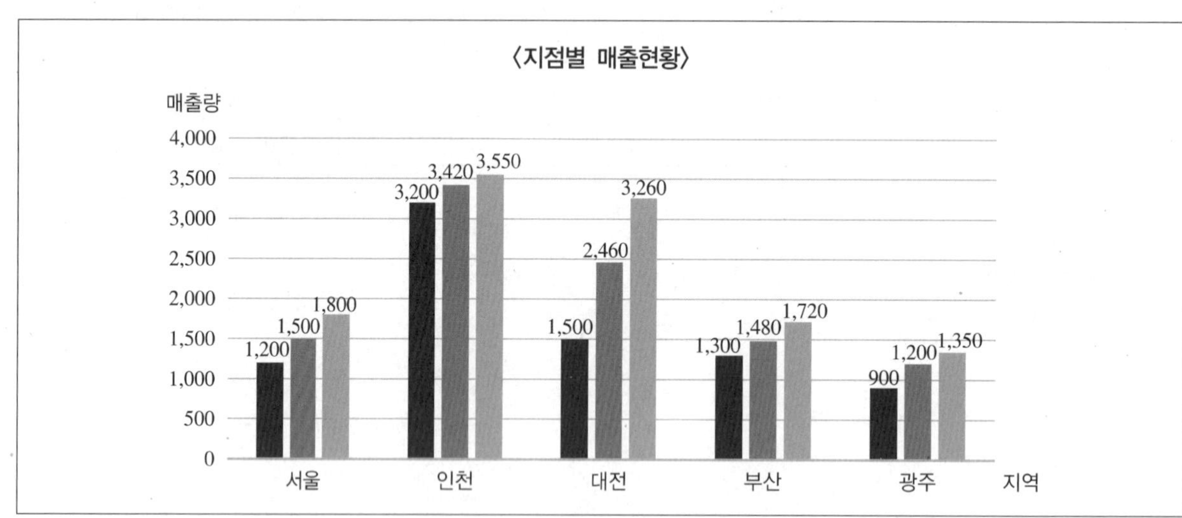

① 범례
② 차트 제목
③ 축 제목
④ 데이터 레이블
⑤ 눈금선

26 **다음 중 S사원에게 해줄 수 있는 조언으로 가장 적절한 것은?**

> S사원은 팀장으로부터 업무성과를 높이기 위한 방안을 보고하라는 지시를 받았고, 다음날 팀장에게 보고서를 제출하였다. 보고서를 본 팀장은 S사원에게 다음과 같이 말했다.
> "S사원, 보고서에 있는 방법은 우리 회사에서는 적용할 수가 없습니다. 노사규정상 근무시간을 늘릴 수 없게 되어있어요. 근무시간을 늘려서 업무성과를 높이자는 건 바람직한 해결책이 아니군요."

① 자신의 능력 범위 안에서 가능한 목표를 설정해야 한다.
② 조직의 구조, 문화, 규칙 등의 체제요소를 고려해야 한다.
③ 조직의 목표 달성을 위해서는 조직 응집력이 중요하다.
④ 새로운 자원을 발굴하고, 도전하는 것을 중시해야 한다.
⑤ 조직의 구성원들에게 일체감과 정체성을 부여해야 한다.

27 **다음은 경영전략 추진과정을 나타낸 것이다. 경영전략 추진과정에서 (A) 부분과 관련된 사례 중 그 성격이 다른 것을 고른 것은?**

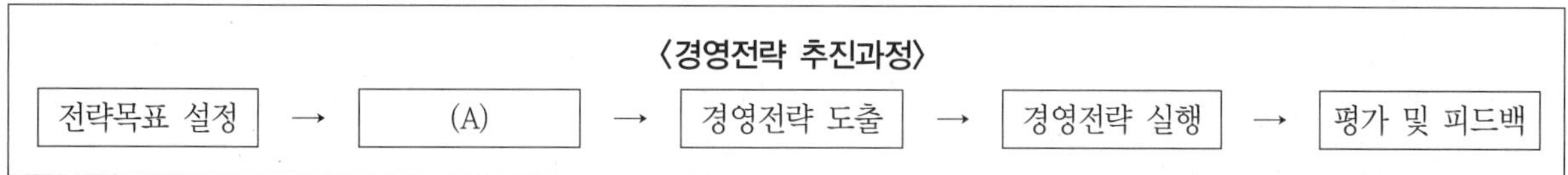

① 제품 개발을 위해 우리가 가진 예산의 현황을 파악해야 해.
② 우리 제품의 시장 개척을 위해 법적으로 문제가 없는지 확인해봐야겠군.
③ 이번에 발표된 정부의 정책으로 우리 제품이 어떠한 영향을 받을 수 있는지 확인해볼 필요가 있어.
④ 신제품 출시를 위해 경쟁사들의 동향을 파악해봐야겠어.
⑤ 우리가 공급받고 있는 원재료들의 원가를 확인해보자.

28 **다음은 팀워크(Teamwork)와 응집력의 정의이다. 팀워크의 사례로 적절하지 않은 것은?**

> 팀워크(Teamwork)란 '팀 구성원이 공동의 목적을 달성하기 위하여 상호관계성을 가지고 협력하여 업무를 수행하는 것'으로 볼 수 있다. 반면 응집력은 '사람들로 하여금 집단에 머물도록 느끼게끔 만들고, 그 집단의 멤버로서 계속 남아있기를 원하게 만드는 힘'으로 볼 수 있다.

① 다음 주 조별 발표 준비를 위해 같은 조원인 A와 C는 각자 주제를 나누어 조사하기로 했다.
② K사의 S사원과 C사원은 내일 진행될 행사 준비를 위해 함께 야근을 할 예정이다.
③ D고등학교 학생인 A와 B는 내일 있을 시험 준비를 위해 도서관에서 공부하기로 했다.
④ 같은 배에서 활약 중인 D와 E는 곧 있을 조정경기 시합을 위해 열심히 연습하고 있다.
⑤ 연구원 G와 S는 효과적인 의약품을 개발하기 위해 함께 연구하기로 했다.

29 다음은 멤버십 유형에 대한 내용이다. (A)~(D)에 들어갈 용어를 올바르게 연결한 것은?

- (A)은 기쁜 마음으로 과업을 수행하며 팀플레이를 하고 있다. 그리고 리더와 조직을 믿고 헌신하는 모습을 볼 수 있다. 기존의 질서를 따르는 것이 중요하다고 여기며 획일적인 행동에 익숙한 모습을 보인다.
- (B)은 판단과 사고를 리더에게 의존하며, 지시가 있어야 행동하는 모습을 보인다. 또한, 조직이 자신의 아이디어를 원하지 않고, 노력과 공헌을 해도 아무 소용이 없다고 스스로 생각한다.
- (C)은 매우 자립적인 모습을 보이며 일부러 반대 의견을 제시한다. 조직이 자신을 인정해주지 않는다고 생각하며, 자신에 대한 적절한 보상도 없다고 생각한다. 즉 조직이 불공정하며 문제가 있다고 여긴다.
- (D)은 조직의 운영방침에 민감하며, 사건을 균형 잡힌 시각으로 본다. 조직의 규정과 규칙에 따라 행동하는 모습을 보이며, 조직이 명령과 계획을 빈번하게 변경한다고 여기는 경우가 있다.

	(A)	(B)	(C)	(D)
①	순응형	수동형	소외형	실무형
②	실무형	소외형	수동형	순응형
③	순응형	실무형	수동형	소외형
④	실무형	수동형	순응형	소외형
⑤	수동형	순응형	소외형	실무형

30 다음은 리더십의 유형 중 한 유형의 특징을 나타낸 것이다. 다음 특징에 해당하는 리더십 유형으로 가장 적절한 것은?

- 리더는 조직 구성원들 중 한 명일 뿐이다. 그는 물론 다른 조직 구성원들보다 경험이 더 풍부하겠지만 다른 구성원들보다 더 비중 있게 대우받아서는 안 된다.
- 집단의 모든 구성원들은 의사결정 및 팀의 방향을 설정하는 데 참여한다.
- 집단의 모든 구성원들은 집단의 행동의 성과 및 결과에 대해 책임을 공유한다.

① 독재자 유형
② 민주주의에 근접한 유형
③ 파트너십 유형
④ 변혁적 유형
⑤ 자유방임적 유형

31 다음 상황에 대하여 K부장에게 조언할 수 있는 말로 가장 적절한 것은?

K부장은 얼마 전에 자신의 부서에 들어온 두 명의 신입사원 때문에 고민 중이다. A사원은 꼼꼼하고 차분하지만 대인관계가 서투르며, B사원은 사람들과 금방 친해지는 친화력을 가졌으나, 업무에 세심하지 못한 모습을 보여주고 있다. 이러한 성격으로 인해 A사원은 현재 영업 업무를 맡아 자신에게 어려운 대인관계로 인해 스트레스를 받고 있으며, B사원은 재고 관리 업무에 대해 재고 기록을 누락시키는 등의 실수를 반복하고 있다.

① 조직 구조를 이해시켜야 한다.
② 의견의 불일치를 해결해야 한다.
③ 개인의 강점을 활용해야 한다.
④ 주관적인 결정을 내려야 한다.
⑤ 팀의 풍토를 발전시켜야 한다.

32 다음은 오렌지 하나 때문에 다투고 있는 두 딸을 위한 A씨의 협상 방법을 보여주는 사례이다. 사례에서 나타나는 A씨의 협상 방법의 문제점은 무엇인가?

어느 날 A씨의 두 딸이 오렌지 하나를 가지고 서로 다투고 있었다. A씨는 두 딸에게 오렌지를 공평하게 반쪽으로 나눠주는 것이 가장 좋은 해결책인 듯해서 반으로 갈라 주었다. 하지만 A씨는 두 딸의 행동에 놀라고 말았다. 오렌지의 반쪽을 챙긴 큰 딸은 알맹이는 버리고 껍질만 챙겼으며, 작은 딸은 알맹이만 먹고 껍질은 버린 것이다. 두 딸에게 이유를 물어보니 제빵학원에 다니는 큰 딸은 오렌지 케이크를 만들기 위해 껍질이 필요했던 것이고, 작은 딸은 오렌지 과즙이 먹고 싶어서 알맹이를 원했던 것이다. 결과적으로 A씨의 해결책은 두 딸 모두에게 만족하지 못한 일이 되어 버렸다.

① 협상당사자들에게 친근하게 다가가지 않았다.
② 협상에 대한 갈등 원인을 확인하지 않았다.
③ 협상의 통제권을 확보하지 않았다.
④ 협상당사자의 특정 입장만 고집하였다.
⑤ 협상당사자에 대해 너무 많은 염려를 하였다.

33 리더십의 핵심 개념 중 하나인 '임파워먼트(Empowerment)'는 조직 현장의 구성원에게 업무 재량을 위임하고 자주적이고 주체적인 체제 속에서 구성원들의 의욕과 성과를 이끌어 내기 위한 '권한 부여', '권한 이양'을 의미한다. 다음 중 임파워먼트를 통해 나타나는 특징으로 적절하지 않은 것은?

① 구성원들 스스로 일에 대한 흥미를 느끼도록 해준다.
② 구성원들이 자신의 업무가 존중받고 있음을 느끼게 해준다.
③ 구성원들로 하여금 업무에 대해 계속해서 도전하고 성장할 수 있도록 유도할 수 있다.
④ 구성원들 간의 긍정적인 인간관계 형성에 도움을 줄 수 있다.
⑤ 구성원들이 현상을 유지하고 조직에 순응하는 모습을 기대할 수 있다.

34 다음 글을 읽고 판단했을 때, 자기개발이 필요한 이유로 옳지 않은 것은?

> 자기개발이 필요한 이유를 살펴보면, 먼저 우리는 자기개발을 통해 동일한 업무의 목표에 대하여 더 높은 성과를 가져올 수 있다. 만약 본인이 컴퓨터 활용능력을 향상시켰다면, 이를 통해 업무의 질과 속도가 향상될 수 있는 것이다. 또한 우리를 둘러싸고 있는 환경은 끊임없이 변화하고 있으며, 그 변화의 속도는 점점 빨라지고 있음을 볼 때, 우리는 가지고 있는 지식이나 기술이 과거의 것이 되지 않도록 지속적인 자기개발을 할 필요가 있다. 다음으로 자기개발을 통해 자신의 내면을 관리하고, 자신의 시간을 관리하며, 자신의 생산성을 높이게 되면 원만한 인간관계의 형성과 유지의 기반이 될 수 있다. 자신의 업무를 훌륭히 해내는 직원을 싫어할 사람은 없기 때문이다. 나아가 자기개발을 통해 자신감을 얻게 되고, 삶의 질이 향상되어 보다 보람된 삶을 살 수 있다.
> 이처럼 자기개발을 위해서는 자신의 비전을 발견하고, 장단기 목표를 설정하는 일이 선행되어야 한다. 이로 인해 자신의 비전을 위한 자기개발의 필요성을 인식하고, 자기개발의 방향과 방법을 설정할 수 있는 것이다.

① 변화하는 환경에 적응하기 위해서 필요하다.
② 주변 사람들과 긍정적인 인간관계를 형성하기 위해서 필요하다.
③ 자신의 직위와 직급을 향상시키기 위해서 필요하다.
④ 자신이 달성하고자 하는 목표를 성취하기 위해서 필요하다.
⑤ 개인적으로 보람된 삶을 살기 위해서 필요하다.

35 다음은 Tuckman 팀 발달 모형이다. 〈보기〉 중 격동기에 해당하는 것은?

〈Tuckman 팀 발달 모형〉

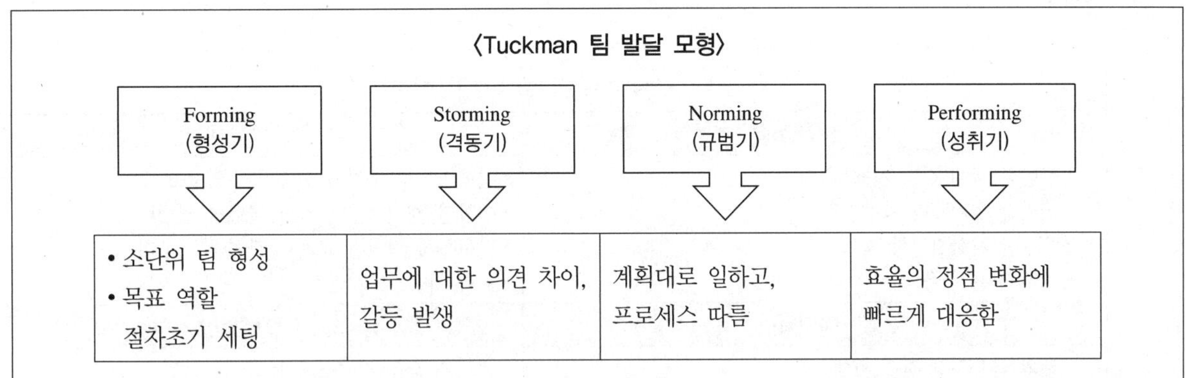

〈보기〉

가. 팀원 간의 마찰이 그룹의 문제로 표면화될 수 있고 아닐 수도 있지만, 그것은 존재하기 마련이다. 어떤 일에 대한 책임을 누가 질 것인지, 규칙은 무엇인지, 보상체계는 어떠한지, 그리고 평가기준은 어떻게 되는지에 대한 질문들이 제기될 것이다. 따라서 리더십, 구조, 권한, 권위에 대한 문제 전반에 걸쳐서 경쟁심과 적대감이 나타난다.

나. 팀원들은 팀에서 인정받기를 원하며, 다른 팀원들을 신뢰할 수 있는지 확인하고 싶어 한다. 그들은 팀에 대한 기대를 형성하면서 팀원들 사이의 유사성과 논쟁을 피하기 위해 단순하게 유지되며, 심각한 주제들과 생각들에 대한 논의는 회피된다. 팀원들은 서로에게 뿐만 아니라 과제에 몰두하기 위해 노력한다. 논의는 주로 과제의 범위를 정하고, 그것에 접근하는 방법에 집중하여 이루어진다.

다. 팀원들이 스스로 책임을 지게 되고, 전체의 인정을 받으려는 욕구는 더 이상 중요하게 생각되지 않는다. 팀원들은 대단히 과제지향적이자 인간지향적이며, 조화를 이루고 사기충천하며, 팀으로서의 충성심을 보여준다. 전체적인 목표는 문제해결과 일을 통한 생산성이며, 이는 팀이 이룰 수 있는 최적의 단계로 이끌어진다.

라. 다른 팀원들과 의견이 엇갈릴 때는 개인적인 사심 또는 고집을 버리고 적극적으로 논의하며, 리더십이 공유되고 파벌이 사라지기 시작한다. 팀원들이 서로를 알게 되고 파악하기 시작하면 신뢰수준이 향상되고, 이는 단결력을 심화시켜 준다. 팀원들은 상호 간의 마찰을 해결함에서 얻는 만족감과 공동체 의식을 경험하기 시작한다.

마. 팀원들이 활동을 정리하고 최종적인 성취에 대해서 평가하고 만족감을 다진다. 목표를 성취했기 때문에 해산을 준비한다.

① 가
② 나
③ 다
④ 라
⑤ 마

36 국내 금융그룹의 SWOT 분석 결과가 다음과 같을 때, 분석 결과에 대응하는 전략과 그 내용이 올바르게 짝지어진 것은?

〈국내 금융그룹 SWOT 분석〉

〈S(강점)〉	〈W(약점)〉
• 탄탄한 국내 시장 지배력 • 뛰어난 위기관리 역량 • 우수한 자산건전성 지표 • 수준 높은 금융 서비스	• 은행과 이자수익에 편중된 수익구조 • 취약한 해외 비즈니스와 글로벌 경쟁력 • 낙하산식 경영진 교체와 관치금융 우려 • 외화 자금 조달 리스크
〈O(기회)〉	〈T(위협)〉
• 해외 금융시장 진출 확대 • 기술 발달에 따른 핀테크의 등장 • IT 인프라를 활용한 새로운 수익 창출 • 계열사 간 협업을 통한 금융 서비스	• 새로운 금융 서비스의 등장 • 은행의 영향력 약화 가속화 • 글로벌 금융사와의 경쟁 심화 • 비용 합리화에 따른 고객 신뢰 저하

① SO전략 : 해외 비즈니스TF팀 신설로 상반기 해외 금융시장 진출 대비
② ST전략 : 금융 서비스를 다방면으로 확대해 글로벌 경쟁사와의 경쟁에서 우위 차지
③ WO전략 : 국내의 탄탄한 시장점유율을 기반으로 핀테크 사업 진출
④ WT전략 : 국내금융사의 우수한 자산건전성 지표를 홍보하여 고객 신뢰 회복
⑤ WT전략 : 해외 금융시장 진출을 확대하여 안정적인 외화 자금 조달을 통한 위기관리

37 다음은 성공적인 문제해결을 위해 일반적으로 거쳐야 하는 문제해결절차이다. 다음 중 〈보기〉의 ㉠ ~ ㉤을 문제해결 절차에 맞게 배열한 것은?

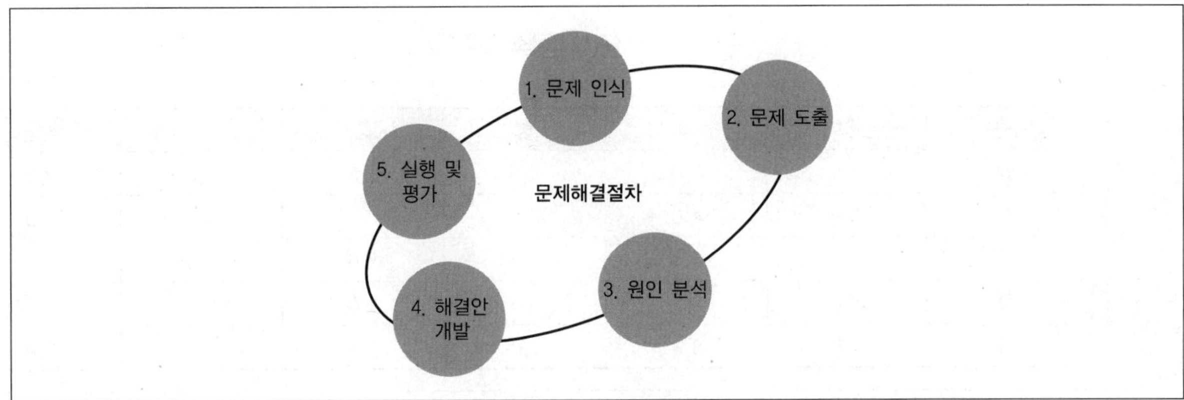

〈보기〉

㉠ 해결방안 수립하기
㉡ 목표를 명확히 하기
㉢ 핵심문제 분석하기
㉣ 해결해야 할 것을 명확히 하기
㉤ 문제의 원인들을 제거하기

① ㉡ - ㉣ - ㉢ - ㉠ - ㉤
② ㉣ - ㉡ - ㉢ - ㉠ - ㉤
③ ㉡ - ㉢ - ㉣ - ㉠ - ㉤
④ ㉡ - ㉣ - ㉢ - ㉤ - ㉠
⑤ ㉡ - ㉣ - ㉠ - ㉢ - ㉤

38 갑, 을, 병, 정, 무 5명의 직원을 대상으로 신년회를 위한 장소 A ~ E에 대한 만족도 조사를 하였다. 5점 만점을 기준으로 장소별 직원들의 점수를 시각화한 것으로 적절한 것은?

〈A ~ E장소 만족도〉

(단위 : 점)

구분	갑	을	병	정	무	평균
A	2.5	5.0	4.5	2.5	3.5	3.6
B	3.0	4.0	5.0	3.5	4.0	3.9
C	4.0	4.0	3.5	3.0	5.0	3.9
D	3.5	3.5	3.5	4.0	3.0	3.5
E	5.0	3.0	1.0	1.5	4.5	3.0

①
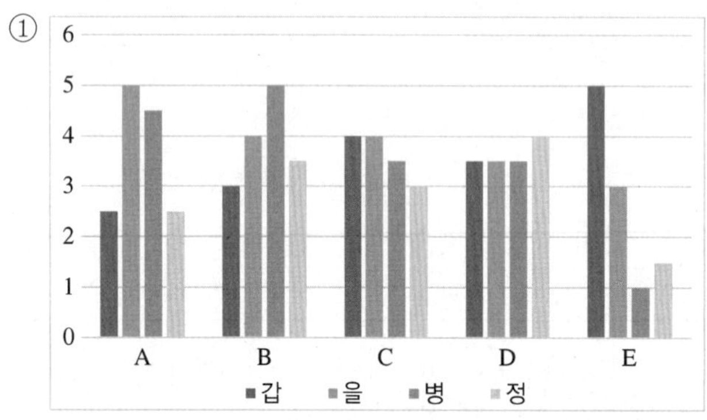

②
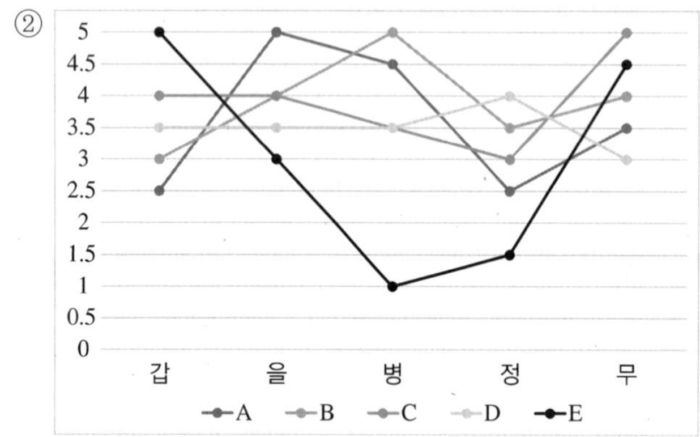

③

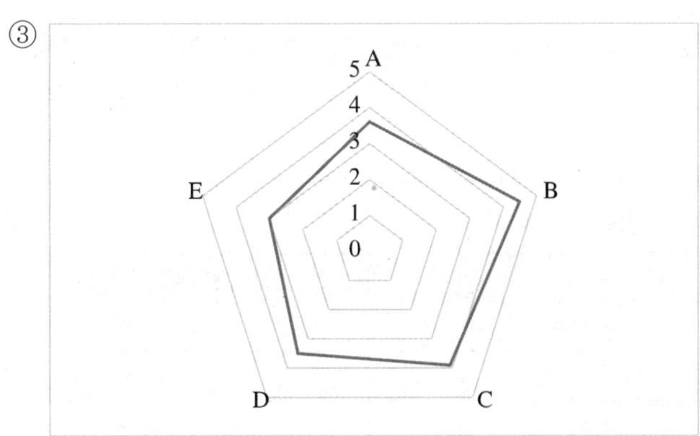

④

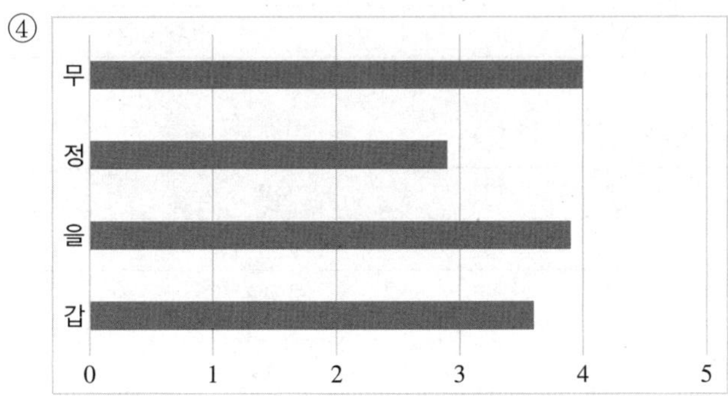

⑤

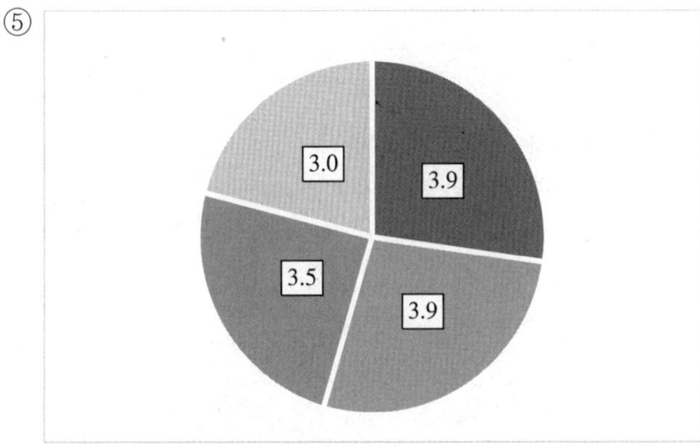

39 A회사 마케팅 팀장은 팀원 50명에게 연말 선물을 하기 위해 물품을 구매하려고 한다. 다음은 A, B업체의 품목별 가격과 팀원들의 품목 선호도를 나타낸 자료이다. 자료를 참고하여 팀장이 구매하는 물품과 업체가 올바르게 짝지어진 것은?

〈A, B업체 품목별 가격〉

구분		한 벌당 가격
A업체	티셔츠	6,000원
	카라 티셔츠	8,000원
B업체	티셔츠	7,000원
	후드 집업	10,000원
	맨투맨	9,000원

〈팀원들의 품목 선호도〉

순위	품목
1	카라 티셔츠
2	티셔츠
3	후드 집업
4	맨투맨

〈조건〉

- 구성원의 선호도를 우선으로 품목을 선택한다.
- A, B업체 모두 총 구매금액이 30만 원 이상이면 총 금액에서 5% 할인을 해준다.
- 차순위 품목이 1순위 품목보다 총 금액이 20% 이상 저렴하면 차순위를 선택한다.

① 티셔츠, A업체
② 카라 티셔츠, A업체
③ 티셔츠, B업체
④ 후드 집업, B업체
⑤ 맨투맨, B업체

40 다음 글을 읽고 추론할 수 없는 것은?

> 과학자들은 알코올이 뇌에 흡수됐을 때에도 유사한 상황이 전개된다고 보고 있다. 뇌의 보상중추 안의 신경세포를 자극해 신경전달물질인 도파민을 분출하게 한다는 것. 도파민은 보상을 담당하고 있는 화학물질이다. 이 '기쁨의 화학물질'은 술을 마시고 있는 사람의 뇌에 지금 보상을 받고 있다고 하는 신호를 보내 음주 행위를 계속하도록 만든다. 이 신호가 직접 전달되는 곳은 뇌의 보상중추인 복측 피개영역(VTA; Ventral Tefmental Area)이다. 과학자들은 VTA에 도파민이 도달하면 신경세포 활동이 급격히 증가하면서 활발해지는 것을 발견했다. 그러나 도파민이 '어떤 경로'를 거쳐 VTA에 도달하고 있는지 아직 밝혀내지 못하고 있었다. 이 경로를 일리노이대 후성유전학 알코올 연구센터에서 밝혀냈다. 연구팀은 쥐 실험을 통해 VTA에 있는 칼륨채널과 같은 기능이 작동하는 것을 알아냈다. 칼륨채널이란 세포막에 있으면서 칼륨이온을 선택적으로 통과시키는 일을 하고 있는 것으로 생각되고 있는 경로를 말한다. 연구 결과에 따르면 뇌에 들어간 알코올 성분이 'KNOCK13'이란 명칭이 붙여진 이 채널에 도달해 도파민 분비를 촉진하도록 압박을 가하는 것으로 밝혀졌다. 일리노이 의과대학의 마크 브로디 교수는 "알코올에 의해 강하게 압력을 받은 'KCNK13채널'이 신경세포들로 하여금 더 많은 도파민을 분비하도록 촉진하는 일을 하고 있었다."며 "이 활동을 차단할 수 있다면 폭음을 막을 수 있을 것"이라고 말했다. 일리노이대 연구팀은 이번 연구를 위해 'KCNK13 채널'의 크기와 활동량을 보통 쥐보다 15% 축소한 쥐를 유전자 복제했다. 그리고 알코올을 제시한 결과 보통의 쥐보다 30%나 더 많은 양의 알코올을 폭음하기 시작했다. 브로디 교수는 "이 동물 실험을 통해 'KCNK13 채널'의 활동량이 작은 쥐일수록 도파민 분비로 인한 더 많은 보상을 획득하기 위해 더 많은 알코올을 원하고 있다는 사실을 확인할 수 있었다."라고 말했다.

① 뇌는 알코올을 보상으로 인식한다.
② KCNK13채널의 크기와 활동량을 15% 축소하면 쥐가 더 많은 알코올을 폭음한다.
③ 일리노이대에서 밝혀내기 이전에는 도파민이 VTA에 도달하는 경로를 알지 못했다.
④ VTA에 도파민이 도달하면 음주 행위를 계속할 가능성이 높다.
⑤ KCNK13채널이 도파민을 촉진하는 활동을 차단할 수 있는 약을 개발하였다.

서울교통공사 전기직 신입사원 필기시험

직무수행능력평가

문항 수 : 40문항
시험시간 : 45분

01 100V, 60W의 전구에 흐르는 전류 I와 그 저항 R을 구하면?

① 0.2A, 약 167Ω
② 0.5A, 약 150Ω
③ 0.6A, 약 167Ω
④ 1.2A, 약 175Ω
⑤ 1.5A, 약 175Ω

02 그림과 같이 3Ω, 7Ω, 10Ω의 세 개의 저항을 직렬로 접속하여 이 양단에 100V 직류 전압을 가했을 때, 세 개의 저항에 흐르는 전류는 얼마인가?

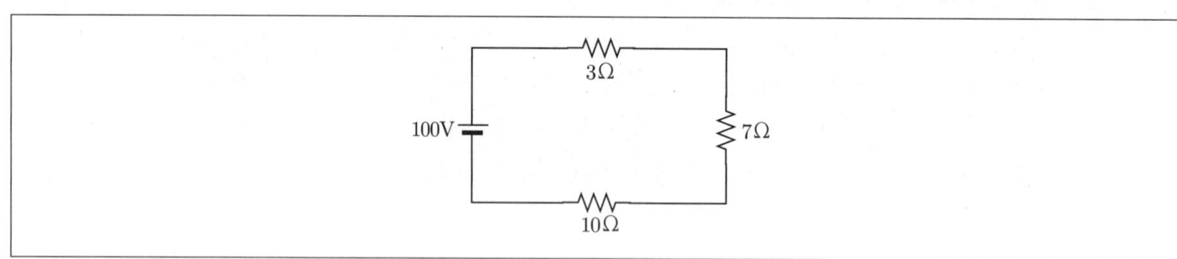

① 1A
② 5A
③ 8A
④ 15A
⑤ 18A

03 공진하고 있는 LRC 직렬회로에 있어서 저항 R 양단의 전압은 인가 전압의 몇 배인가?

① 인가 전압의 2배이다.
② 인가 전압과 같다.
③ 인가 전압의 3배이다.
④ 인가 전압의 4배이다.
⑤ 인가 전압의 6배이다.

04 비사인파를 많은 사인파의 합성으로 표시하는 전개식은?

① 푸리에(Fourier)
② 헤르츠(Hertz)
③ 노튼(Norton)
④ 페러데이(Faraday)
⑤ 라플라스(Laplace)

05 열량이 30Ah인 전지는 2A의 전류로 몇 시간 동안 사용할 수 있는가?

① 3시간
② 7시간
③ 15시간
④ 30시간
⑤ 32시간

06 유기 기전력과 관계가 있는 것은 다음 중 어느 것인가?

① 시간에 비례한다.
② 쇄교 자속수에 비례한다.
③ 쇄교 자속수의 변화에 비례한다.
④ 쇄교 자속수에 반비례한다.
⑤ 쇄교 자속수의 변화에 반비례한다.

07 어떤 평행판의 콘덴서 전극이 반지름 30m인 원판으로 되어 있고, 전극 거리가 0.1m이며, 유전체의 비유전율이 4.0일 때 이 콘덴서의 정전 용량을 구하면?

① $3\mu F$
② $5\mu F$
③ $8\mu F$
④ $10\mu F$
⑤ $12\mu F$

08 다음 중 전하의 성질에 대한 설명으로 옳지 않은 것은?

① 같은 종류의 전하는 흡인하고 다른 종류의 전하끼리는 반발한다.
② 대전체에 들어있는 전하를 없애려면 접지시킨다.
③ 대전체의 영향으로 비대전체에 전기가 유도된다.
④ 전하는 가장 안정한 상태를 유지하려는 성질이 있다.
⑤ 인접한 전하의 극성에 따라 인력 또는 척력이 작용한다.

09 다음 그림에서 c, d 간의 합성 저항은 a, b 간의 합성 저항의 몇 배인가?

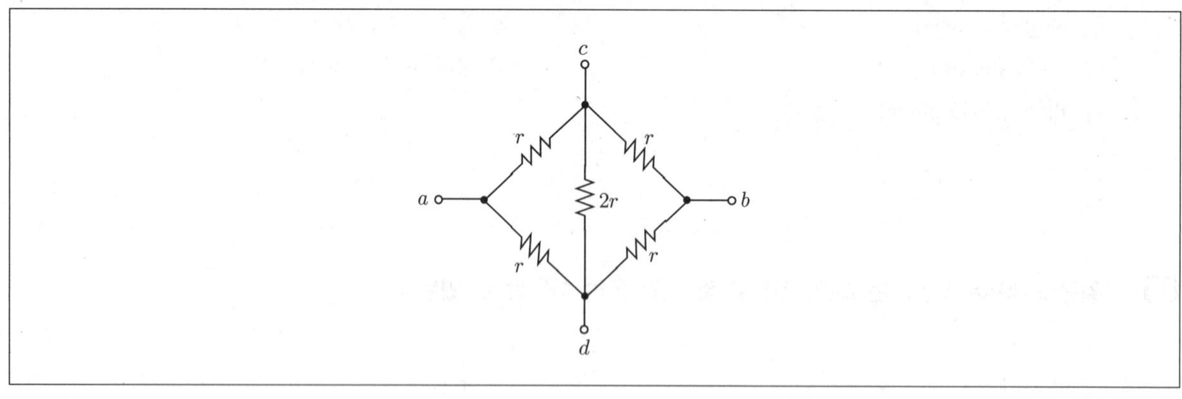

① $\frac{1}{2}$배
② $\frac{2}{3}$배
③ $\frac{4}{3}$배
④ $\frac{3}{4}$배
⑤ 3배

10 다음 기전력에 대한 설명으로 옳은 것은?

① 전기 저항의 역수
② 전류를 흐르게 하는 원동력
③ 도체에 흐르는 전류의 세기
④ 전기의 흐름
⑤ 전위의 차

11 전기자 저항이 각각 $R_A = 0.1\Omega$, $R_B = 0.2\Omega$인 100V, 10kW의 두 분권 발전기 유기 기전력을 같게 병렬 운전하여 정격 전압으로 135A의 부하 전류를 공급할 때 각기의 분담 전류는?

① $I_A = 90\text{A},\ I_B = 45\text{A}$
② $I_A = 100\text{A},\ I_B = 35\text{A}$
③ $I_A = 80\text{A},\ I_B = 55\text{A}$
④ $I_A = 110\text{A},\ I_B = 25\text{A}$
⑤ $I_A = 70\text{A},\ I_B = 65\text{A}$

12 부하 전류가 100A일 때, 1,000rpm으로 15kg · m의 토크를 발생하는 직류 직권 전동기가 80A의 부하 전류로 감소되었을 때의 토크는 몇 kg · m인가?

① 12.2kg · m
② 11.5kg · m
③ 10.7kg · m
④ 9.6kg · m
⑤ 8.7kg · m

13 그림과 같은 동기 발전기의 동기 리액턴스는 3Ω 이고, 무부하 시의 선간 전압이 220V이다. 그림과 같이 3상 단락되었을 때 단락 전류는?

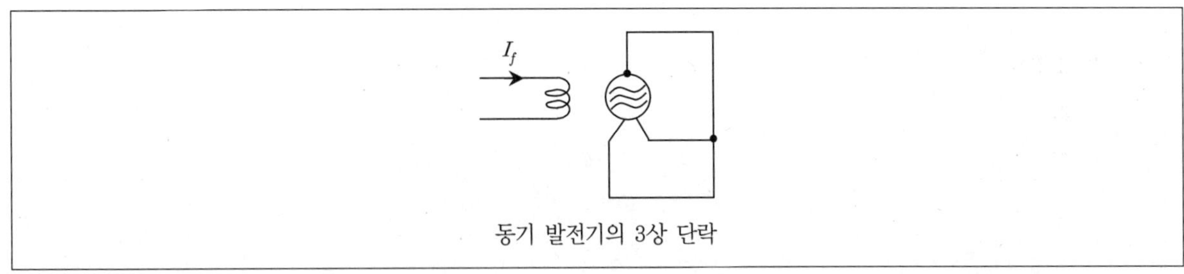

동기 발전기의 3상 단락

① 24A
② 42.3A
③ 73.3A
④ 127A
⑤ 134A

14 단상 50kVA 1차 3,300V, 2차 210V 60Hz, 1차 권회수 550, 철심의 유효 단면적 150cm^2 의 변압기 철심의 자속 밀도는?

① 약 2.0Wb/m²
② 약 1.5Wb/m²
③ 약 1.2Wb/m²
④ 약 1.0Wb/m²
⑤ 약 0.8Wb/m²

15 변압기의 2차측 부하 임피던스 Z가 20Ω 일 때 1차측에서 보아 18kΩ 이 되었다면 이 변압기의 권수비는 얼마인가? (단, 변압기의 임피던스는 무시한다)

① 3
② 30
③ $\frac{1}{3}$
④ $\frac{1}{30}$
⑤ $\frac{1}{300}$

16 3,300/200V, 50kVA인 단상 변압기의 퍼센트[%] 저항, 퍼센트[%] 리액턴스를 각각 2.4%, 1.6%라 하면, 이때의 임피던스 전압은 몇 V인가?

① 95V
② 100V
③ 105V
④ 110V
⑤ 115V

17 단상 변압기가 있다. 전부하에서 2차 전압은 115V이고, 전압 변동률은 2%일 때, 1차 단자 전압을 구하면?(단, 1차 · 2차 권선비는 20 : 1이다)

① 2,356V
② 2,346V
③ 2,336V
④ 2,326V
⑤ 2,316V

18 전부하로 운전 중인 출력 4kW, 전압 100V, 회전수 1,500rpm인 분권 발전기의 여자 전류를 일정하게 유지하고 회전수를 1,200rpm으로 하면 단자 전압과 부하 전류는?(단, 전기자 저항은 0.15Ω, 전기자 반작용은 무시한다)

① 80V, 32A
② 85V, 32A
③ 80V, 30A
④ 106V, 40A
⑤ 85V, 40A

19 직류 전동기의 규약 효율은 어떤 식으로 표시된 식에 의하여 구하여진 값인가?

① $\eta(\%)=\frac{(\text{출력})}{(\text{입력})}\times 100$
② $\eta(\%)=\frac{(\text{출력})}{(\text{출력})+(\text{손실})}\times 100$
③ $\eta(\%)=\frac{(\text{입력})-(\text{손실})}{(\text{입력})}\times 100$
④ $\eta(\%)=\frac{(\text{입력})}{(\text{출력})+\text{손실})}\times 100$
⑤ $\eta(\%)=\frac{(\text{입력})+(\text{손실})}{(\text{손실})}\times 100$

20 그림에서 $R=10\Omega$, $L=0.1$H인 직렬 회로에 직류 전압 100V를 가했을 때 0.01초 후의 전류는 몇 A인가?

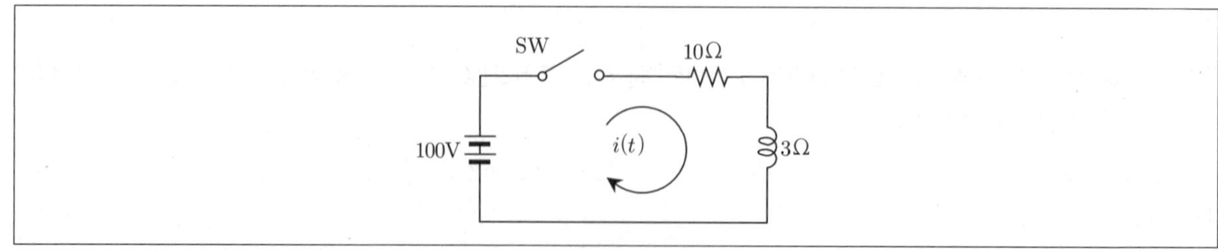

① 632A
② 63.2A
③ 6.32A
④ 0.632A
⑤ 0.0632A

21 다음 회로에서 3Ω 에 흐르는 전류 i_o[A]는?

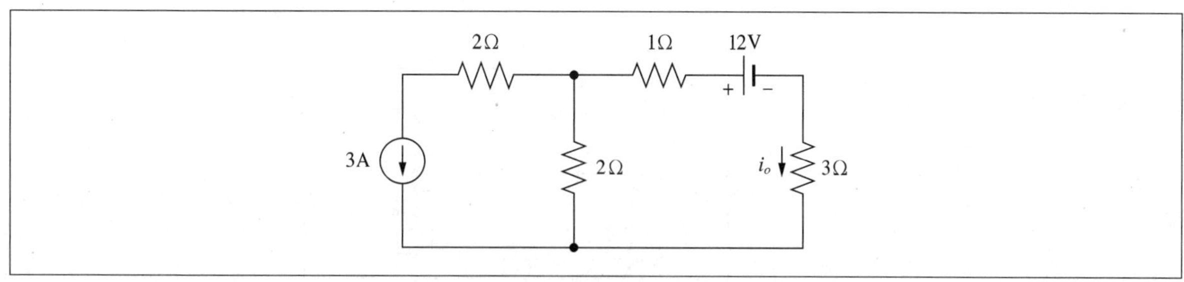

① −3A
② 3A
③ −4A
④ 4A
⑤ −2A

22 다음과 같은 토러스형 자성체를 갖는 자기회로에 코일을 110회 감고 1A의 전류를 흘릴 때, 공극에서 발생하는 기자력 강하는?(단, 이때 자성체의 비투자율 μ_{r1}은 990이고, 공극내의 비투자율 μ_{r2}는 1이다. 자성체와 공극의 단면적은 1cm^{2}이고, 공극을 포함한 자로 전체 길이 L_c는 1m, 공극의 길이 L_g는 1cm이다. 누설자속 및 공극 주위의 플린징 효과는 무시한다)

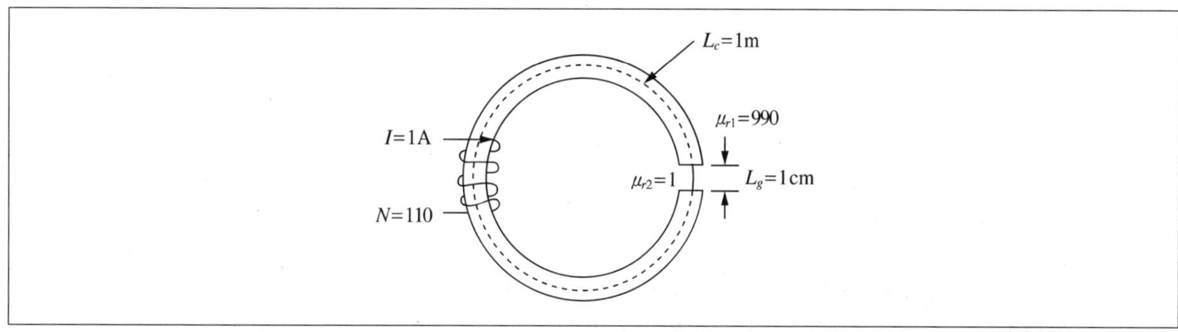

① 0AT/m
② 10AT/m
③ 100AT/m
④ 110AT/m
⑤ 120AT/m

23 다음 평형(전원 및 부하 모두) 3상 회로에서 상전류 I_{AB}[A]는?(단, $Z_P = 6 + j9\Omega$, $V_{an} = 900\angle 0°$V이다)

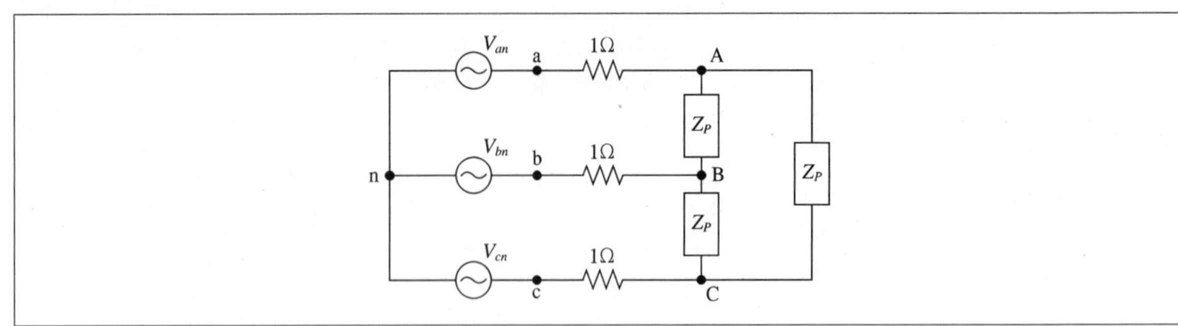

① $50\sqrt{2}\angle(-45°)$
② $50\sqrt{2}\angle(-15°)$
③ $50\sqrt{3}\angle(-45°)$
④ $50\sqrt{6}\angle(-15°)$
⑤ $50\sqrt{6}\angle(-45°)$

24 전압이 10V, 내부저항이 1Ω 인 전지(E)를 두 단자에 n개 직렬접속하여 R과 $2R$이 병렬접속된 부하에 연결하였을 때, 전지에 흐르는 전류 I가 2A라면 저항 R은?

① $3n$
② $4n$
③ $5n$
④ $6n$
⑤ $7n$

25 다음 중 빈칸에 들어갈 내용은?

> 유입변압기에 많이 사용되는 목면, 명주, 종이 등의 절연재료는 내열등급 ___㉠___으로 분류되고, 장기간 지속하여 최고 허용온도 ___㉡___℃를 넘어서는 안 된다.

	㉠	㉡
①	Y종	90
②	A종	105
③	E종	120
④	B종	130
⑤	H종	140

26 다음 중 퍼센트 저항 강하 3%, 리액턴스 강하 4%인 변압기의 최대 전압변동률은?

① 1%
② 5%
③ 7%
④ 12%
⑤ 15%

27 다음 중 방전등용 안정기로부터 방전관까지의 전로를 부르는 명칭으로 옳은 것은?

① 가섭선
② 가공인입선
③ 관등회로
④ 지중관로
⑤ 나전선

28 다음 중 농사용 저압 가공전선로의 시설기준으로 옳지 않은 것은?

① 사용전압이 저압일 것
② 저압 가공전선의 인장강도는 1.38kN 이상일 것
③ 저압 가공전선의 지표상 높이는 3.5m 이상일 것
④ 전선로의 경간은 40m 이하일 것
⑤ 저압 가공전선은 지름이 2mm이상의 경동선일 것

29 다음 중 자기소호 기능이 가장 좋은 소자는?

① SCR
② GTO
③ TRIAC
④ LASCR
⑤ UJT

30 PN접합 정류기는 무슨 작용을 하는가?

① 증폭작용
② 제어작용
③ 정류작용
④ 스위치작용
⑤ 유도작용

31 다음 중 등전위면과 전기력선의 교차 관계는?

① 30°로 교차한다.
② 45°로 교차한다.
③ 60°로 교차한다.
④ 교차하지 않는다.
⑤ 직각으로 교차한다.

32 다음 중 각주파수 $\omega=100\pi$[rad/s]일 때, 주파수 f는?

① 50Hz
② 60Hz
③ 150Hz
④ 300Hz
⑤ 360Hz

33 $v=V_m\sin(\omega t+30°)$[V], $i=Im\sin(\omega t-30°)$[A]일 때 전압을 기준으로 하면 전류의 위상차는?

① 60° 뒤진다.
② 60° 앞선다.
③ 30° 뒤진다.
④ 30° 앞선다.
⑤ 15° 뒤진다.

34 일반적으로 교류전압계의 지시값은?

① 최댓값
② 순시값
③ 평균값
④ 실효값
⑤ 피크값

35 다음 중 10Ω의 저항 회로에 $e=100\sin(377t+\frac{\pi}{3})$[V]의 전압을 가했을 때, $t=0$에서의 순시전류는?

① 5A
② $5\sqrt{3}$ A
③ 10A
④ $10\sqrt{3}$ A
⑤ 15A

36 전기자 지름 0.2m의 직류 발전기가 1.5kW의 출력에서 1,800rpm으로 회전하고 있을 때, 전기자 주변속도는 약 몇 m/s인가?

① 9.42m/s
② 18.84m/s
③ 21.43m/s
④ 34.32m/s
⑤ 42.86m/s

37 다음 중 직류 발전기에 있어서 전기자 반작용이 생기는 요인이 되는 전류는?

① 동손에 의한 전류
② 전기자 권선에 의한 전류
③ 계자 권선의 전류
④ 규소 강판에 의한 전류
⑤ 누설에 의한 전류

38 다음 회로의 역률과 유효전력은?

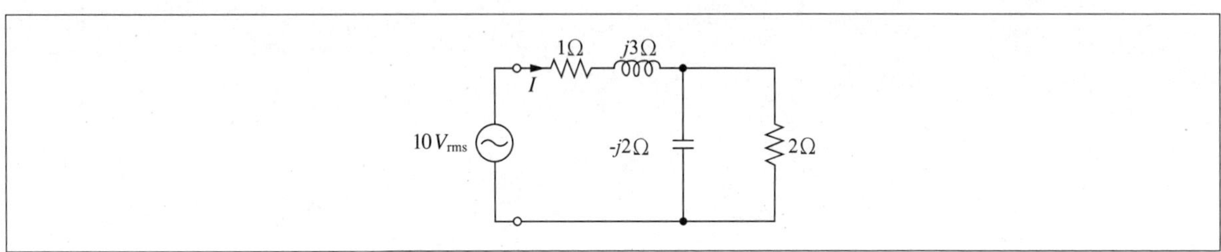

	역률	유효전력[W]
①	0.5	25
②	0.5	50
③	$\frac{\sqrt{2}}{2}$	25
④	$\frac{\sqrt{2}}{2}$	50
⑤	1	25

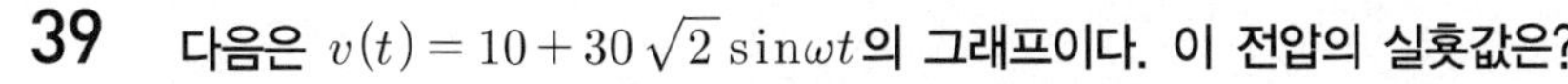

39 다음은 $v(t)=10+30\sqrt{2}\sin\omega t$의 그래프이다. 이 전압의 실횻값은?

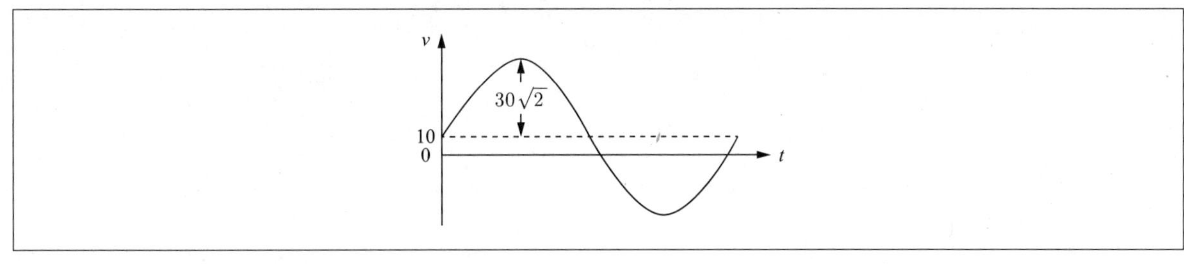

① $10\sqrt{5}$ V
② 30V
③ $10\sqrt{10}$ V
④ $30\sqrt{2}$ V
⑤ $20\sqrt{3}$ V

40 간격 d인 평행판 콘덴서의 단위면적당 정전용량을 C라 할 때, 그림과 같이 극판 사이에 두께 $\frac{d}{3}$의 도체평판을 넣는다면 단위 면적당 정전용량은?

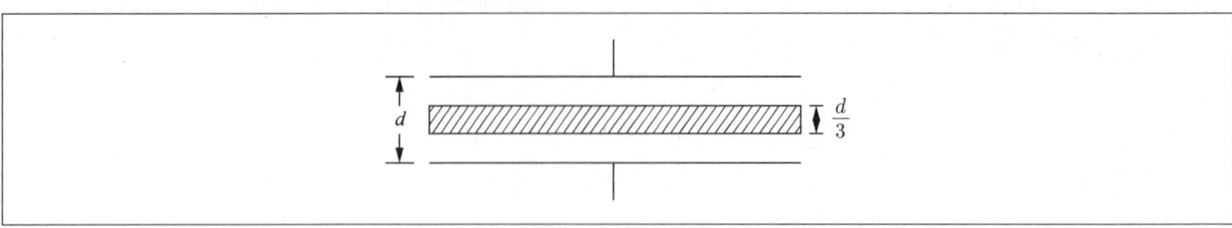

① $\frac{2}{3}C$
② $\frac{3}{2}C$
③ $2C$
④ $3C$
⑤ $4C$

제3회 서울교통공사 전기직

NCS 직업기초능력평가 + 직무수행능력평가

〈문항 및 시험시간〉

평가영역	문항 수	시험시간	비고
직업기초능력평가+ 직무수행능력평가	80문항	90분	객관식 5지선다형

서울교통공사 전기직 신입사원 필기시험

직업기초능력평가

문항 수 : 40문항
시험시간 : 45분

01 다음은 K공사 사보에 게시된 내용 중 일부이다. '뉴로리더십'에 대한 설명으로 올바르지 않은 것은?

> 미래학자인 다니엘 핑크(Daniel Pink)는 앞으로 인류가 마주할 세상은 하이콘셉트(High Concept), 하이터치(High Touch)의 시대가 될 것이라고 했다. 하이콘셉트는 예술적, 감성적 아름다움을 창조하는 능력을 말하며 하이터치는 공감을 이끌어내는 능력을 말한다. 이 말은 미래에는 뇌를 쓰는 방식이 달라져야 함을 의미한다.
> 지금까지의 세계는 체계화된 정보를 바탕으로 품질 좋은 제품을 대량생산하여 규모의 경제를 이루고, 시장을 개척해 부지런히 노력하면 어느 정도는 성공할 수 있는 경쟁체제였다. 경쟁사보다 논리적이고 체계적으로 정보를 분석해 소비자의 니즈를 만족시킬 수 있도록 하는 좌뇌형 사회였다고 할 수 있다.
> 하지만 세상은 빠르게 변하고 있다. 정보를 많이 가지고 있는 것보다는 그 정보를 이용해 어떤 새로운 아이디어를 도출해 내느냐가 더욱 중요한 시대가 된 것이다. 동일한 정보를 가지고 남들이 미처 생각하지 못했던 아이디어를 떠올리고 숨겨진 고객의 니즈를 이끌어냄으로써 시장을 주도할 수 있는 통찰력과 창의력이 중요한 성공 포인트가 되고 있다.
> 하지만 4차 산업혁명이 강조되고 있는 오늘날, 우리나라에서는 안타깝게도 창의적인 아이디어를 바탕으로 혁신적인 비즈니스 모델을 만들어낸 기업은 거의 보이지 않는 것 같다. 최근 기술분석 잡지인 『MIT Technology Review』의 발표에 따르면 세계 50대 혁신기업 중에 우리나라 기업은 단 하나도 들지 못했다.
> 창의적인 아이디어가 중요한 4차 산업혁명 시대에는 경영의 패러다임도 그에 맞춰 변화해야 한다. 무엇보다 큰 틀에서 세상의 변화를 바라보고 그것을 선도할 수 있는 통찰력이 필요하다. 그러나 아쉽게도 우리나라 기업은 여전히 '일' 중심의 관리문화가 굳건하게 자리잡고 있어 '나무는 보되 숲은 보지 못하는' 근시안적 자세에서 벗어나지 못하고 있다. 아무리 시스템이 잘 갖춰져 있고 관리체계가 뛰어나도 사람이라는 자원이 투입되지 않고서는 좋은 아이디어가 도출될 수 없다. 창의적인 아이디어란 결국 사람의 머리를 거치지 않고서는 나올 수 없기 때문이다.
> 결국 관리의 중심축이 '일'에서 '사람'으로 바뀌지 않으면 안된다. '일' 중심의 관리문화에서는 초점이 '효율'과 '생산성'에 맞춰져 있으며 사람은 그것을 보조하는 일개 수단에 지나지 않는다. 반면 '사람' 중심의 관리문화에서는 '창조성'과 '가치'에 초점이 맞춰져 있다. 효율과 생산성을 높이기 위한 수단에 불과했던 사람 그 자체가 관리의 중심이 된다. 사람이 관리의 중심이 되기 위해서는 인간이 가진 두뇌의 특성을 이해해야 한다. 두뇌의 작동 메커니즘과 생물학적인 특성이 이해되어야만 그것이 가진 잠재력과 가치를 최대한으로 활용할 수 있다. 이러한 관점에서 인간의 두뇌 특성을 이해하고 모든 조직 구성원이 최대한 창의적으로 뇌를 활용할 수 있게 함으로써 미래의 경영 환경에서 살아남을 수 있도록 만들어주는 혁신적인 툴이 뉴로리더십이라 하겠다.

① 구성원들이 최대한 창의적으로 뇌를 활용할 수 있게 하는 것이다.
② 창조성과 가치가 관리의 중심축이라고 말할 수 있다.
③ 일보다 사람을 우선시하는 관리문화를 말한다.
④ 인간이 가진 두뇌의 특성을 이해하는 것을 바탕으로 한다.
⑤ 근시안적인 자세를 가지고 행동하는 리더십을 말한다.

02 다음 중 철도안전법을 이해한 내용으로 옳은 것은?

제24조의4(철도차량정비기술교육훈련)
① 철도차량정비기술자는 업무 수행에 필요한 소양과 지식을 습득하기 위하여 대통령령으로 정하는 바에 따라 국토교통부장관이 실시하는 교육·훈련(이하 정비교육훈련이라 한다)을 받아야 한다.
② 국토교통부장관은 철도차량정비기술자를 육성하기 위하여 철도차량정비 기술에 관한 전문 교육훈련기관(이하 정비교육훈련기관이라 한다)을 지정하여 정비교육훈련을 실시하게 할 수 있다.
③ 정비교육훈련기관의 지정기준 및 절차 등에 필요한 사항은 대통령령으로 정한다.
④ 정비교육훈련기관은 정당한 사유 없이 정비교육훈련 업무를 거부하여서는 아니 되고, 거짓이나 그 밖의 부정한 방법으로 정비교육훈련 수료증을 발급하여서는 아니 된다.
⑤ 정비교육훈련기관의 지정취소 및 업무정지 등에 관하여는 제15조의2를 준용한다. 이 경우 운전적성검사기관은 정비교육훈련기관으로, 운전적성검사 업무는 정비교육훈련 업무로, 제15조 제5항은 제24조의4 제3항으로, 제15조 제6항은 제24조의4 제4항으로, 운전적성검사 판정서는 정비교육훈련 수료증으로 본다.

제24조의5(철도차량정비기술자의 인정취소 등)
① 국토교통부장관은 철도차량정비기술자가 다음 각 호의 어느 하나에 해당하는 경우 그 인정을 취소하여야 한다.
1. 거짓이나 그 밖의 부정한 방법으로 철도차량정비기술자로 인정받은 경우
2. 제24조의2 제2항에 따른 자격기준에 해당하지 아니하게 된 경우
3. 철도차량정비 업무 수행 중 고의로 철도사고의 원인을 제공한 경우

② 국토교통부장관은 철도차량정비기술자가 다음 각 호의 어느 하나에 해당하는 경우 1년의 범위에서 철도차량정비기술자의 인정을 정지시킬 수 있다.
1. 다른 사람에게 철도차량정비경력증을 빌려 준 경우
2. 철도차량정비 업무 수행 중 중과실로 철도사고의 원인을 제공한 경우

① 철도차량정비 업무 수행 중 중과실로 철도사고를 일으킨 경우 1년의 범위에서 철도차량정비기술자의 인정을 정지시킬 수 있다.
② 정비교육훈련기관은 정당한 사유 없이 독자적으로 정비교육훈련 업무를 거부할 수 있다.
③ 철도차량정비 업무 수행 중 고의로 철도사고의 원인을 제공한 경우 1년의 범위에서 철도차량정비기술자의 인정을 정지시킬 수 있다.
④ 철도차량정비기술자는 국토교통부령으로 정하는 바에 따라 정비교육훈련을 받아야 한다.
⑤ 정비교육훈련기관의 지정기준 및 절차 등에 필요한 사항은 국토교통부령으로 정한다.

※ 다음 기사를 읽고 이어지는 질문에 답하시오. [3~4]

(가) 또한, A공사 사장은 오는 6월 한국에서 개최되는 국토교통부 주관 글로벌 스마트레일 콘퍼런스(GSRC)를 소개하고, SNCF(프랑스 국영철도), UIC(국제철도연맹), CER 등 스마트레일 콘퍼런스에 참석한 전문가들의 관심과 적극적인 참여를 당부했다. 한편, 콘퍼런스 참석에 앞서 SNCF, UIC, RATP(파리교통공사)를 방문한 A공사 사장은 한국 철도와 유럽 철도와의 실질적인 협력방안을 논의했다.

(나) 이번 콘퍼런스에는 네덜란드, 체코, 노르웨이 등 유럽의 철도공사 사장, 유럽철도운영자협회(CER) 사무총장, 프랑스 등 유럽 철도 전문가 약 300명이 참석했다. 철도운영사 CEO가 참석한 패널토론에서 A공사 사장은 "철도산업계에서는 더 저렴하고 더 효율적이고 안전한 솔루션이 있음에도 오래된 역사로 인해 고정관념, 이해관계 등으로 새로운 솔루션 도입을 주저하는 경향이 있다. 우리는 새로운 솔루션 도입에 보다 용감해야 한다."고 말하며 변화에 두려워하는 철도산업계에 대한 용기 있는 자세를 강조하여 참석자들로부터 큰 호응을 얻었다.

(다) A공사 사장은 지난 1일부터 6일간 프랑스와 네덜란드를 방문하여 유럽 철도 기관장 면담, 스마트레일 콘퍼런스 패널 참석 등 10개 철도 기관장과의 면담, 9개 철도 시설에 대한 산업시찰을 통해 유럽 철도와의 실질적인 협력을 위한 발판을 마련했다. 특히, A공사 사장은 5일과 6일 이틀간 네덜란드 암스테르담에서 열린 스마트레일 콘퍼런스에 패널로 참석하여 세계적 화두가 된 4차 산업혁명과 관련하여 철도분야에서 선도적 역할을 하는 한국 철도의 다양한 면모와 우수성을 소개했다.

(라) A공사 사장은 SNCF CEO 기욤 페피와의 회의에서 지난달 8일과 9일 이틀간 한국에서 개최된 '한·불 철도차량부품 우수공급업체 박람회'의 성과에 공감하고 향후 행사의 규모를 확대하자는 것에 인식을 같이 했다. 더불어 경영 우수사례 공유, KTX 차량유지보수 기술 및 부품 공급, 사물인터넷(IoT)을 활용한 효율적 철도 운영 유지보수 등에 대한 전방위적 협력을 강화하기로 했다. 한국철도의 기술혁신 사례에 대해 많은 관심을 보인 페피 사장은 '한·불 고속철도 기술세미나 개최'를 제안했고, A공사 사장의 동의로 합의에 이르렀다. 고속철도 기술세미나는 A공사와 SNCF가 공동 주관하여 매년 한국과 프랑스에서 교차로 개최되며, 첫 세미나는 올 10월 한국에서 개최하고 페피 사장이 프랑스 기술진과 함께 직접 참석하기로 했다.

(마) A공사 사장은 이번 출장을 통해 SNCF 이외에도 RATP(파리교통공사)와도 도시철도 자동운전 및 교통카드와 호환문제 논의, AREP(SNCF 산하 역사 디자인 전문회사)와의 전략적 파트너십 체결 등을 제안했고 향후 협력을 위한 합의를 이끌어 냈다. A공사 사장은 "기술혁신에 대한 의지와 투자가 향후 100년을 준비하는 중요한 일이 될 것"이라며, "유럽 등 철도선진국과의 활발한 교류를 통해 최고 수준의 기술력을 갖춘 글로벌 철도 기업을 만들겠다."고 밝혔다.

(바) 마지막으로, A공사 사장은 이번 유럽 방문의 첫 공식일정으로 2일(일) 영업운행 중인 프랑스의 2층 고속열차 운전실에 탑승하는 등 파리 – 스트라스부르까지 500km 구간을 시승하며 2층 열차의 효율성과 운행 안전성을 살펴봤다. 이 구간은 2007년도 4월 3일 TGV 열차가 시속 574.8km의 속도를 기록했던 구간으로 이날은 최고속도 시속 320km의 속도로 안정적인 운행을 했다. 프랑스는 전체 고속열차 428편성 중 약 47%에 달하는 200편성이 2층 고속열차이며, 2007년부터는 2층 고속열차만 도입하여 기존 고속차량보다 효율성을 높이고 있다. 프랑스 2층 열차는 중련 운행 시 1,020석에서 1,268석의 좌석을 갖고 있어 기존 고속열차 대비 40%만큼 많은 좌석을 제공할 수 있다.

03 다음 중 기사의 제목으로 적절한 것은?

① '한・불 철도차량부품 우수공급업체 박람회'의 성과와 협약
② 프랑스 TGV의 효율성과 운행 안전성
③ A공사, 유럽 철도와의 실질적 협력 발판 마련
④ A공사, 국토교통부 주관 글로벌 스마트레일 콘퍼런스(GSRC) 초대
⑤ 4차 산업혁명과 철도분야의 선도적 역할

04 다음 중 문단의 순서를 올바르게 배열한 것은?

① (가) – (라) – (마) – (바) – (나) – (다)
② (나) – (다) – (가) – (바) – (라) – (마)
③ (다) – (나) – (가) – (라) – (마) – (바)
④ (다) – (나) – (가) – (라) – (바) – (마)
⑤ (라) – (바) – (마) – (가) – (다) – (나)

※ 서울에 사는 A, B, C, D, E 5명의 고향은 각각 대전, 대구, 부산, 광주, 춘천 중 한 곳으로 설날을 맞아 열차 1, 2, 3을 타고 고향에 내려가고자 한다. 열차와 탑승 정보가 다음과 같을 때, 이어지는 질문에 답하시오. [5~7]

- 열차 2는 대전, 춘천을 경유하여 부산까지 가는 열차이다.
- A의 고향은 부산이다.
- E는 어떤 열차를 타도 고향에 갈 수 있다.
- 열차 1에는 D를 포함한 세 사람이 탄다.
- C와 D가 함께 탈 수 있는 열차는 없다.
- B가 탈 수 있는 열차는 열차 2뿐이다.
- 열차 2와 열차 3이 지나는 지역은 대전을 제외하고 중복되지 않는다.
- 각 열차에는 최소 1명 이상 탄다.

05 다음 중 E의 고향은 어디인가?

① 대전
② 대구
③ 부산
④ 춘천
⑤ 광주

06 다음 중 열차 2를 탈 수 있는 사람을 모두 고르면?

① A, B, E
② A, C, E
③ A, D, E
④ B, C, E
⑤ B, D, E

07 열차 1이 광주를 경유한다고 할 때, 열차 3에 타는 사람과 목적지는 어디인가?

① A – 부산
② C – 대구
③ D – 대전
④ D – 대구
⑤ E – 대전

08 신영이는 제주도로 여행을 갔다. 호텔에서 공원까지의 거리는 지도상에서 10cm이고, 지도의 축척은 1 : 50,000이다. 신영이가 30km/h의 속력으로 자전거를 타고 갈 때, 호텔에서 출발하여 공원에 도착하는 데 걸리는 시간은 얼마인가?

① 10분
② 15분
③ 20분
④ 25분
⑤ 30분

09 각각 다른 A～E용액이 있다. 이 중 3개의 용액을 각각 10g씩 섞어서 30g의 혼합물을 만들었을 때 가격이 다음과 같다면 다음 중 가장 비싼 용액은?

- A+B+C=1,720원
- A+B+E=1,570원
- B+C+D=1,670원
- B+C+E=1,970원
- B+D+E=1,520원
- C+D+E=1,800원

① A
② B
③ C
④ D
⑤ E

10 **문제 해결을 위해 개인에게 요구되는 기본 요소를 다섯 가지로 나누어 볼 때, 다음 사례에서 문제 해결에 어려움을 겪고 있는 A씨에게 부족한 기본 요소는 무엇인가?**

> 스마트폰 앱을 개발하는 A씨는 관련 지식을 바탕으로 다양한 앱을 개발하기 위해 노력하고 있지만, 큰 성공을 거두지는 못하고 있다. A씨는 처음에 사용자 맞춤형 정보를 제공하는 앱을 개발하여 사용자들의 관심을 끌었으나, 사람들의 관심은 오래가지 못했다. 결국 A씨가 개발한 앱은 광고성 정보만 제공하는 플랫폼으로 전락하고 말았다. 광고비로 많은 수익을 얻은 경쟁사의 앱을 따라잡기 위해 처음 개발할 때의 목적과 비전을 쉽게 포기해 버렸기 때문이다. A씨가 최초의 비전을 끝까지 추구하지 못하고 중간에 경로를 변경해 실패한 사례는 이외에도 많았다. A씨는 자신이 유연하고 변화에 개방된 자세를 견지하고 있다고 생각했지만, 사실은 자신의 아이디어에 대한 확신과 계속해서 추진할 수 있는 자세가 부족한 것이었다.

① 체계적인 교육훈련
② 문제 해결 방법에 대한 지식
③ 문제 관련 지식에 대한 가용성
④ 문제 해결자의 도전 의식과 끈기
⑤ 문제에 대한 체계적인 접근

11 **다음 (가)~(다)는 문제 해결 방법에 대한 설명이다. 다음 중 (가)~(다)를 바르게 연결한 것은?**

> (가) 상이한 문화적 토양을 가지고 있는 구성원을 가정하고, 서로의 생각을 직설적으로 주장하고 논쟁이나 협상을 통해 서로의 의견을 조정해 가는 방법이다. 이때 논리, 즉 사실과 원칙에 근거한 토론이 중심적 역할을 한다.
> (나) 깊이 있는 커뮤니케이션을 통해 서로의 문제점을 이해하고 공감함으로써 창조적인 문제 해결을 도모한다. 초기에 생각하지 못했던 창조적인 해결 방법이 도출되고, 동시에 구성원의 동기와 팀워크가 강화된다.
> (다) 조직 구성원들을 같은 문화적 토양을 가지고 이심전심으로 서로를 이해하는 상황으로 가정한다. 무언가를 시사하거나 암시를 통하여 의사를 전달하고 기분을 서로 통하게 함으로써 문제 해결을 도모하려고 한다.

	(가)	(나)	(다)
①	퍼실리테이션	하드 어프로치	소프트 어프로치
②	소프트 어프로치	하드 어프로치	퍼실리테이션
③	소프트 어프로치	퍼실리테이션	하드 어프로치
④	하드 어프로치	퍼실리테이션	소프트 어프로치
⑤	하드 어프로치	소프트 어프로치	퍼실리테이션

12 다음은 중국에 진출한 프랜차이즈 커피전문점에 대해 SWOT 분석을 한 것이다. (가) ~ (라)에 들어갈 전략으로 올바르게 나열된 것은?

S(강점)	W(약점)
• 풍부한 원두커피의 맛 • 독특한 인테리어 • 브랜드 파워 • 높은 고객 충성도	• 낮은 중국 내 인지도 • 높은 시설비 • 비싼 임대료
O(기회)	**T(위협)**
• 중국 경제 급성장 • 서구문화에 대한 관심 • 외국인 집중 • 경쟁업체 진출 미비	• 중국의 차 문화 • 유명 상표 위조 • 커피 구매 인구의 감소

(가)	(나)
• 브랜드가 가진 미국 고유문화 고수 • 독특하고 차별화된 인테리어 유지 • 공격적 점포 확장	• 외국인 많은 곳에 점포 개설 • 본사 직영으로 인테리어
(다)	**(라)**
• 고품질 커피로 상위 소수고객에 집중	• 녹차 향 커피 • 개발 상표 도용 감시

	(가)	(나)	(다)	(라)
①	SO전략	ST전략	WO전략	WT전략
②	WT전략	ST전략	WO전략	SO전략
③	SO전략	WO전략	ST전략	WT전략
④	ST전략	WO전략	SO전략	WT전략
⑤	WT전략	WO전략	ST전략	SO전략

※ 다음은 철도사업법 중 전용철도와 관련된 내용이다. 다음을 읽고 이어지는 질문에 답하시오. [13~14]

제34조(등록)

① 전용철도를 운영하려는 자는 국토교통부령으로 정하는 바에 따라 전용철도의 건설·운전·보안 및 운송에 관한 사항이 포함된 운영계획서를 첨부하여 국토교통부장관에게 등록을 하여야 한다. 등록사항을 변경하려는 경우에도 같다. 다만 대통령령으로 정하는 경미한 변경의 경우에는 예외로 한다.

② 전용철도의 등록기준과 등록절차 등에 관하여 필요한 사항은 국토교통부령으로 정한다.

③ 국토교통부장관은 제2항에 따른 등록기준을 적용할 때에 환경오염, 주변 여건 등 지역적 특성을 고려할 필요가 있거나 그 밖에 공익상 필요하다고 인정하는 경우에는 등록을 제한하거나 부담을 붙일 수 있다.

제35조(결격사유)

다음 각 호의 어느 하나에 해당하는 자는 전용철도를 등록할 수 없다. 법인인 경우 그 임원 중에 다음 각 호의 어느 하나에 해당하는 자가 있는 경우에도 같다.

1. 제7조 제1호 각 목의 어느 하나에 해당하는 사람
2. 이 법에 따라 전용철도의 등록이 취소된 후 그 취소일부터 1년이 지나지 아니한 자

제36조(전용철도 운영의 양도·양수 등)

① 전용철도의 운영을 양도·양수하려는 자는 국토교통부령으로 정하는 바에 따라 국토교통부장관에게 신고하여야 한다.

② 전용철도의 등록을 한 법인이 합병하려는 경우에는 국토교통부령으로 정하는 바에 따라 국토교통부장관에게 신고하여야 한다.

③ 제1항 또는 제2항에 따른 신고를 한 경우 전용철도의 운영을 양수한 자는 전용철도의 운영을 양도한 자의 전용철도운영자로서의 지위를 승계하며, 합병으로 설립되거나 존속하는 법인은 합병으로 소멸되는 법인의 전용철도운영자로서의 지위를 승계한다.

④ 제1항과 제2항의 신고에 관하여는 제35조를 준용한다.

제37조(전용철도 운영의 상속)

① 전용철도운영자가 사망한 경우 상속인이 그 전용철도의 운영을 계속하려는 경우에는 피상속인이 사망한 날부터 3개월 이내에 국토교통부장관에게 신고하여야 한다.

② 상속인이 제1항의 신고를 한 경우 피상속인이 사망한 날부터 신고를 한 날까지의 기간에 있어서 피상속인의 전용철도 등록은 상속인의 등록으로 본다.

③ 제1항에 따라 신고를 한 상속인은 피상속인의 전용철도운영자로서의 지위를 승계한다.

④ 제1항의 신고에 관하여는 제35조를 준용한다. 다만, 제35조 각 호의 어느 하나에 해당하는 상속인이 피상속인이 사망한 날부터 3개월 이내에 그 전용철도의 운영을 다른 사람에게 양도한 경우 피상속인의 사망일부터 양도일까지의 기간에 있어서 피상속인의 전용철도 등록은 상속인의 등록으로 본다.

제38조(전용철도 운영의 휴업·폐업)

전용철도운영자가 그 운영의 전부 또는 일부를 휴업 또는 폐업한 경우에는 1개월 이내에 국토교통부장관에게 신고하여야 한다.

제39조(전용철도 운영의 개선명령)

국토교통부장관은 전용철도 운영의 건전한 발전을 위하여 필요하다고 인정하는 경우에는 전용철도운영자에게 다음 각 호의 사항을 명할 수 있다.

1. 사업장의 이전
2. 시설 또는 운영의 개선

제40조(등록의 취소·정지)

국토교통부장관은 전용철도운영자가 다음 각 호의 어느 하나에 해당하는 경우에는 그 등록을 취소하거나 1년 이내의 기간을 정하여 그 운영의 전부 또는 일부의 정지를 명할 수 있다. 다만, 제1호에 해당하는 경우에는 등록을 취소하여야 한다.

1. 거짓이나 그 밖의 부정한 방법으로 제34조에 따른 등록을 한 경우
2. 제34조 제2항에 따른 등록기준에 미달하거나 같은 조 제3항에 따른 부담을 이행하지 아니한 경우
3. 휴업신고나 폐업신고를 하지 아니하고 3개월 이상 전용철도를 운영하지 아니한 경우

제41조(준용규정)
전용철도에 관하여는 제16조 제3항과 제23조를 준용한다. 이 경우 "철도사업의 면허"는 "전용철도의 등록"으로, "철도사업자"는 "전용철도운영자"로, "철도사업"은 "전용철도의 운영"으로 본다.

13 다음 중 국토교통부장관에게 신고해야 하는 경우가 아닌 것은?

① 전용철도운영자 A씨가 사망하자, 그의 상속인인 아들 B씨는 A씨가 운영하던 전용철도의 운영을 계속하려고 한다.
② 전용철도운영자 C씨는 전용철도 운영 능력이 뛰어난 D씨에게 운영을 양도하려고 한다.
③ 전용철도운영자 E씨는 사정이 여의치 않게 되어 전용철도의 일부분을 휴업하기로 결정하였다.
④ 전용철도운영자 F씨는 전용철도 시설이 노후화 되어 이를 새롭게 개선하고자 한다.
⑤ 전용철도운영자 G씨는 전용철도의 법인을 가지고 있으며, 전용철도운영자 H씨의 법인과 합병하려고 한다.

14 다음 중 전용철도 등록의 취소·정지 사유로 적절하지 않은 것은?

① A씨는 전용철도 등록을 위해 운영계획서 내용 중 운송에 관한 사항을 거짓으로 작성하였다.
② B씨의 전용철도는 국토교통부령이 정한 등록기준에 미달하였다.
③ C씨는 전용철도를 운영하면서 대기오염을 일으키고 있으나, 이에 따른 부담을 피하려고 하였다.
④ D씨는 운영계획서에서 전용철도 운영과 관련된 보안사항을 고의로 쓰지 않고 등록하였다.
⑤ E씨는 휴업신고를 하지 않고 2개월 동안 전용철도를 운영하지 않아 주변에 피해를 주고 있다.

15 S기업은 직원들에게 자기계발 교육비용을 일부 지원하기로 하였다. 총무인사팀의 A ~ E 5명 직원이 아래 자료와 같이 교육프로그램을 신청하였을 때, 기업에서 직원들에게 지원하는 총 교육비는 얼마인가?

〈자기계발 수강료 및 지원 금액〉

구분	영어회화	컴퓨터 활용능력	세무회계
수강료	7만 원	5만 원	6만 원
지원 금액 비율	50%	40%	80%

〈신청한 교육프로그램〉

구분	영어회화	컴퓨터 활용능력	세무회계
A	○		○
B	○	○	○
C		○	○
D	○		
E		○	

① 307,000원
② 308,000원
③ 309,000원
④ 310,000원
⑤ 311,000원

16 다음은 자원관리 4단계 과정을 나타낸 표이다. 다음 빈칸에 해당하는 단계에 대한 설명으로 가장 적절한 것은?

필요한 자원의 종류와 양 확인
↓
이용 가능한 자원 수집하기
↓
(   )
↓
계획대로 수행하기

① 구체적으로 어떤 활동을 할 것이며, 이 활동에 어느 정도의 자원이 필요한지를 파악해야 한다.
② 계획에 얽매일 필요는 없지만, 최대한 계획에 맞게 업무를 수행해야 한다.
③ 계획을 수정해야 하는 경우 전체 계획에 미칠 수 있는 영향을 고려해야 한다.
④ 실제 활동에서는 계획과 차이를 보일 수 있으므로 가능한 필요한 양보다 좀 더 여유 있게 자원을 확보해야 한다.
⑤ 자원을 실제 필요한 업무에 할당하여 계획을 세우되, 업무나 활동의 우선순위를 고려해야 한다.

17 A사의 총무팀에서 근무 중인 B대리는 회사의 예산을 관리하는 업무를 담당하고 있다. 각 팀에서 지출한 비용을 처리하기 위해 B대리에게 요청한 내역이 다음과 같을 때, B대리가 직접비용으로 처리할 내역은 모두 몇 개인가?

- 영업팀 : 지난달 출장 교통비
- 관리팀 : 신입사원 컴퓨터 구입에 사용된 금액
- 홍보팀 : 자사 홍보용 책자 제작에 사용된 금액
- 인사팀 : 신입사원 교육으로 초청한 강사에게 지급한 금액

① 0개
② 1개
③ 2개
④ 3개
⑤ 4개

18 다음 중 〈보기〉의 사례에서 나타난 물적자원관리의 방해요인이 잘못 연결된 것은?

〈보기〉

- A는 손톱깎이를 사용한 뒤 항상 아무 곳에나 놓는다. 그래서 손톱깎이가 필요할 때마다 한참 동안 집 안 구석구석을 찾아야 한다.
- B는 길을 가다가 귀여운 액세서리를 발견하면 그냥 지나치지 못한다. 그래서 B의 화장대 서랍에는 액세서리가 쌓여 있다.
- C는 지난주에 휴대폰을 잃어버려 얼마 전에 새로 구입하였다. 그런데 오늘 또 지하철에서 새로 산 휴대폰을 잃어버리고 말았다.
- D는 작년에 친구로부터 선물 받은 크리스마스 한정판 화장품을 잃어버린 후 찾지 못했고, 다시 구입하려고 하니 이미 판매가 끝난 상품이라 구입할 수 없었다.
- E는 건조한 실내 공기에 작년에 사용하고 창고에 넣어 두었던 가습기를 찾았으나, 창고에서 꺼내 온 가습기는 곰팡이가 피어 작동하지 않았다.

① A – 보관 장소를 파악하지 못하는 경우
② B – 분명한 목적 없이 물건을 구입하는 경우
③ C – 물품을 분실한 경우
④ D – 보관 장소를 파악하지 못하는 경우
⑤ E – 물품이 훼손된 경우

19 다음은 회사 게시판을 관리하는 A사원과 B사원의 대화이다. 빈칸에 들어갈 내용으로 적절하지 않은 것은?

A사원 : 요즘 회사 게시판을 이용하면서 네티켓을 지키지 않는 사람들이 많은 것 같아.
B사원 : 맞아. 게시판에 올린 글은 많은 사람들이 보고 있다는 것을 인식하면 좋을텐데.
A사원 : 회사 게시판 사용 네티켓을 안내하는 것은 어떨까?
B사원 : 좋은 생각이야. 게시판 사용 네티켓으로는 '________________'는 내용이 포함되어야 해.

① 글의 내용은 길게 작성하기보다 간결하게 요점만 작성한다.
② 게시판의 주제와 관련 없는 내용은 올리지 않는다.
③ 글을 쓰기 전에 이미 같은 내용의 글이 없는지 확인한다.
④ 글의 내용 중 잘못된 점이 있으면 빨리 수정하거나 삭제한다.
⑤ 글의 제목에는 함축된 단어를 가급적 사용하지 않는다.

20 **다음 중 프로세서 레지스터에 대한 설명으로 옳은 것은?**

① 하드디스크의 부트 레코드에 위치한다.
② 하드웨어 입출력을 전담하는 장치로 속도가 빠르다.
③ 주기억장치보다 큰 프로그램을 실행시켜야 할 때 유용한 메모리이다.
④ 중앙처리장치에서 사용하는 임시기억장치로 메모리 중 가장 빠른 속도로 접근 가능하다.
⑤ CPU와 주기억장치의 속도 차이 문제를 해결하여 준다.

21 **다음은 기술의 특징을 설명하는 글이다. 다음 글을 읽고 이해한 내용으로 옳지 않은 것은?**

> 일반적으로 기술에 대한 특징은 다음과 같이 정의될 수 있다.
> 첫째, 하드웨어나 인간에 의해 만들어진 비자연적인 대상, 혹은 그 이상을 의미한다.
> 둘째, 기술은 '노하우(Know-How)'를 포함한다. 즉, 기술을 설계하고, 생산하고, 사용하기 위해 필요한 정보, 기술, 절차를 갖는데 노하우(Know-How)가 필요한 것이다.
> 셋째, 기술은 하드웨어를 생산하는 과정이다.
> 넷째, 기술은 인간의 능력을 확장시키기 위한 하드웨어와 그것의 활용을 뜻한다.
> 다섯째, 기술은 정의 가능한 문제를 해결하기 위해 순서화되고 이해 가능한 노력이다.
> 이와 같은 기술이 어떻게 형성되는가를 이해하는 것과 사회에 의해 형성되는 방법을 이해하는 것은 두 가지 원칙에 근거한다. 먼저 기술은 사회적 변화의 요인이다. 기술체계는 의사소통의 속도를 증가시켰으며, 이것은 개인으로 하여금 현명한 의사결정을 할 수 있도록 도와준다. 또한, 사회는 기술 개발에 영향을 준다. 사회적, 역사적, 문화적 요인은 기술이 어떻게 활용되는가를 결정한다.
> 기술은 두 개의 개념으로 구분될 수 있으며, 하나는 모든 직업 세계에서 필요로 하는 기술적 요소들로 이루어지는 광의의 개념이고, 다른 하나는 구체적 직무 수행 능력 형태를 의미하는 협의의 개념이다.

① 기술은 건물, 도로, 교량, 전자장비 등 인간이 만들어낸 모든 물질적 창조물을 생산하는 과정으로 볼 수 있구나.
② 전기산업기사, 건축산업기사, 정보처리산업기사 등의 자격 기술은 기술의 광의의 개념으로 볼 수 있겠어.
③ 영국에서 시작된 산업혁명 역시 기술 개발에 영향을 주었다고 볼 수 있어.
④ 컴퓨터의 발전은 기술체계가 개인으로 하여금 현명한 의사결정을 할 수 있는 사례로 볼 수 있지 않을까?
⑤ 미래 산업을 위해 인간의 노동을 대체할 로봇을 활용하는 것 역시 기술이라고 볼 수 있겠지?

22 다음 글을 읽고 추론할 수 있는 내용으로 올바르지 않은 것은?

> 최근 레저 열기의 확산과 모바일 기기의 대중화로 휴대용 전원의 수요가 늘면서 전기를 공급할 수 있는 소형 자가 발전기에 대한 특허출원이 증가하고 있다. 특허청에 따르면 최근 5년간 휴대용 장비에 전원을 공급할 수 있는 소형 태양광 발전기의 특허출원이 총 97건으로 2013년 10건에서 지난해 33건으로 4년 만에 3배 이상 급증한 것으로 나타났다.
> 휴대용 태양광 발전기는 빛에너지를 전기에너지로 변환할 수 있는 태양전지 셀을 조립이 간편한 독립형의 모듈로 구성하거나 이동성 물체의 외장에 부착해 전기를 생산하는 장치이다. 이는 휴대용 장치에 전기를 공급할 뿐만 아니라, 웨어러블 기기나 사물인터넷(IoT) 센서에도 전원공급이 가능하기 때문에 4차 산업혁명에 크게 기여할 기술로 주목받고 있다.
> 적용 분야별 출원 동향을 살펴보면, 휴대용 조명 등 캠핑용품 전원에 대한 출원이 38%로 가장 많았고, 휴대폰 등 모바일 기기의 케이스에 부착해 전기를 생산할 수 있는 기술의 출원은 19%를 차지했다. 특히 캠핑용품과 모바일 기기 충전기의 출원이 57%에 달해 전체 특허 출원의 증가세를 주도하고 있는 모습이다. 이 밖에도 자체 콘센트를 내장해 원하는 기기에 전기를 공급할 수 있는 포터블 독립전원 기술의 출원이 24%에 달했다. 출원 비중이 가장 큰 캠핑용품 전원의 경우 휴대용 조명기기의 출원이 35%로 다수를 차지했으며, 코펠 등 휴대용 조리기가 14%, 휴대용 정수기・가습기・공기정화기는 14%, 휴대용 냉난방장치와 보온용기가 각각 8%의 출원 비중을 보였다. 출원 주체를 살펴보면 내국인 출원(94%)이 대부분이었으며 내국인 출원 중 개인(40%)과 중소기업(40%)의 출원 비중이 80%에 달하는 것으로 조사되었다. 이는 태양으로부터 전기를 생성하는 태양전지 셀 기술 자체는 성숙 단계에 있어, 태양전지 셀을 다양한 휴대용 장비에 접목하는 기술은 개인이나 중소기업에서 접근하기가 어렵지 않기 때문으로 풀이된다.
> 전력기술심사과장은 "웨어러블 기기와 사물 인터넷(IoT)으로 대표되는 4차 산업의 발달과 여가문화의 확산에 따라 휴대용 장비에 독립적으로 전원을 공급할 수 있는 요구는 더욱 커질 것으로 예상된다."며 휴대용 태양광 발전장치에 대한 특허출원 증가세는 향후에도 지속될 것이라고 전망했다.

① 휴대용 태양광 발전기는 4차 산업혁명에 크게 기여할 것으로 전망된다.
② 4차 산업의 발달과 여가문화의 확산으로 인해 소형 자가 발전기의 특허출원 증가세는 향후에도 지속될 것이다.
③ 출원 주체의 내국인 출원 중 개인과 중소기업의 비중이 비등하다.
④ 태양전지 셀 기술은 초기 단계이지만 무한한 발전 가능성을 가지고 있다.
⑤ 캠핑족이 계속 증가한다면 적용 분야별 출원 동향의 1위는 계속 유지될 것이다.

23 다음은 자아인식, 자기관리, 경력개발의 의미를 설명한 자료이다. 다음을 읽고 〈보기〉에서 자기관리에 해당하는 질문을 모두 고른 것은?

자아인식	직업생활과 관련하여 자신의 가치, 신념, 흥미, 적성, 성격 등을 통해 자신이 누구인지 아는 것이다.
자기관리	자신의 목표성취를 위해 자신의 행동 및 업무수행을 관리하고 조정하는 것이다.
경력개발	개인의 일과 관련된 경험에서 목표와 전략을 수립하고, 실행하며, 피드백하는 과정이다.

〈보기〉

(가) 자기관리 계획은 어떻게 수립하는 것일까?
(나) 나의 업무수행에 있어 장단점은 무엇인가?
(다) 나는 언제쯤 승진하고, 퇴직을 하게 될까?
(라) 나의 직업흥미는 무엇인가?
(마) 나의 업무에서 생산성을 높이기 위해서는 어떻게 해야 할까?
(바) 경력개발과 관련된 최근 이슈는 어떤 것이 있을까?
(사) 내가 설계하는 나의 경력은 무엇인가?
(아) 다른 사람과의 대인관계를 향상시키기 위한 방법은 무엇인가?
(자) 나의 적성은 무엇인가?

① (가), (마), (아)
② (나), (라), (바)
③ (다), (마), (사)
④ (라), (사), (자)
⑤ (마), (바), (아)

24 다음 중 자기개발 설계 전략의 특징으로 옳지 않은 것은?

① 보통 장기목표라 하면 1～3년 정도의 목표를 의미한다.
② 인간관계를 고려한다.
③ 현 직무를 담당하는 데 필요한 능력과 적성들을 고려한다.
④ 명확하고 구체적으로 수립한다.
⑤ 개인에 따라 중요한 생애전환기를 기준으로 바뀔 수 있다.

25 **다음 사례에서 알 수 있는 효과적인 팀의 특징으로 가장 적절한 것은?**

> A, B, C가 운영 중인 커피전문점은 현재 매출이 꾸준히 상승하고 있다. 매출 상승의 원인을 살펴보면 우선, A, B, C는 각자 자신이 해야할 일이 무엇인지 정확하게 알고 있다. A는 커피를 제조하고 있으며, B는 디저트를 담당하고 있다. 그리고 C는 계산 및 매장관리를 전반적으로 맡고 있다. A는 고객들이 다시 생각나게 할 수 있는 독창적인 커피 맛을 위해 커피 블렌딩을 연구하고 있으며, B는 커피와 적합하고, 고객들의 연령에 맞는 다양한 디저트를 개발 중이다. 그리고 C는 A와 B가 자신의 업무에 집중할 수 있도록 적극적으로 지원하고 있다. 이처럼 A, B, C는 서로의 업무를 이해하면서 즐겁게 일하고 있으며, 이것이 매출 상승의 원인으로 작용하고 있는 것이다.

① 의견의 불일치를 건설적으로 해결한다.
② 창조적으로 운영된다.
③ 결과에 초점을 맞춘다.
④ 역할을 명확하게 규정한다.
⑤ 개인의 강점을 활용한다.

26 **다음은 리더와 관리자의 차이점을 설명한 글이다. 다음 글을 읽고 리더의 행동을 이해한 내용으로 옳지 않은 것은?**

> 리더와 관리자는 다른 개념으로서, 가장 큰 차이점은 비전이 있고 없음에 있다. 또한, 관리자의 역할이 자원을 관리·분배하고, 당면한 과제를 해결하는 것이라면, 리더는 비전을 선명하게 구축하고, 그 비전이 팀원들의 협력 아래 실현되도록 환경을 만들어 주는 것이다.

① 리더는 목표의 실현에 관련된 모든 사람들을 중시하며, 약속을 지켜 신뢰를 쌓는다.
② 리더는 변화하는 세계 속에서 현재의 현상을 유지함으로써 조직이 안정감을 갖도록 한다.
③ 리더는 멀리 있는 목표를 바라보며, 즉시 대가를 얻을 수 없어도 동기를 계속 유지한다.
④ 리더는 매일 새로운 것을 익혀 변화하는 세계 속에서 의미를 찾도록 노력한다.
⑤ 리더는 자신다움을 소중히 하며, 자신의 브랜드 확립에 적극적으로 임한다.

27 다음은 국가별 4차 산업혁명 기반산업 R&D 투자 현황에 관한 자료이다. 자료를 보고 〈보기〉 중 옳지 않은 것을 모두 고른 것은?

〈국가별 4차 산업혁명 기반산업 R&D 투자 현황〉

(단위 : 억 달러)

국가	서비스				제조					
	IT서비스		통신 서비스		전자		기계장비		바이오·의료	
	투자액	상대수준	투자액	상대수준	투자액	상대수준	투자액	상대수준	투자액	상대수준
한국	3.4	1.7	4.9	13.1	301.6	43.1	32.4	25.9	16.4	2.3
미국	200.5	100.0	37.6	100.0	669.8	100.0	121.3	96.6	708.4	100.0
일본	30.0	14.9	37.1	98.8	237.1	33.9	125.2	100.0	166.9	23.6
독일	36.8	18.4	5.0	13.2	82.2	11.7	73.7	58.9	70.7	10.0
프랑스	22.3	11.1	10.4	27.6	43.2	6.2	12.8	10.2	14.2	2.0

※ 투자액은 기반산업별 R&D 투자액의 합계이다.
※ 상대수준은 최대 투자국의 R&D 투자액을 100으로 두었을 때의 상대적 비율이다.

〈보기〉

ㄱ. 한국의 IT서비스 부문 투자액은 미국 대비 1.7%이다.
ㄴ. 모든 산업의 상대수준 기준국은 미국이다.
ㄷ. 한국의 전자 부문 투자액은 전자 외 부문 투자액을 모두 합한 금액의 6배 이상이다.
ㄹ. 일본과 프랑스의 부문별 투자액 순서는 동일하지 않다.

① ㄱ, ㄴ
② ㄴ, ㄷ
③ ㄱ, ㄷ
④ ㄴ, ㄹ
⑤ ㄷ, ㄹ

※ 다음은 인구 고령화 추이를 나타낸 자료이다. 자료를 참고하여 이어지는 질문에 답하시오. [28~30]

〈인구 고령화 추이〉

(단위 : %)

구분	1998년	2003년	2008년	2013년	2019년
노인부양비	5.2	7.0	11.3	15.6	22.1
고령화지수	19.7	27.6	43.1	69.9	107.1

※ [노인부양비(%)]=(65세 이상 인구)÷(15～64세 인구)×100
※ [고령화지수(%)]=(65세 이상 인구)÷(0～14세 인구)×100

28 1998년 0～14세 인구가 50,000명이라면, 1998년 65세 이상 인구는 몇 명인가?

① 8,650명
② 8,750명
③ 9,850명
④ 9,950명
⑤ 10,650명

29 다음 중 2019년 고령화지수는 2013년 대비 몇 % 증가하였는가?(단, 소수점 이하 첫째 자리에서 반올림한다)

① 약 51%
② 약 52%
③ 약 53%
④ 약 54%
⑤ 약 55%

30 다음 〈보기〉의 설명 중 옳은 내용을 모두 고른 것은?

〈보기〉

㉠ 노인부양비는 5년 단위로 계속 증가하고 있다.
㉡ 고령화지수는 5년 단위로 같은 비율로 증가하고 있다.
㉢ 2008년 노인부양비의 2003년 대비 증가폭은 4.3%p이다.
㉣ 5년 단위의 고령화지수 증가폭은 2013년 대비 2019년 증가폭이 가장 크다.

① ㉠, ㉡
② ㉠, ㉢
③ ㉠, ㉡, ㉢
④ ㉠, ㉢, ㉣
⑤ ㉠, ㉡, ㉢, ㉣

※ 다음은 R공단 조직도의 일부이다. 다음 조직도를 참고하여 이어지는 질문에 답하시오. [31~32]

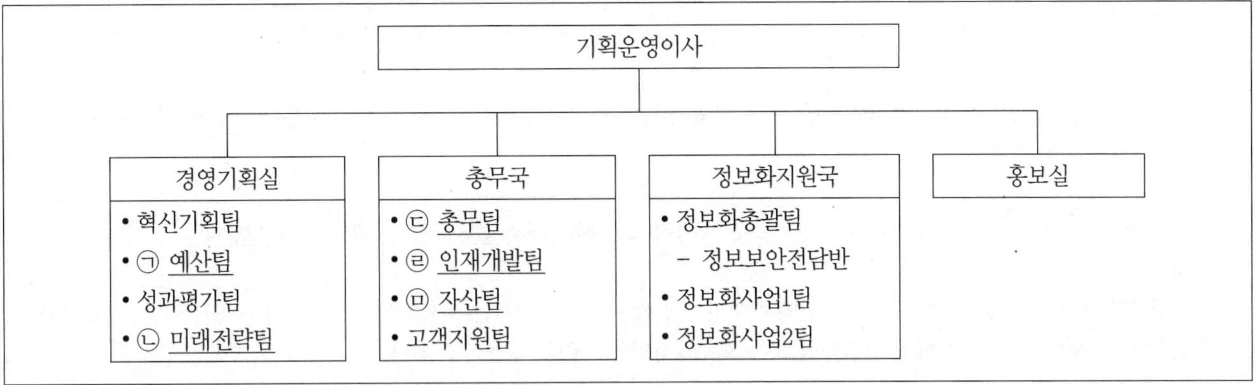

31 다음 중 공단의 각 부서와 업무 간의 연결이 적절하지 않은 것은?

① ㉠ – 수입 · 지출 예산 편성 및 배정 관리
② ㉡ – 공단사업 관련 연구과제 개발 및 추진
③ ㉢ – 복무관리 및 보건 · 복리 후생
④ ㉣ – 임직원 인사, 상훈, 징계
⑤ ㉤ – 예산집행 조정, 통제 및 결산 총괄

32 개인정보보안에 대한 중요성이 증대됨에 따라 공단은 정보보안전담반을 운영하여 개인정보보안 등에 관한 지속적이고 상시적인 모니터링을 실시한다. 다음 중 정보보안전담반의 업무와 거리가 먼 것은?

① 정보보안기본지침 및 개인정보보호지침 제 · 개정 관리
② 직원 개인정보보호 의식 향상 교육
③ 개인정보종합관리시스템 구축 · 운영
④ 정보보안 및 개인정보보호 계획 수립
⑤ 공단 자산정보관리시스템 구축 · 운영

※ 다음은 행정안전부의 '행정업무운영 실무 매뉴얼' 중 일부이다. 다음을 읽고 이어지는 질문에 답하시오. [33~34]

※ 공문서(公文書) : 행정기관 또는 공무원이 그 직무상 작성한 문서 또는 시행되는 문서 및 접수한 문서를 말한다.

행정 효율과 협업 촉진에 관한 규정 제4조에서는 문서의 성질에 따라 법규문서・지시문서・공고문서・비치문서・민원문서와 일반문서의 6종으로 구분하고 있다.

가) 법규문서
주로 법규사항을 규정하는 문서로서 헌법・법률・대통령령・총리령・부령・조례 및 규칙 등을 말한다.

나) 지시문서
행정기관이 그 하급기관 또는 소속 공무원에 대하여 일정한 사항을 지시하는 문서로서 훈령・지시・예규 및 일일명령 등을 말한다. 지시문서는 행정법에서 행정규칙 또는 행정명령이란 용어로 사용하고 있다.

(1) 훈령
상급기관이 하급기관 또는 소속 공무원에 대하여 상당한 장기간에 걸쳐 그 권한의 행사를 일반적으로 지시하기 위하여 발하는 명령을 말한다.

(2) 지시
상급기관이 직권 또는 하급기관의 문의에 의하여 하급기관에 개별적・구체적으로 발하는 명령을 말한다.

(3) 예규
행정업무의 통일을 기하기 위하여 반복적 행정업무의 처리기준을 제시하는 법규문서 외의 문서를 말한다.

(4) 일일명령
당직・출장・시간외근무・휴가 등 일일업무에 관한 명령을 말한다.

다) 공고문서
행정기관이 일정한 사항을 일반에게 알리기 위한 문서로서 고시・공고 등이 이에 해당된다.

(1) 고시 : 민원사무처리기준표처럼 법령이 정하는 바에 따라 일정한 사항을 일반에게 알리는 문서로서 일단 고시된 사항은 개정이나 폐지가 없는 한 효력이 계속된다.

(2) 공고 : 입찰, 시험공고 등 일정한 사항을 일반에게 알리는 문서로서 그 내용의 효력이 단기적이거나 일시적인 것을 말한다.

라) 문서의 번호

문서의 번호		작성 형식 및 문서 번호
법규문서		조문 형식, 누년 일련번호 사용 예 법률 제1234호
지시문서	훈령예규	조문 또는 시행문 형식, 누년 일련번호 사용 예 훈령 제5호, 예규 제5호
	지시	시행문 형식, 연도표시 일련번호 사용 예 지시 제2018－5호
	일일명령	시행문 또는 회보 형식, 연도별 일련번호 사용 예 일일명령 제5호
공고문서	고시/공고	연도표시 일련번호 사용 예 고시 제2018－5호
민원문서		시행문 또는 서식 형식, 생산등록번호 또는 접수등록번호 사용 예 정보공개정책과－123)
일반문서	일반문서	
	회보	회보 형식, 연도별 일련번호 사용 예 회보 제5호
	보고서	기안문 형식, 생산등록번호 사용 예 정보공개정책과－123)

※ 일련번호 구분
- 누년 일련번호 : 연도 구분과 관계없이 누년 연속되는 일련번호
- 연도별 일련번호 : 연도별로 구분하여 매년 새로 시작되는 일련번호로서 연도 표시가 없는 번호
- 연도 표시 일련번호 : 연도 표시와 연도별 일련번호를 붙임표(-)로 이은 번호

※ 문서 작성 시 표시방법
1) 글자 : 문서는 「국어기본법」 제3조 제3호에 따른 어문규범에 맞게 한글로 작성하되, 뜻을 정확하게 전달하기 위하여 필요한 경우에는 괄호 안에 한자나 그 밖의 외국어를 함께 적을 수 있으며, 특별한 사유가 없으면 가로로 쓴다.
   예 법규문서는 조문형식(條文形式)에 의하여 ……
2) 문안 : 문서의 내용은 간결하고 명확하게 표현하고 일반화되지 않은 약어와 전문용어 등의 사용을 피하여 이해하기 쉽게 작성하여야 한다.
3) 숫자 : 아라비아 숫자로 쓴다.
4) 연호 : 서기연호를 쓰되, '서기'는 표시하지 않는다.
5) 날짜 : 숫자로 표기하되 년, 월, 일의 글자는 생략하고 그 자리에 마침표를 찍어 표시한다.
   예 연월일 : 2018. 1. 5. / 연월 : 2018. 1.
6) 시간 : 시・분은 24시각제에 따라 숫자로 표기하되, 시・분의 글자는 생략하고 그 사이에 쌍점(:)을 찍어 구분한다.
   예 오후 3시 20분(×) → 15 : 20(○)
7) 금액 : 금액을 표시할 때에는 아라비아 숫자로 쓰되, 숫자 다음에 괄호를 하고 한글로 기재한다(규칙 제2조 제2항).
   예 금113,560원(금일십일만삼천오백육십원)

33 **다음 중 일련번호의 예시가 올바르게 분류된 것은?**

	누년 일련번호	연도별 일련번호	연도 표시 일련번호
①	지시, 고시, 공고	법규문서, 훈령, 예규	일일명령
②	법규문서, 훈령, 예규	일일명령	지시, 고시, 공고
③	훈령, 예규	지시, 고시	법규문서, 공고
④	고시, 공고	일일명령, 지시	법규문서
⑤	법규문서	훈령, 예규	지시, 고시, 공고

34 **다음 중 문서 작성 시 표시 방법으로 올바른 것은?**

① 금액을 표시할 때는 한글로 기재한다.
② 숫자는 아라비아 숫자로 쓴다.
③ 연호는 서기연호를 쓰며, '서기'를 표시한다.
④ 날짜는 숫자로 표기하되 년, 월, 일의 글자를 쓰고, 그 자리에 마침표를 찍어 표시한다.
⑤ 시간은 시・분은 24시각제에 따라 숫자로 표기하되, 시・분의 글자는 생략하고 그 사이에 쌍반점(;)을 찍어 구분한다.

35 다음 기사의 헤드라인으로 옳지 않은 것은?

서울 지하철 2호선 열차가 29일(화) 오후 3시 10분부터 약 10분 간 운행을 멈춘다. 테러・화재 등 재난 상황에 대비하기 위한 안전한국 훈련에 호응하기 위해서이다.
서울교통공사는 29일 오후 3시부터 4시까지 2호선 신도림역과 인근 현대백화점(디큐브시티점)에서 전동차 폭발 테러 및 대형 화재 발생 상황을 가정한 재난대응 안전한국훈련을 실시한다고 밝혔다.
이번 훈련은 공사와 구로구청이 공동으로 주관하며, 군・경찰・소방・보건소 및 인근 민간 기업을 포함해 17개 유관기관 470여 명과 시민 60여 명 등이 참여하는 대규모 훈련이다.
훈련은 2호선 신도림역에 진입 중인 열차에 신원 미상의 테러범이 설치한 폭발물로 인해 열차가 파손되고 화재가 발생하며, 이후 테러범이 도주 중 인근 현대백화점에 추가로 불을 지르는 2차 피해 상황을 가정하여 진행된다.
이 외에도 공사는 지하철 내 안전의식을 고취할 수 있도록 안전한국 훈련 기간(10월 28일 ~ 11월 1일) 동안 다양한 시민 참여형 체험 행사를 마련했다.
서울교통공사 사장은 "훈련 당일 2호선이 잠시 멈출 예정이기에 시민들께 양해를 구하며, 신도림역 이용 시 발생되는 연기와 불꽃에 당황하지 말고 직원의 안내에 따라주시길 바란다."라며 안전한 지하철을 만들기 위한 이번 훈련에 시민들의 적극적인 관심과 협조를 당부했다.

① 시민안전체험관에서 다양한 시민 참여형 체험 행사 마련
② 오늘 서울지하철 2호선 재난대응훈련 … 10분간 멈춘다.
③ 2호선 열차 운행 오후 3시 10분부터 약 10분간 중단 예정
④ 재난・테러에 대응하는 안전한국 훈련 실시
⑤ 군・경・시민들이 참여하는 안전한국훈련

36 **다음 중 4차 산업혁명시대의 인적자원관리 변화에 대한 설명으로 바르지 않은 것은?**

① 인간을 모방한 감각기능과 재능이 탑재된 진보된 로봇이 다양한 수작업을 하고 이는 산업에 영향을 주어 근로의 유형을 변경시킨다.

② 신기술의 등장과 기존 산업 간의 융합으로 새로운 산업의 생태계를 만들고 직업에도 많은 변화가 발생한다.

③ 일자리의 양극화가 더욱 심화되며 대기업을 중심으로 우수인재 영입 및 유지를 위한 데이터 기반 인적자원관리가 강화된다.

④ 영리기반 공유경제 플랫폼은 노동자의 고용안정성을 더욱 향상시킨다.

⑤ 기술진보에 따른 새로운 직무에 적응할 수 있도록 지속적인 능력개발이 뒷받침되어야 한다.

37 **다음 중 4차 산업혁명의 적용사례로 적절하지 않은 것은?**

① 농사 기술에 ICT를 접목한 농장으로 농작물 재배 시설의 온도·습도·햇볕량·토양 등을 분석하고, 그 결과에 따라 기계 등을 작동하여 적절한 상태로 변화시킨다.

② 프린터로 입체 모형의 물체를 뽑아내는 기술이다. 3차원 모델링 파일을 출력 소스로 활용하며 주로 경화성 소재를 사용하고 있다.

③ 인터넷 서버에 데이터를 저장하고 여러 IT 기기를 사용해 언제 어디서든 이용할 수 있는 컴퓨팅 환경으로 정보처리를 자신의 컴퓨터가 아닌 인터넷으로 연결된 다른 컴퓨터로 처리한다.

④ 인터넷에서 정보를 교환하는 시스템으로 하이퍼텍스트 구조를 활용해서 인터넷 상의 정보들을 연결해주는 서비스이다.

⑤ 사물에 센서를 부착해 실시간으로 데이터를 인터넷으로 주고받는 기술이나 환경으로 세상 모든 유형·무형 객체들이 연결되어 새로운 서비스를 제공한다.

38 다음은 예산관리의 필요성과 관련된 자료이다. 다음 중 (가)~(다)에 따른 결과가 바르게 연결된 것은?

예산은 사전적 의미로 보았을 때, 필요한 비용을 미리 헤아려 계산하는 것이나 그 비용을 의미한다. 넓은 범위에서 민간기업·공공단체 및 기타 조직체는 물론이고 개인의 수입·지출에 관한 것도 포함된다.
하지만 우리가 예산관리를 해야 하는 이유는 예산의 유한성에서 비롯된다. 하나의 사업이나 활동을 하기 위해 필요한 비용을 미리 계산하는 것을 예산이라 할 수 있지만, 대부분의 경우 정해진 예산 범위 내에서 그 계획을 세우게 된다. 이렇듯 어떤 활동을 하던 간에 활동에 지불할 수 있는 비용은 제한되기 마련이며, 이로 인해 같은 비용을 얼마나 효율적으로 사용하고 관리하느냐가 중요하게 되었다. 즉, 적은 돈으로 최대의 효과를 보는 것이 중요하다고 할 수 있다. 하지만 여기서 중요한 것은 무조건 비용을 적게 들이는 것이 좋은 것은 아니다. 예산과 실제 비용의 차이에 따라 다음과 같은 결과가 나타날 수 있다.

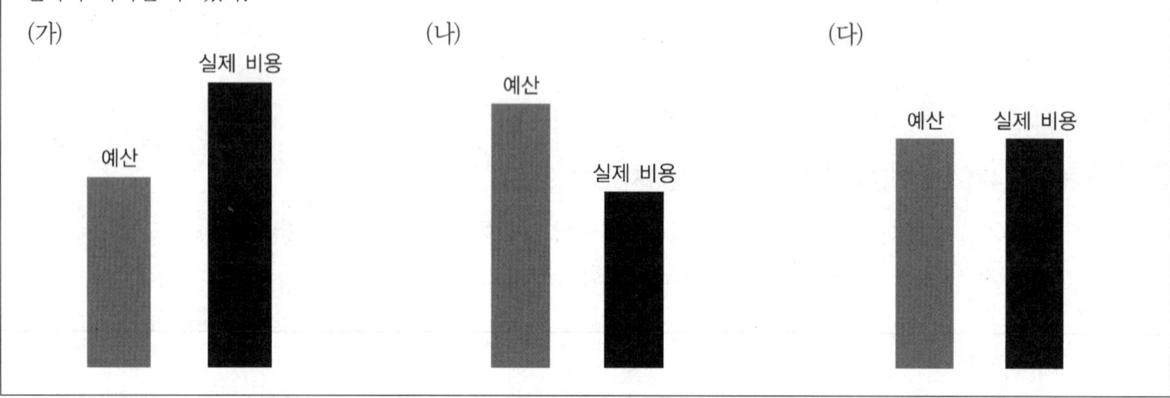

	(가)	(나)	(다)
①	적자 발생	경쟁력 손실	이상적 상태
②	적자 발생	이상적 상태	경쟁력 손실
③	경쟁력 손실	적자 발생	이상적 상태
④	경쟁력 손실	이상적 상태	적자 발생
⑤	이상적 상태	적자 발생	경쟁력 손실

39 서울교통공사의 전산팀은 업무자료의 유출을 방지하기 위해 직원들의 개인 PC를 보안 강화할 수 있는 다양한 방법을 제시했다. 다음 중 제시한 방법으로 옳지 않은 것은?

① CMOS 비밀번호 설정
② 백신프로그램의 주기적인 업데이트
③ 화면보호기 설정 및 공유 폴더 사용
④ 윈도우 로그인 비밀번호 설정
⑤ 암호화된 문서의 비밀번호 설정

40 다음 설명하고 있는 리더십능력은 무엇인가?

개인이 지닌 능력을 최대한 발휘하여 목표를 이룰 수 있도록 돕는 일로 커뮤니케이션 과정의 모든 단계에서 활용할 수 있다. 직원들에게 질문을 던지는 한편 직원들의 의견을 적극적으로 경청하고, 필요한 지원을 아끼지 않아 생산성을 높이고 기술 수준을 발전시키며, 자기 향상을 도모하는 직원들에게 도움을 주고 업무에 대한 만족감을 높이는 과정이다. 즉, 관리가 아닌 커뮤니케이션의 도구이다.

① 코칭
② 티칭
③ 멘토링
④ 컨설팅
⑤ 카운슬링

서울교통공사 전기직 신입사원 필기시험

직무수행능력평가

문항 수 : 40문항
시험시간 : 45분

01 다음 중 직류발전기의 전기자 반작용의 영향이 아닌 것은?

① 절연 내력의 저하
② 유기 기전력의 저하
③ 중성축의 이동
④ 자속의 감소
⑤ 정류자 편간의 불꽃 섬락 발생

02 다음 중 동기 발전기에서 전기자 전류가 무부하 유도 기전력보다 $\frac{\pi}{2}$rad 앞서 있는 경우에 나타나는 전기자 반작용은?

① 증자 작용
② 감자 작용
③ 교차 자화 작용
④ 횡축 반작용
⑤ 종축 반작용

03 다음 중 동기 발전기를 계통에 접속하여 병렬 운전할 때 관계없는 것은?

① 전류
② 전압
③ 위상
④ 주파수
⑤ 파형

04 다음 회로에서 스위치 S의 개폐 여부에 관계없이 전류 I는 15A로 일정하다. 이때, 저항 R_1은?(단, $R_3 = 3\Omega$, $R_4 = 4\Omega$ 이고, 인가전압 $E = 75$V이다)

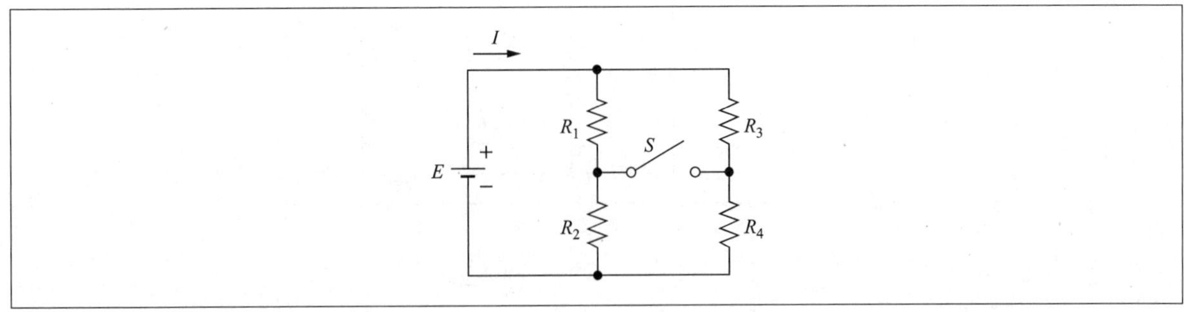

① 2.5Ω
② 5Ω
③ 7.5Ω
④ 10Ω
⑤ 11.5Ω

05 어떤 코일에 흐르는 전류가 0.1초 사이에 20A에서 4A까지 일정한 비율로 변하였다. 이때 20V의 기전력이 발생한다면 코일의 자기 인덕턴스는?

① 0.125H
② 0.25H
③ 0.375H
④ 0.5H
⑤ 0.635H

06 어떤 회로에 전압 100V를 인가하였다. 이때 유효전력이 300W이고 무효전력이 400Var라면 회로에 흐르는 전류는?

① 2A
② 3A
③ 4A
④ 5A
⑤ 6A

07 다음 회로에서 스위치 S가 충분히 오랜 시간 동안 열려 있다가 $t=0$인 순간에 닫혔다. $t>0$일 때의 전류 $i(t)$[A]는?

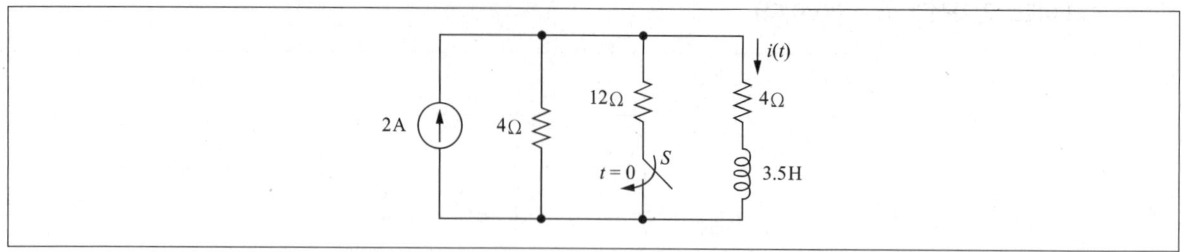

① $\frac{1}{7}(6+e^{-\frac{3}{2}t})$

② $\frac{1}{7}(8-e^{-\frac{3}{2}t})$

③ $\frac{1}{7}(6+e^{-2t})$

④ $\frac{1}{7}(8-e^{-2t})$

⑤ $\frac{1}{8}(6+e^{-\frac{3}{2}t})$

08 자체 인덕턴스가 L_1, L_2인 2개의 코일을 그림 1 및 그림 2와 같이 직렬로 접속하여 두 코일 간의 상호인덕턴스 M을 측정하고자 한다. 두 코일이 정방향일 때의 합성인덕턴스가 24mH, 역방향일 때의 합성인덕턴스가 12mH라면 상호인덕턴스 M은?

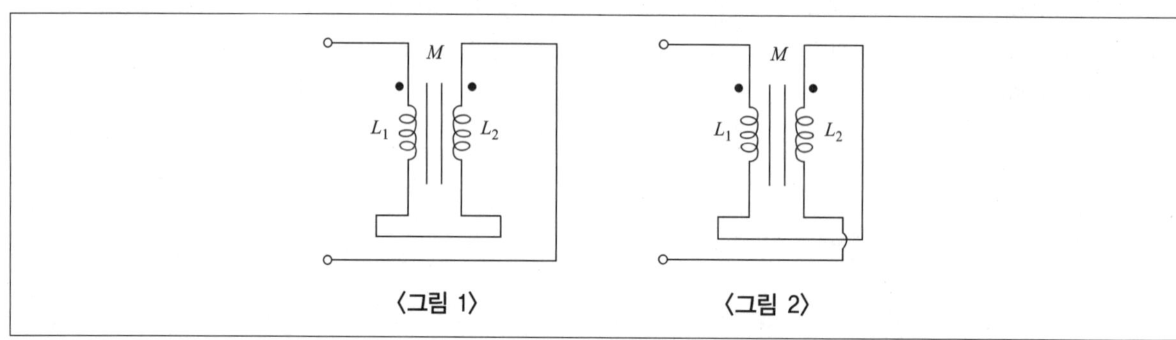

〈그림 1〉 〈그림 2〉

① 3mH

② 6mH

③ 12mH

④ 24mH

⑤ 36mH

09 다음 중 유도 전동기 권선법으로 옳지 않은 것은?

① 고정자 권선은 단층 파권이다.
② 고정자 권선은 3상 권선이 쓰인다.
③ 소형 전동기는 보통 4극이다.
④ 홈 수는 24개 또는 36개이다.
⑤ 일반적으로 중권을 사용한다.

10 다음 중 변압기에서 자속과 비례하는 것은?

① 권수
② 주파수
③ 전압
④ 전류
⑤ 저항

11 다음 중 밑줄 친 ㉠과 ㉡에 들어갈 값으로 옳은 것은?

권수비 2, 2차 전압 100V, 2차 전류 5A, 2차 임피던스 20Ω인 변압기의 ㉠ 1차 환산 전압 및 ㉡ 1차 환산 임피던스

	㉠	㉡
①	200V	80Ω
②	200V	40Ω
③	50V	20Ω
④	50V	10Ω
⑤	50V	5Ω

12 다음 중 상전압 300V의 3상 반파 정류 회로의 직류 전압은 약 몇 V인가?

① 420V
② 351V
③ 330V
④ 271V
⑤ 250V

13 다음 중 전압의 구분에서 고압에 대한 설명으로 가장 옳은 것은?

① 직류는 750V를, 교류는 600V 이하인 것
② 직류는 750V를, 교류는 600V 이상인 것
③ 직류는 750V를, 교류는 600V 초과하고, 7kV 이하인 것
④ 직류는 700V를, 교류는 7kV 초과하고, 9kV 이하인 것
⑤ 직류는 700V를, 교류는 9kV 초과하고, 12kV 이하인 것

14 다음 중 4극 고정자 홈 수 36개의 3상 유도 전동기의 홈 간격은 전기각으로 몇 도인가?

① 5°
② 10°
③ 15°
④ 20°
⑤ 25°

15 다음 회로에서 전압 V_3는?

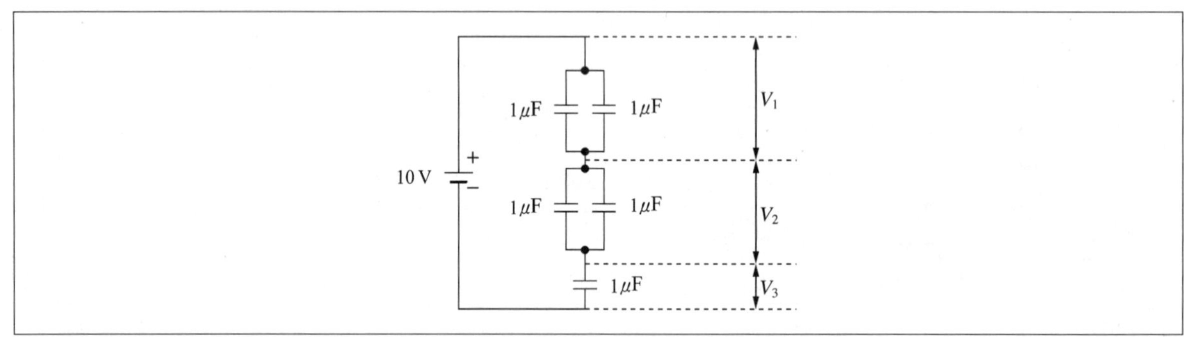

① 5V
② 7V
③ 9V
④ 11V
⑤ 13V

16 다음은 플레밍의 오른손 법칙을 설명한 것이다. 빈칸에 들어갈 말을 올바르게 나열한 것은?

> 자기장 내에 놓여 있는 도체가 운동을 하면 유도 기전력이 발생하는데, 이때 오른손의 엄지, 검지, 중지를 서로 직각이 되도록 벌려서 엄지를 ___㉠___의 방향에, 검지를 ___㉡___의 방향에 일치시키면 중지는 ___㉢___의 방향을 가리키게 된다.

	㉠	㉡	㉢
①	도체 운동	유도 기전력	자기장
②	도체 운동	자기장	유도 기전력
③	자기장	유도 기전력	도체 운동
④	자기장	도체 운동	유도 기전력
⑤	유도 기전력	자기장	도체 운동

17 다음 회로와 같이 평형 3상 RL부하에 커패시터 C를 설치하여 역률을 100%로 개선할 때, 커패시터의 리액턴스는?(단, 선간전압은 200V, 한 상의 부하는 $12+j9\Omega$ 이다)

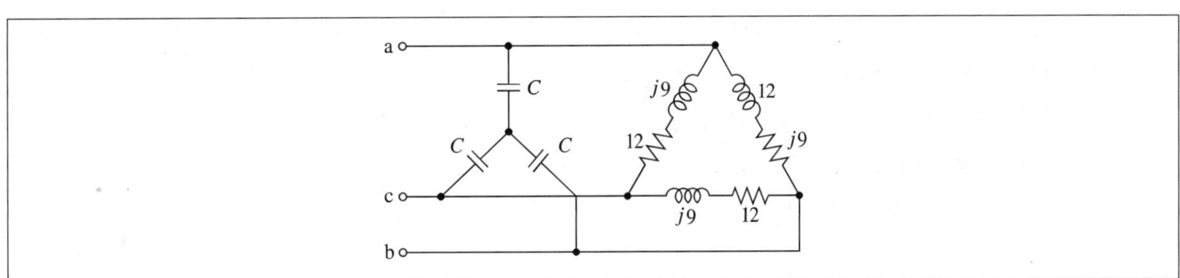

① $\frac{20}{4}\Omega$

② $\frac{20}{3}\Omega$

③ $\frac{25}{4}\Omega$

④ $\frac{25}{3}\Omega$

⑤ $\frac{27}{4}\Omega$

18 다음 중 변압기의 부하 전류 및 전압이 일정하고 주파수만 낮아질 때의 변화는?

① 철손이 증가한다.
② 동손이 증가한다.
③ 철손이 감소한다.
④ 동손이 감소한다.
⑤ 변화하지 않는다.

19 1차 전압 13,200V, 무부하 전류 0.2A, 철손 100W일 때 여자 어드미턴스는 약 몇 ℧인가?

① 1.5×10^{-5}℧
② 3×10^{-5}℧
③ 1.5×10^{-3}℧
④ 3×10^{-3}℧
⑤ 4.5×10^{-3}℧

20 다음 중 다이오드를 사용한 정류회로에서 다이오드를 여러 개 직렬로 연결하여 사용하는 경우에 대한 설명으로 옳은 것은?

① 다이오드를 과전류로부터 보호할 수 있다.
② 다이오드를 과전압으로부터 보호할 수 있다.
③ 다이오드를 합선으로부터 보호할 수 있다.
④ 부하 출력의 맥동률을 감소시킬 수 있다.
⑤ 낮은 전압 전류에 적합하다.

21 금속 덕트 배선에서 금속 덕트를 조영재에 붙이는 경우, 지지점 간의 거리는?

① 0.3m 이하
② 0.6m 이하
③ 2.0m 이하
④ 3.0m 이하
⑤ 4.0m 이하

22 절연 전선을 동일 플로어 덕트 내에 넣을 경우 플로어 덕트 크기는 전선의 피복 절연물을 포함한 단면적의 총합계가 플로어 덕트 내 단면적의 몇 % 이하가 되도록 선정하여야 하는가?

① 12%
② 22%
③ 32%
④ 42%
⑤ 52%

23 변압기 운전에 있어 효율이 최고가 되는 부하는 전부하의 70%였다고 하면 전부하에 있어 이 변압기의 철손과 동손의 비율은?

① 1 : 1
② 1 : 2
③ 1 : 3
④ 1 : 5
⑤ 1 : 6

24 다음 중 쿨롱의 법칙에 대한 설명으로 옳지 않은 것은?

① 힘의 크기는 두 전하량의 곱에 비례한다.
② 작용하는 힘의 방향은 두 전하를 연결하는 직선과 일치한다.
③ 작용하는 힘은 반발력과 흡인력이 있다.
④ 힘의 크기는 두 전하 사이의 거리에 반비례한다.
⑤ 정지해 있는 두 개의 점전하 사이에 작용하는 힘을 기술하는 물리법칙이다.

25 5분 동안에 600C의 전기량이 이동했다면 전류의 크기는 얼마인가?

① 2A
② 50A
③ 100A
④ 150A
⑤ 200A

26 다음 플로어 덕트 부속품 중 박스의 플러그 구멍을 메우는 것의 명칭은?

① 덕트 서포트
② 아이언 플러그
③ 덕트 플러그
④ 인서트 마커
⑤ 터미널 러그

27 다음 중 조명용 전등을 호텔 또는 여관 객실의 입구에 설치할 때나 일반 주택 및 아파트 각 실의 현관에 설치할 때 사용되는 스위치는?

① 타임 스위치
② 누름버튼 스위치
③ 토글 스위치
④ 로터리 스위치
⑤ 컷아웃 스위치

28 다음 중 다선식 옥내 배선인 경우 중성선의 색별 표시는?

① 적색
② 흑색
③ 백색
④ 황색
⑤ 회색

29 다음 중 엘리베이터장치를 시설할 때 승강기 내에서 사용하는 전등 및 전기기계기구에 사용할 수 있는 최대 전압은?

① 110V 미만
② 220V 미만
③ 400V 미만
④ 440V 미만
⑤ 600V 미만

30 애자 사용 공사에 의한 저압 옥내 배선에서 일반적으로 전선 상호 간의 간격은 몇 cm 이상이어야 하는가?

① 2.5cm
② 6cm
③ 25cm
④ 40cm
⑤ 55cm

31 자동화재탐지설비는 화재의 발생을 초기에 자동적으로 탐지하여 소방대상물의 관계자에게 화재의 발생을 통보해 주는 설비이다. 다음 중 자동화탐지설비의 구성요소가 아닌 것은?

① 수신기
② 비상경보기
③ 발신기
④ 중계기
⑤ 감지기

32 기전력 120V, 내부저항(r)이 15Ω 인 전원이 있다. 다음 중 부하저항(R)을 연결하여 얻을 수 있는 최대전력은?

① 100W
② 140W
③ 200W
④ 240W
⑤ 300W

33 다음 중 자체 인덕턴스에 축적되는 에너지에 대한 설명으로 가장 옳은 것은?

① 자체 인덕턴스 및 전류에 비례한다.
② 자체 인덕턴스 및 전류에 반비례한다.
③ 자체 인덕턴스와 전류의 제곱에 반비례한다.
④ 자체 인덕턴스에 비례하고, 전류의 제곱에 비례한다.
⑤ 자체 인덕턴스에 반비례하고, 전류의 제곱에 반비례한다.

34 다음 중 전류에 의한 자기장과 직접적으로 관련이 없는 것은?

① 줄의 법칙
② 플레밍의 왼손 법칙
③ 비오 – 사바르 법칙
④ 앙페르의 오른나사 법칙
⑤ 플레밍의 오른손 법칙

35 300Ω과 100Ω의 저항성 임피던스를 그림과 같이 회로에 연결하고, 대칭 3상 전압 $V_L = 200\sqrt{3}$ V를 인가하였다. 이때 회로에 흐르는 전류 I는?

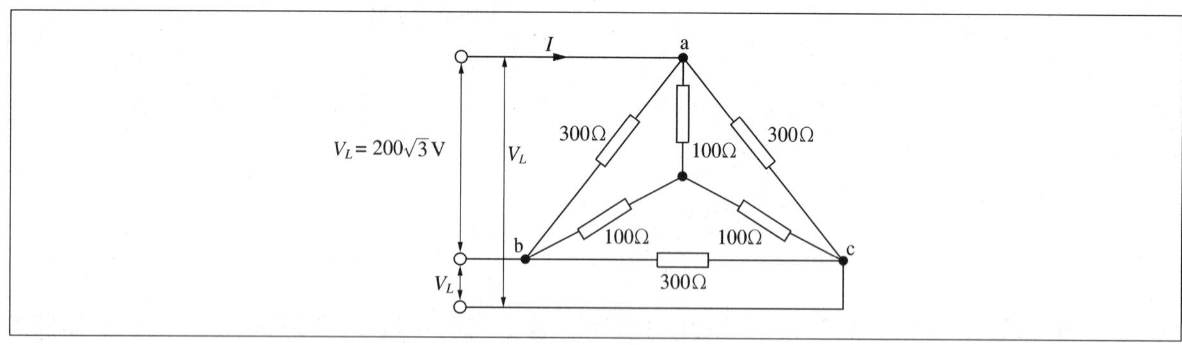

① 1A
② 2A
③ 3A
④ 4A
⑤ 5A

36 220V, 55W 백열등 2개를 매일 30분씩 10일간 점등했을 때 사용한 전력량과 110V, 55W인 백열등 1개를 매일 1시간씩 10일간 점등했을 때 사용한 전력량의 비는?

① 1 : 1
② 1 : 2
③ 1 : 3
④ 1 : 4
⑤ 1 : 5

37 그림에서 $R_1 = 10\Omega$, $R_2 = 20\Omega$, $R_3 = 30\Omega$일 때, 직・병렬 접속의 합성 저항 R은 얼마인가?

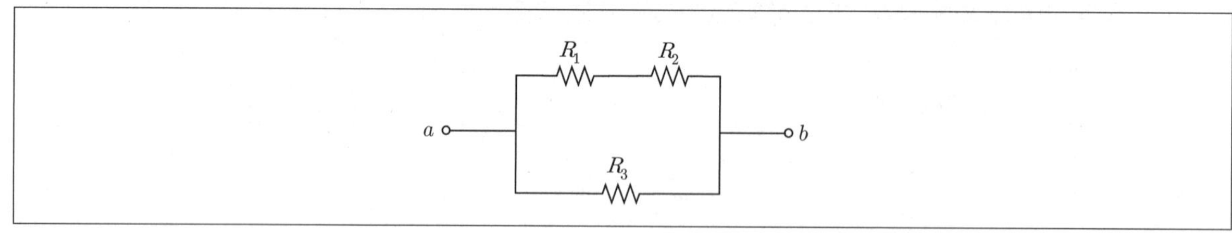

① 5Ω
② 15Ω
③ 25Ω
④ 30Ω
⑤ 35Ω

38 다음 중 변압기의 무부하인 경우에 1차 권선에 흐르는 전류는?

① 정격 전류
② 단락 전류
③ 부하 전류
④ 여자 전류
⑤ 누설 전류

39 역률이 60%인 부하에 전압 90V를 가해서 전류 5A가 흘렀다면 이 부하의 유효 전력은 얼마인가?

① 150W
② 220W
③ 270W
④ 310W
⑤ 400W

40 다음 중 전기력선의 성질이 아닌 것은?

① 양전하에서 나와 음전하에서 끝나는 연속 곡선이다.
② 전기력선은 전위가 낮은 곳에서 높은 곳으로 향한다.
③ 전기력선은 서로 교차하지 않는다.
④ 전장이 있는 곳에서 전기력선은 등전위면과 직교한다.
⑤ 전기력선은 도체 표면에 수직으로 출입한다.

합격의공식
시대
에듀

제4회 서울교통공사 전기직

NCS 직업기초능력평가 + 직무수행능력평가

〈문항 및 시험시간〉

평가영역	문항 수	시험시간	비고
직업기초능력평가+직무수행능력평가	80문항	90분	객관식 5지선다형

서울교통공사 전기직 신입사원 필기시험

직업기초능력평가

문항 수 : 40문항
시험시간 : 45분

01 다음 중 철도안전법을 이해한 내용으로 옳지 않은 것은?

제7조(안전관리체계의 승인)

① 철도운영자 등(전용철도의 운영자는 제외한다. 이하 이 조 및 제8조에서 같다)은 철도운영을 하거나 철도시설을 관리하려는 경우에는 인력, 시설, 차량, 장비, 운영절차, 교육훈련 및 비상대응계획 등 철도 및 철도시설의 안전관리에 관한 유기적 체계(이하 안전관리체계라 한다)를 갖추어 국토교통부장관의 승인을 받아야 한다.

② 전용철도의 운영자는 자체적으로 안전관리체계를 갖추고 지속적으로 유지하여야 한다.

③ 철도운영자 등은 제1항에 따라 승인받은 안전관리체계를 변경(제5항에 따른 안전관리기준의 변경에 따른 안전관리체계의 변경을 포함한다. 이하 이 조에서 같다)하려는 경우에는 국토교통부장관의 변경승인을 받아야 한다. 다만, 국토교통부령으로 정하는 경미한 사항을 변경하려는 경우에는 국토교통부장관에게 신고하여야 한다.

④ 국토교통부장관은 제1항 또는 제3항 본문에 따른 안전관리체계의 승인 또는 변경승인의 신청을 받은 경우에는 해당 안전관리체계가 제5항에 따른 안전관리기준에 적합한지를 검사한 후 승인 여부를 결정하여야 한다.

⑤ 국토교통부장관은 철도안전경영, 위험관리, 사고 조사 및 보고, 내부점검, 비상대응계획, 비상대응훈련, 교육훈련, 안전정보관리, 운행안전관리, 차량·시설의 유지관리(차량의 기대수명에 관한 사항을 포함한다) 등 철도운영 및 철도시설의 안전관리에 필요한 기술기준을 정하여 고시하여야 한다.

⑥ 제1항부터 제5항까지의 규정에 따른 승인절차, 승인방법, 검사기준, 검사방법, 신고절차 및 고시방법 등에 관하여 필요한 사항은 국토교통부령으로 정한다.

제8조(안전관리체계의 유지 등)

① 철도운영자 등은 철도운영을 하거나 철도시설을 관리하는 경우에는 제7조에 따라 승인받은 안전관리체계를 지속적으로 유지하여야 한다.

② 국토교통부장관은 철도운영자 등이 제1항에 따른 안전관리체계를 지속적으로 유지하는지를 점검·확인하기 위하여 국토교통부령으로 정하는 바에 따라 정기 또는 수시로 검사할 수 있다.

③ 국토교통부장관은 제2항에 따른 검사 결과 안전관리체계가 지속적으로 유지되지 아니하거나 그 밖에 철도안전을 위하여 긴급히 필요하다고 인정하는 경우에는 국토교통부령으로 정하는 바에 따라 시정조치를 명할 수 있다.

① 안전관리체계에 있어 국토교통부장관은 비상대응계획, 비상대응훈련 등을 고시하여야 한다.
② 국토교통부장관은 대통령령으로 정하는 바에 따라 정기적으로 안전관리체계를 검사할 수 있다.
③ 국토교통부장관은 철도의 안전을 위해 안전관리체계의 시정조치를 명할 수 있다.
④ 전용철도의 운영자는 자체적으로 안전관리체계를 갖출 수 있다.
⑤ 안전관리체계의 승인절차, 검사기준 등에 관해 필요한 사항은 국토교통부령으로 정한다.

※ 다음 글을 읽고, 이어지는 질문에 답하시오. [2~3]

㉠ 4차 산업혁명이란 무엇일까? 전문가들은 주로 3D 프린터, 인공지능, 빅데이터, 사물인터넷 등을 예로 들어 4차 산업혁명의 개념과 향후 전망 등을 설명한다. (가) 전문가들의 의견을 정리하면 4차 산업혁명이란 결국 제조업과 IT기술 등이 융합해 기존에 없던 산업을 탄생시키는 변화라고 말할 수 있다. (나) 우선 4차 산업혁명을 기존의 1~3차 산업혁명과 비교하여 알아둘 필요가 있다. 1차 산업혁명은 18세기 증기기관의 발달에서 시작됐다. 기계화로 인간의 수공업을 대신한 것이다. 2차 산업혁명은 전기의 혁명이라 할 수 있다. 19세기 전기의 보급과 대량생산으로 이어진 2차 산업혁명은 오늘날 대량생산 체제의 시발점이 되었다. 3차 산업혁명은 20세기 인터넷·모바일 등 IT기술의 발달로 인한 일련의 산업 변화를 말하는데, 빅데이터를 활용한 개인화 서비스나 로봇 기술의 발달 등을 들 수 있다. (다) 지금까지 산업혁명들은 주로 제조업과 서비스업에서의 혁신으로 경제 시스템을 변화시켜 왔다. 그러나 4차 산업혁명은 제조와 서비스의 혁신뿐만 아니라 경제, 사회, 문화, 고용, 노동 시스템 등 인류 삶의 전반에 걸친 변혁을 초래할 것이다. 2017년에 열린 다보스포럼에서도 4차 산업혁명이 속도와 범위, 영향력 측면에서 기존의 산업혁명과 크게 차별화될 것으로 전망했다. (라)
우선 '속도' 측면에서는 인류가 전혀 경험해보지 못한 속도로 빠르게 변화할 것이며, '범위' 측면에서는 제조 및 서비스업은 물론 전 산업 분야에 걸쳐 와해적 기술에 의해 대대적인 재편이 이뤄질 것으로 예상된다. '영향력' 측면에서는 생산, 관리, 노동, 지배구조 등을 포함한 전체 경제·사회 체제에 변화를 가져올 것으로 전망된다. (마)

02 다음 중 밑줄 친 ㉠에 대한 답변으로 가장 적절한 것은?

① 증기기관의 발달
② 전기의 보급과 대량생산 체제
③ 인간의 수공업을 대신하는 기계화
④ 융합을 통한 산업의 변화
⑤ IT기술의 발달

03 (가)~(마) 중 다음 문장이 들어갈 위치로 가장 적절한 것은?

클라우스 슈밥이 4차 산업혁명을 '전 세계의 사회, 산업, 문화적 르네상스를 불러올 과학기술의 대전환기'로 표현한 것도 바로 이 같은 이유 때문이다.

① (가)
② (나)
③ (다)
④ (라)
⑤ (마)

04 다음 중 철도안전법을 이해한 내용으로 옳은 것은?

제15조(운전적성검사)

① 운전면허를 받으려는 사람은 철도차량 운전에 적합한 적성을 갖추고 있는지를 판정받기 위하여 국토교통부장관이 실시하는 적성검사(이하 운전적성검사라 한다)에 합격하여야 한다.

② 운전적성검사에 불합격한 사람 또는 운전적성검사 과정에서 부정행위를 한 사람은 다음 각 호의 구분에 따른 기간 동안 운전적성검사를 받을 수 없다.

1. 운전적성검사에 불합격한 사람 : 검사일부터 3개월
2. 운전적성검사 과정에서 부정행위를 한 사람 : 검사일부터 1년

③ 운전적성검사의 합격기준, 검사의 방법 및 절차 등에 관하여 필요한 사항은 국토교통부령으로 정한다.

④ 국토교통부장관은 운전적성검사에 관한 전문기관(이하 운전적성검사기관이라 한다)을 지정하여 운전적성검사를 하게 할 수 있다.

⑤ 운전적성검사기관의 지정기준, 지정절차 등에 관하여 필요한 사항은 대통령령으로 정한다.

⑥ 운전적성검사기관은 정당한 사유 없이 운전적성검사 업무를 거부하여서는 아니 되고, 거짓이나 그 밖의 부정한 방법으로 운전적성검사 판정서를 발급하여서는 안 된다.

제15조의2(운전적성검사기관의 지정취소 및 업무정지)

① 국토교통부장관은 운전적성검사기관이 다음 각 호의 어느 하나에 해당할 때에는 지정을 취소하거나 6개월 이내의 기간을 정하여 업무의 정지를 명할 수 있다. 다만, 제1호 및 제2호에 해당할 때에는 지정을 취소하여야 한다.

1. 거짓이나 그 밖의 부정한 방법으로 지정을 받았을 때
2. 업무정지 명령을 위반하여 그 정지기간 중 운전적성검사 업무를 하였을 때
3. 제15조 제5항에 따른 지정기준에 맞지 아니하게 되었을 때
4. 제15조 제6항을 위반하여 정당한 사유 없이 운전적성검사 업무를 거부하였을 때
5. 제15조 제6항을 위반하여 거짓이나 그 밖의 부정한 방법으로 운전적성검사 판정서를 발급하였을 때

② 제1항에 따른 지정취소 및 업무정지의 세부기준 등에 관하여 필요한 사항은 국토교통부령으로 정한다.

③ 국토교통부장관은 제1항에 따라 지정이 취소된 운전적성검사기관이나 그 기관의 설립·운영자 및 임원이 그 지정이 취소된 날부터 2년이 지나지 아니하고 설립·운영하는 검사기관을 운전적성검사기관으로 지정하여서는 아니 된다.

① 운전적성검사기관이 부정한 방법으로 지정을 받았을 경우 6개월 이내의 기간 동안 업무가 정지될 수 있다.
② 지정이 취소된 운전적성검사기관의 경우 취소된 날부터 1년이 지나면 다시 지정받을 수 있다.
③ 운전적성검사기관의 지정기준에 필요한 사항은 국토교통부령으로 정한다.
④ 운전적성검사기관은 정당한 사유 없이 업무를 거부할 수 없다.
⑤ 운전적성검사 과정에서 부정행위를 한 사람은 검사일부터 3개월 동안 운전적성검사를 받을 수 없다.

※ 다음 글을 읽고, 이어지는 질문에 답하시오. [5~6]

(가) 클라우스 슈밥은 "1차 산업혁명부터 수많은 진보가 수백만 개의 일자리를 파괴하고 창조해왔다."면서 "기술 발전을 모든 사람의 이익으로 만들 수 있는 경제적·사회적 제도가 ㉠ 뒷받침되어야 한다."고 강조했다.

(나) 물론 새로운 일자리 역시 생길 것이다. 한국산업기술진흥원과 한국산업연구원이 발표한 예측 결과, 이른바 '12대 신산업'에서 45 ~ 58만 개의 일자리가 필요할 것으로 ㉡ 추산되었다. 12대 신산업이란 미래형 자동차, 친환경 선박, 유기발광다이오드(OLED), 시스템반도체, 첨단신소재, 사물인터넷(IoT) 가전, 로봇, 고급소비재, 에너지 신산업, 바이오·헬스, 항공 드론, 증강현실(AR)·가상현실 등을 말한다. 전체 제조업에서 신산업 분야 취업자 비중은 2015년 기준 4.5%에서 2025년 기준 11.5%까지 확대될 전망이다.

(다) 4차 산업혁명이 본격화될 경우 대량 실업 사태가 발생할 수 있다는 논의는 꾸준히 제기되어 왔다. 인공지능이 계산원을 대신하는 '아마존 고(Amazon Go)' 기술이 전국 대형마트에 도입된다고만 생각해도 그 파급력을 ㉢ 금새 알 수 있다.

(라) 4차 산업혁명으로 미래에는 없어질 직업군의 목록이 언론 보도를 통해 제기되기도 했다. 계산원이나 텔레마케터, 은행 창구 직원 등은 로봇기술에 의해 대체될 가능성이 높으며 관세사·회계사·세무사 등의 직업군까지 대체 가능성이 ㉣ 대두된다. 일각에서는 법조인과 의사까지도 인공지능 로봇에 의해 대체되는 것이 아니냐는 우려도 있다. 그러나 ㉤ 흔히 말하는 '윤리적 사명' 때문에 쉽지는 않을 전망이다.

05 다음 중 (가) ~ (라) 문단을 논리적 순서대로 바르게 연결한 것은?

① (가) – (나) – (다) – (라)
② (가) – (다) – (나) – (라)
③ (나) – (다) – (라) – (가)
④ (다) – (라) – (나) – (가)
⑤ (라) – (나) – (가) – (다)

06 윗글의 밑줄 친 ㉠ ~ ㉤ 중 맞춤법이 잘못된 것은?

① ㉠
② ㉡
③ ㉢
④ ㉣
⑤ ㉤

07 다음 자료는 A레스토랑의 신메뉴인 콥샐러드를 만들기 위해 필요한 재료의 단가와 B지점의 재료 주문 수량이다. B지점의 재료 구입 비용 총합은 얼마인가?

〈A레스토랑의 콥샐러드 재료 단가〉

재료명	단위	단위당 단가
올리브 통조림	1캔(3kg)	5,200원
메추리알	1봉지(1kg)	4,400원
방울토마토	1박스(5kg)	21,800원
옥수수 통조림	1캔(3kg)	6,300원
베이비 채소	1박스(500g)	8,000원

〈B지점의 재료 주문 수량〉

재료명	올리브 통조림	메추리알	방울토마토	옥수수 통조림	베이비 채소
주문량	15kg	7kg	25kg	18kg	4kg

① 264,600원
② 265,600원
③ 266,600원
④ 267,600원
⑤ 268,600원

08 고객은 향후 자동차 구매자금을 마련하고자 한다. 이를 위해 자산관리담당자와 상담을 한 결과, 다음 자료의 3가지 금융상품에 총 2천만 원을 투자하기로 하였다. 6개월이 지난 후 고객이 받을 수 있는 금액은 얼마인가?

〈포트폴리오 상품내역〉

상품명	종류	기대수익률(연)	투자비중
A	주식	10%	40%
B	채권	4%	30%
C	예금	2%	30%

※ 상품거래에서 발생하는 수수료 등 기타비용은 없다고 가정

※ $(\text{투자수익})=(\text{투자원금})+(\text{투자원금})\times(\text{기대수익률})\times\frac{(\text{투자월 수})}{12}$

① 2,012만 원
② 2,028만 원
③ 2,058만 원
④ 2,078만 원
⑤ 2,125만 원

09 지하철이 A역에는 3분마다 오고, B역에는 2분마다 오고, C역에는 4분마다 온다. 지하철이 오전 4시 30분에 첫 번째로 A, B, C역에 동시에 도착했다면, 세 지하철역에서 지하철이 다섯 번째로 동시에 도착하는 시각은 언제인가?

① 4시 45분
② 4시 52분
③ 5시 15분
④ 5시 18분
⑤ 5시 24분

10 서울교통공사 T사원은 퇴근 후 취미생활로 목재공방에서 직육면체 모양의 정리함을 만드는 수업을 수강한다. 완성될 정리함의 크기는 가로 28cm이고, 세로 길이와 높이의 합은 27cm라고 한다. 부피가 5,040cm^3일 때, 정리함의 세로 길이는 얼마인가?(단, 높이가 세로 길이보다 길다)

① 12cm
② 13cm
③ 14cm
④ 15cm
⑤ 16cm

11 업무수행과정에서 발생하는 문제를 발생형, 탐색형, 설정형의 세 가지 문제 유형으로 분류한다고 할 때, 다음 중 탐색형 문제에 해당하는 것은?

① 판매된 제품에서 이물질이 발생했다는 고객의 클레임이 발생하였다.
② 국내 생산 공장을 해외로 이전할 경우 발생할 수 있는 문제들을 파악하여 보고해야 한다.
③ 대외경쟁력과 성장률을 강화하기 위해서는 생산성을 15% 이상 향상시켜야 한다.
④ 공장의 생산 설비 오작동으로 인해 제품의 발주량을 미처 채우지 못하였다.
⑤ 향후 5년간 시장의 흐름을 예측한 후 자사의 새로운 성장 목표를 설정하기로 하였다.

12 문제 해결에 어려움을 겪고 있는 A대리는 상사인 B부장에게 면담을 요청하였고 B부장이 다음과 같이 대답하였을 때, B부장이 A대리에게 제시한 문제 해결 사고방식으로 옳은 것은?

현재 당면하고 있는 문제와 그 해결방법에만 집착하지 말고, 그 문제와 해결방안이 상위 시스템과 어떻게 연결되어 있는지를 생각해 보세요.

① 분석적 사고
② 발상의 전환
③ 내·외부 자원의 활용
④ 창의적 사고
⑤ 전략적 사고

※ 다음 글을 읽고 이어지는 질문에 답하시오. [13~14]

세계 주요국 정부들은 4차 산업혁명 시대를 선도하기 위한 파격적 혁신 전략을 수립・발표했다. 미국의 '리메이킹 아메리카', 일본의 '로봇 혁명 신전략', 독일의 '플랫폼 인더스트리 4.0', 중국의 '중국 제조 2025' 등이 대표적인 예라고 할 수 있는데, 우리나라 또한 '제조업 혁신 3.0' 전략을 통해 제조업 강화 정책을 추진하고 있다.
하지만 우리나라의 4차 산업혁명의 대응 상황은 선진국에 비해 크게 뒤처져 있는 것으로 파악된다. 2016년 1월 세계경제포럼에서 스위스 UBS은행은 한국을 비교 가능한 국가 25곳 중 4차 산업혁명 준비가 가장 부실한 나라로 지적하기도 했다. 특히 우리나라 제조 중소기업은 재무적・기술적・인적 자원 부족으로 인해 자체 대응 능력이 매우 취약하기 때문에 4차 산업혁명에 대응함에 있어 중소 제조기업의 낮은 인지도와 준비도는 가장 큰 장애 요인으로 작용한다. 2016년 중소기업중앙회에서 실시한 조사에 따르면 전체의 300명 중 4차 산업혁명에 대해 '준비나 대응을 못 하고 있다.'는 응답이 93.7%로 대다수를 차지했다.
우리나라의 경제적 근간이었던 제조업의 경쟁력 상실에 대한 우려감은 정부가 누구보다 앞서서 제조업 혁신을 추진하고 있는 현재 상황을 만들었다. 하지만 이러한 전 세계적 제조업 혁신 패러다임에 대응하기 위해서 선결되어야 할 점은 분명히 존재한다. 4차 산업혁명에서 가장 중요한 것은 '창조적인 개인의 아이디어를 구현하는 능력'이다. 현재 우리나라 산업계에 가장 필요한 것은 아이디어의 자유로운 흐름과 공정 경제 질서에 기반한 혁신 생태계 조성이다.

13 다음 중 글의 내용과 일치하지 않는 것은?

① 중국 정부는 4차 산업혁명 시대를 선도하기 위한 '중국 제조 2025' 전략을 발표했다.
② 우리나라 정부는 제조업 강화 정책으로 '제조업 혁신 3.0' 전략을 추진하고 있다.
③ 제조업은 우리나라의 경제적 근간을 이루어 왔다.
④ 4차 산업혁명에 대한 중소 제조기업의 낮은 인지도와 준비도가 경쟁력 향상에 장애 요인이 되고 있다.
⑤ 2016년 세계경제포럼에서 미국, 일본, 독일, 중국을 포함한 다섯 국가 중 우리나라의 4차 산업혁명 준비가 가장 부실하다고 지적받았다.

14 다음 중 글쓴이의 주장으로 가장 적절한 것은?

① 개인이 창조적인 아이디어를 자유롭게 구현할 수 있도록 공정 경제 질서에 기반한 혁신 생태계를 조성해야 한다.
② 정부의 강력한 제조업 강화 정책을 통해 중소 제조기업의 대응 능력을 보완해야 한다.
③ 전 세계적 제조업 혁신 패러다임을 참고하여 우리나라의 제조업 현실에 적합한 전략을 수립해야 한다.
④ 정부는 중소 제조기업을 대상으로 4차 산업혁명에 대한 인지도를 향상하기 위한 교육을 실시하여야 한다.
⑤ 대기업과 중소기업의 상생을 통한 제조업 혁신이 필요하다.

15 다음 중 SWOT 분석에 대한 설명으로 적절하지 않은 것은?

〈SWOT 분석〉

• 강점, 약점, 기회, 위협요인을 분석·평가하고 이들을 서로 연관 지어 전략을 개발하고 문제해결 방안을 개발하는 방법이다.

	강점 (Strengths)	약점 (Weaknesses)
기회 (Opportunities)	SO	WO
위협 (Threats)	ST	WT

① 강점과 약점은 외부 환경요인에 해당하며, 기회와 위협은 내부 환경요인에 해당한다.
② SO전략은 강점을 살려 기회를 포착하는 전략을 의미한다.
③ ST전략은 강점을 살려 위협을 회피하는 전략을 의미한다.
④ WO전략은 약점을 보완하여 기회를 포착하는 전략을 의미한다.
⑤ WT전략은 약점을 보완하여 위협을 회피하는 전략을 의미한다.

16 다음 중 퍼실리테이션의 문제해결에 대한 설명으로 옳지 않은 것은?

① 어떤 그룹이나 집단이 의사결정을 잘하도록 도와주는 일을 의미한다.
② 깊이 있는 커뮤니케이션을 통해 서로의 문제점을 이해하고 공감함으로써 창조적인 문제해결을 도모한다.
③ 구성원의 동기뿐만 아니라 팀워크도 한층 강화되는 특징을 보인다.
④ 제3자가 합의점이나 줄거리를 준비해놓고 예정대로 결론을 도출한다.
⑤ 주제에 대한 공감을 이룰 수 있도록 능숙하게 도와주는 역할을 한다.

17 K사원은 핸드폰을 새롭게 마련하게 되어 X통신사의 상품에 가입하려고 한다. X통신사는 5가지의 통신 상품을 판매하고 있으며 각각의 통화, 데이터, 문자의 제한된 양은 다음과 같다. K사원은 통화 420분, 데이터 7GB, 문자 125통을 사용한다고 했을 때, 어떤 요금제를 사용하는 것이 가장 요금이 저렴하겠는가?(단, 부족분의 통화 · 데이터 · 문자는 추가요율에 의해 요금이 부과되며, 잉여분이 남더라도 요금이 환급되지는 않는다. 무제한의 경우는 추가적인 과금이 없다)

〈X통신사의 통신상품〉

요금제	통화(분)	데이터(GB)	문자(통)	요금(원)
A	450	10	무제한	75,000
B	350	5	무제한	60,000
C	410	3	100	50,000
D	300	7	120	60,000
E	400	6	30	50,000

〈X통신사 통신상품의 추가 과금 요율〉

구분	통화	데이터	문자
추가요율	120원/분	5,000원/GB	220원/통

① A요금제
② B요금제
③ C요금제
④ D요금제
⑤ E요금제

18 다음과 같은 〈조건〉을 만족할 때, 항상 옳은 것은?

〈조건〉

- 어제 A사와 B사는 동일 제품을 동일 가격에 팔았다.
- 어제는 A사와 B사의 판매수량 비가 4 : 3이었다.
- 오늘 A사는 동일 가격에 판매하고, B사는 20%를 할인해서 팔았다.
- 오늘 A사는 어제와 같은 수량을 팔았고, B사는 어제보다 150개를 더 팔았다.
- 오늘 A사와 B사의 전체 판매액은 동일하다.

① A사는 어제, 오늘 제품을 2천 원에 팔았다.
② 오늘 A사는 어제 B사보다 제품 80개를 더 팔았다.
③ B사는 오늘 375개의 제품을 팔았다.
④ 오늘 A사와 B사의 판매수량 비는 동일하다.
⑤ 오늘 B사는 600원을 할인했다.

19 기획팀의 A대리는 같은 팀의 B대리와 동일한 업무를 진행함에도 불구하고 항상 업무 마감 기한을 제대로 지키지 못해 어려움을 겪고 있다. B대리의 업무 처리 과정을 지켜본 결과 B대리는 업무 처리에 소요되는 시간을 미리 계획하여 일정을 여유 있게 조절하는 것을 알 수 있었다. A대리가 B대리의 업무 처리 과정을 따라 실천한다고 할 때, 얻을 수 있는 효과로 적절하지 않은 것은?

① A대리의 업무 스트레스가 줄어들 것이다.
② 기업의 생산성 향상에 도움을 줄 수 있을 것이다.
③ A대리는 다양한 역할 수행을 통해 균형적인 삶을 살 수 있을 것이다.
④ A대리의 업무 목표를 달성할 수 있을 것이다.
⑤ A대리는 앞으로 가시적인 업무에 전력을 다할 수 있을 것이다.

20 예산을 직접비용과 간접비용으로 구분한다고 할 때, 다음 〈보기〉에서 직접비용과 간접비용에 해당하는 것을 바르게 구분한 것은?

〈보기〉

㉠ 재료비	㉡ 원료와 장비 구입비
㉢ 광고비	㉣ 보험료
㉤ 인건비	㉥ 출장비

	직접비용	간접비용
①	㉠, ㉡, ㉤	㉢, ㉣, ㉥
②	㉠, ㉡, ㉥	㉢, ㉣, ㉤
③	㉠, ㉡, ㉢, ㉣	㉤, ㉥
④	㉠, ㉡, ㉣, ㉥	㉢, ㉤
⑤	㉠, ㉡, ㉤, ㉥	㉢, ㉣

21 김 대리는 장거리 출장을 가기 전 주유를 하려고 한다. 주유를 할 때, 세차도 함께 할 예정이다. A주유소와 B주유소의 주유 가격 및 세차 가격이 다음과 같을 때, A주유소에서 얼만큼 주유하는 것이 B주유소보다 저렴한가?

구분	주유 가격	세차 가격
A주유소	1,550원/L	3천 원(5만 원 이상 주유 시 무료)
B주유소	1,500원/L	3천 원(7만 원 이상 주유 시 무료)

① 32L 이상 45L 이하
② 32L 이상 46L 이하
③ 33L 이상 45L 이하
④ 33L 이상 46L 이하
⑤ 33L 이상 47L 이하

22 **다음 지문을 읽고 Y대학교의 문제해결을 위한 대안으로 가장 적절한 것은?**

Y대학교는 현재 학생 관리 프로그램, 교수 관리 프로그램, 성적 관리 프로그램의 3개의 응용 프로그램을 갖추고 있다. 학생 관리 프로그램은 학생 정보를 저장하고 있는 파일을 이용하고, 교수 관리 프로그램은 교수 정보 파일 그리고 성적 관리 프로그램은 성적 정보 파일을 이용한다. 즉 다음과 같이 각각의 응용 프로그램들은 개별적인 파일을 이용한다. 이런 경우의 파일에는 많은 정보가 중복 저장되어 있다. 그렇기 때문에 중복된 정보가 수정되면 관련된 모든 파일을 수정해야 하는 불편함이 있다. 예를 들어 한 학생이 자퇴하게 되면 학생 정보 파일뿐만 아니라 교수 정보 파일, 성적 정보 파일도 수정해야 하는 것이다.

① 데이터베이스 구축
② 유비쿼터스 구축
③ RFID 구축
④ NFC 구축
⑤ 와이파이 구축

23 **다음 중 컴퓨터 시스템을 안정적으로 사용하기 위한 관리 방법으로 적절하지 않은 것은?**

① 컴퓨터를 이동하거나 부품을 교체할 때는 반드시 전원을 끄고 작업하는 것이 좋다.
② 직사광선을 피하고 습기가 적으며 통풍이 잘되고 먼지 발생이 적은 곳에 설치한다.
③ 시스템 백업 기능을 자주 사용하면 시스템 바이러스 감염 가능성이 높아진다.
④ 디스크 조각 모음에 대해 예약 실행을 설정하여 정기적으로 최적화시킨다.
⑤ 강한 자성 물질을 저장 매체 근처에 놓지 않아야 한다.

24 **다음 빈칸에 들어갈 용어로 알맞은 것은?**

강사 : 안녕하세요. 오늘은 산업 재해의 기본적 원인에 대해 알아보려고 합니다. 산업 재해의 기본적 원인으로는 교육적 원인, 기술적 원인, 작업 관리상의 원인과 같이 크게 3가지 유형으로 구분할 수 있다고 저번 강의 때 말씀드렸는데요. 오늘은 이전 시간에 배웠던 교육적 원인 다음으로 기술적 원인에 대해 알아보고자 합니다. 산업 재해의 기술적 원인의 사례로는 건물·기계 장치의 설계 불량, __________________, 재료의 부적합, 생산 공정의 부적당 등을 볼 수 있습니다.

① 안전 지식의 불충분
② 인원 배치 및 작업 지시 부적당
③ 점검·정비·보존의 불량
④ 유해 위험 작업교육 불충분
⑤ 안전 관리 조직의 결함

25 다음 중 자기개발에 대해 잘못 설명하고 있는 사람은?

① A사원 – 자기개발의 주체는 다른 사람이 아닌 바로 나 자신이야. 제일 먼저 나를 이해해야 해.
② B사원 – 너와 나의 자기개발 목표와 방법 등이 다른 것처럼 자기개발은 개별적인 과정이야.
③ C사원 – 자기개발은 일시적인 것이 아니야. 평생에 걸쳐서 이루어져야 해.
④ D사원 – 특정한 프로그램에 참가해야만 자기개발을 이룰 수 있어.
⑤ E사원 – 자기개발은 특정한 사람에게만 필요한 것이 아니야. 모든 사람이 해야 해.

26 팀을 생산적으로 만들기 위해서는 팀워크를 촉진시키는 것이 매우 중요하며, 이를 위해서는 다음과 같은 행동이 필요하다. 다음 팀워크를 촉진시키기 위한 행동을 읽고 이해한 내용으로 옳지 않은 것은?

〈팀워크를 촉진시키기 위한 행동〉

- 동료 피드백 장려하기
- 창의력 조성을 위해 협력하기
- 양질의 결정 내리기
- 갈등을 해결하기
- 참여적으로 의사결정하기
- 구성원들의 동참 구하기

① 아이디어에 대해 아무런 제약을 가하지 않는 환경을 조성할 때 성공적인 팀워크를 달성할 수 있다.
② 조직 현장에서 팀원들에게 업무 재량을 위임하고, 자주적이고 주체적인 결정을 내릴 수 있도록 권한을 부여해야 한다.
③ 모든 팀원들이 결정에 동의하였는지 확인하고, 결정을 실행함에 있어 각자의 역할을 이해하고 있는지 확인해야 한다.
④ 팀 목표 달성에 대하여 동료의 잘못된 행동을 발견 시 즉각적인 피드백을 제공해야 한다.
⑤ 팀원 사이의 갈등을 발견할 경우 제3자로서 개입하기보다는 둘이 스스로 원만하게 풀기를 기다린다.

27 S사에 근무하는 R부장은 현재 자신의 부서에 팀워크가 부족하다는 것을 느끼고 있다. 이를 해결하기 위해 R부장은 아침회의 전에 부서 사원들에게 훌륭한 팀워크를 위해 조언을 해주고자 할 때, 조언 내용으로 적절한 것은?

① 자기중심적인 개인주의가 필요합니다.
② 사원들 간의 사고방식 차이는 있을 수 없습니다.
③ 강한 자신감보다는 신중함이 필요합니다.
④ 솔직한 대화로 서로를 이해해야 합니다.
⑤ 조직에 대한 이해보다는 나 자신을 이해해야 합니다.

28 다음 사례의 K사원에게 충고할 내용으로 가장 적절한 것은?

> K사원은 매일 1시간 단위로 자신이 해야 할 일을 계획하여 실천하고 있다. 그런데 오늘 K사원은 갑자기 예상하지 못한 외부 일정이 생겨 자신의 계획대로 업무를 진행하지 못했고, 이로 인하여 담당 업무에 큰 차질이 생겼다.

① 무리한 계획을 세우지 않으며, 실현 가능한 현실적인 계획을 세워야 한다.
② 계획한 일을 미루지 않는 자세가 필요하다.
③ 어느 일을 가장 우선적으로 처리해야 할 것인지를 결정해야 한다.
④ 다양한 상황이 발생할 수 있다는 것을 염두하고 계획을 세워야 한다.
⑤ 계획 실천에 방해가 되는 외부 요소를 의도적으로 차단해야 한다.

29 다음 자기개발의 특징에 대한 설명을 읽고 이해한 내용으로 옳지 않은 것은?

> 〈자기개발의 특징〉
>
> • 자기개발에서 개발의 주체는 타인이 아니라 자신이다.
> • 자기개발은 개별적인 과정으로서 자기개발을 통해 지향하는 바와 선호하는 방법 등은 사람마다 다르다.
> • 자기개발은 평생에 걸쳐서 이루어지는 과정이다.
> • 자기개발은 일과 관련하여 이루어지는 활동이다.
> • 자기개발은 생활 가운데 이루어져야 한다.
> • 자기개발은 모든 사람이 해야 하는 것이다.

① 자기개발은 보다 보람되고 나은 삶을 영위하고자 노력하는 사람이라면 누구나 해야 하는 것이다.
② 개인은 대부분 일과 관련하여 인간관계를 맺으며, 자신의 능력을 발휘하기 때문에 자기개발은 일과 관련하여 이루어져야 한다.
③ 개인은 자신의 이해를 바탕으로, 자신에게 앞으로 닥칠 환경변화를 예측하고, 자신에게 적합한 목표를 설정함으로써, 자신에게 알맞은 자기개발 전략이나 방법을 선정하여야 한다.
④ 자기개발의 객체는 자신이므로 스스로 자신의 능력, 적성, 특성 등을 이해하고, 목표성취를 위해 자신을 관리하며 개발하여야 한다.
⑤ 자기개발은 교육기관에서 이루어지는 교육이며, 특정한 사건과 요구가 있을 경우 이루어지는 과정이다.

30 **경력개발이 필요한 이유 중 환경변화의 분류에 속하지 않는 것은?**

① 지식정보의 빠른 변화
② 삶의 질 추구
③ 능력주의 문화
④ 중견사원 이직 증가
⑤ 인력난 심화

31 **직장생활에서 필요한 의사소통능력을 문서적인 의사소통능력으로서의 문서이해능력과 문서작성능력, 언어적인 의사소통능력으로서의 경청능력, 의사표현력으로 구분할 수 있다. 다음 사례에 필요한 의사소통능력을 종류에 따라 바르게 구분한 것은?**

> 출판사에 근무하는 K대리는 오늘 아침 출근하자마자 오늘의 주요 업무를 다음과 같이 정리하였다.
>
> 〈3월 18일 주요 업무〉
>
> ㉠ 외부 협력 직원 채용 지원자 이력서 메일 확인
> ㉡ 팀 회의 – 3월 팀원 담당 업무 지시
> ㉢ 금일 출간 도서 발주서 작성
> ㉣ 유선 연락을 통한 업무 지원자 면접 일정 안내
> ㉤ 퇴근 전 금일 업무 일지 작성

	문서적인 의사소통	언어적인 의사소통
①	㉠, ㉤	㉡, ㉢, ㉣
②	㉠, ㉢, ㉣	㉡, ㉤
③	㉠, ㉢, ㉤	㉡, ㉣
④	㉡, ㉢, ㉤	㉠, ㉣
⑤	㉡, ㉣, ㉤	㉠, ㉢

32 신입사원 J씨는 A～E과제 중 어떤 과제를 먼저 수행하여야 하는지를 결정하기 위해 평가표를 작성하였다. 다음 자료를 근거로 할 때 가장 먼저 수행할 과제는?(단, 평가 항목 최종 합산 점수가 가장 높은 과제부터 수행한다)

〈과제별 평가표〉

(단위 : 점)

구분	A	B	C	D	E
중요도	84	82	95	90	94
긴급도	92	90	85	83	92
적용도	96	90	91	95	83

※ 과제당 다음과 같은 가중치를 별도 부여하여 계산한다.

(중요도×0.3)+(긴급도×0.2)+(적용도×0.1)

※ 항목당 최하위 점수에 해당하는 과제는 선정하지 않는다.

① A
② B
③ C
④ D
⑤ E

33 (가)～(다)는 예산을 효과적으로 수립하는 방법에 관한 설명이다. 다음 중 예산 수립 과정에 따라 (가)～(다)를 순서대로 올바르게 나열한 것은?

(가) 과업세부도와 예산을 매치시켜 활동에 대한 예산을 배정한다. 과업세부도를 활용함으로써 과제에 필요한 활동이나 과업을 파악할 수 있고, 이를 비용과 매치시켜 놓음으로써 어느 항목에 얼마만큼의 비용이 소요되는지를 정확하게 파악할 수 있다.

(나) 필요한 모든 일들을 중요한 범주에 따라 체계화시켜 구분해 놓은 과업세부도를 활용하여 과제를 수행하는 데 필요한 활동을 구명한다. 과업세부도는 구체성에 따라 2단계, 3단계, 4단계 등으로 구분할 수 있다.

(다) 활동에 대한 우선순위를 결정한다. 경우에 따라 과제를 수행하기 위해 필요한 모든 활동이나 과업을 수행하기 어려울 수 있으며, 이런 경우 상대적인 중요도를 고려하여 우선순위에 반영한다. 과제에서 핵심적인 활동과 부수적인 활동을 고려하여 핵심활동 위주로 예산을 편성한다.

① (가) – (나) – (다)
② (가) – (다) – (나)
③ (나) – (다) – (가)
④ (나) – (가) – (다)
⑤ (다) – (나) – (가)

34 다음 기사에 나타난 문제 유형을 바르게 설명한 것은?

> 도색이 완전히 벗겨진 차선과 지워지기 직전의 흐릿한 차선이 서울 강남의 도로 여기저기서 발견되고 있다. 알고 보니 규격 미달의 불량 도료 때문이었다. 시공 능력이 없는 업체들이 서울시가 발주한 도색 공사를 따낸 뒤, 브로커를 통해 전문 업체에 공사를 넘겼고, 이 과정에서 수수료를 떼인 전문 업체들은 손해를 만회하기 위해 값싼 도료를 사용한 것이다. 차선용 도료에 값싼 일반용 도료를 섞다 보니 야간에 차선이 잘 보이도록 하는 유리알이 제대로 붙어있지 못해 차선 마모는 더욱 심해졌다. 지난 4년간 서울 전역에서는 74건의 부실시공이 이뤄졌고, 총 공사 대금은 183억 원에 달하는 것으로 밝혀졌다.

① 발생형 문제이자, 일탈 문제에 해당한다.
② 발생형 문제이자, 미달 문제에 해당한다.
③ 탐색형 문제이자, 잠재문제에 해당한다.
④ 탐색형 문제이자, 예측문제에 해당한다.
⑤ 탐색형 문제이자, 발견문제에 해당한다.

35 K회사는 현재 모든 사원과 연봉 협상을 하는 중이다. 연봉은 전년도 성과지표에 따라서 결정된다. 직원들의 성과지표가 다음과 같을 때 가장 많은 연봉을 받을 직원은 누구인가?

〈성과지표별 가중치〉

(단위 : 원)

성과지표	수익 실적	업무 태도	영어 실력	동료 평가	발전 가능성
가중치	3,000,000	2,000,000	1,000,000	1,500,000	1,000,000

〈사원별 성과지표 결과〉

구분	수익 실적	업무 태도	영어 실력	동료 평가	발전 가능성
A사원	3	3	4	4	4
B사원	3	3	3	4	4
C사원	5	2	2	3	2
D사원	3	3	2	2	5
E사원	4	2	5	3	3

※ (당해 연도 연봉)=3,000,000원+(성과금)
※ 성과금은 각 성과지표와 그에 해당하는 가중치를 곱한 뒤 모두 더한다.
※ 성과지표의 평균이 3.5 이상인 경우 당해 연도 연봉에 1,000,000원이 추가된다.

① A사원
② B사원
③ C사원
④ D사원
⑤ E사원

36 약사인 L씨는 개인약국을 개업하기 위해 부동산을 통하여 시세를 알아보았다. 리모델링이 필요할 경우 100평당 5백만 원의 추가 비용이 들며, 개업 후 한 달 동안 입점해있는 병원 1곳당 초기 입점 비용의 3%의 이윤이 기대된다. A～E상가의 입점조건이 다음과 같을 때, 어느 곳에 입점하는 것이 가장 이득이겠는가?(단, 최종 비용은 초기 입점 비용과 한 달간의 이윤을 고려하여 결정하며 최종 비용이 가장 적은 곳에 입점한다)

상가	매매가	중개 수수료율	평수	리모델링 필요 여부	병원 입점 여부
A	9억 2천만 원	0.6%	200평	×	2곳
B	8억 8천만 원	0.7%	200평	○	3곳
C	9억 원	0.5%	180평	×	1곳
D	9억 5천만 원	0.6%	210평	×	1곳
E	8억 7천만 원	0.7%	150평	○	2곳

※ 초기 입점 비용 : (매매가)+(중개수수료)+(리모델링 비용)

① A상가
② B상가
③ C상가
④ D상가
⑤ E상가

37 우주인 선발에 지원한 A, B, C, D, E, F, G 중에서 2명이 선발되었다. 누가 선발되었는가에 대하여 5명이 다음과 같이 각각 진술하였다. 이 중 3명의 진술만 옳을 때, 다음 중 반드시 선발된 사람은?

- A, B, G는 모두 탈락하였다.
- E, F, G는 모두 탈락하였다.
- C와 G 중에서 1명만 선발되었다.
- A, B, C, D 중에서 1명만 선발되었다.
- B, C, D 중에서 1명만 선발되었고, D, E, F 중에서 1명만 선발되었다.

① A
② B
③ D
④ E
⑤ G

38 다음 글에 대한 분석으로 타당한 것을 〈보기〉에서 모두 고른 것은?

> 식탁을 만드는 데에는 노동과 자본만 투입된다. 노동자 1명의 시간당 임금은 8,000원이다. 노동자 1명이 투입되어 A기계 또는 B기계를 사용하여 식탁을 생산한다. A기계를 사용하면 10시간이 걸리고, B기계를 사용하면 7시간이 걸린다. 식탁 1개의 시장가격은 100,000원이다. A기계의 임대료는 식탁 1개를 생산하는 경우 10,000원이고, B기계는 20,000원이다.
> A, B기계 중 어떤 것을 사용해도 생산된 식탁의 품질은 같다고 하면 기업들은 어떤 기계를 사용할 것인가?(단, 작업 환경・물류비 등 다른 조건은 고려하지 않는다)

〈보기〉

ㄱ. 기업은 B기계보다는 A기계를 선택할 것이다.
ㄴ. '어떻게 생산할 것인가?'와 관련된 경제 문제이다.
ㄷ. 합리적인 선택을 했다면 식탁 1개당 24,000원의 이윤을 기대할 수 있다.
ㄹ. A기계를 사용하는 경우 식탁 1개를 만드는 데 드는 비용은 70,000원이다.

① ㄱ, ㄴ
② ㄱ, ㄷ
③ ㄴ, ㄷ
④ ㄴ, ㄹ
⑤ ㄷ, ㄹ

39 다음 중 산업재해에 해당되는 사례가 아닌 것은?

① 산업활동 중의 사고로 인해 사망하는 경우
② 근로자가 휴가 기간 중 사고로 부상당한 경우
③ 회사에 도보로 통근을 하는 도중 교통사고를 당하는 경우
④ 일용직, 계약직, 아르바이트생이 산업활동 중 부상당하는 경우
⑤ 유해 물질에 의한 중독 등으로 직업성 질환에 걸리거나 신체적 장애를 가져오는 경우

40 D사에는 직원들의 편의를 위해 휴게실에 전자레인지가 구비되어 있다. E사원은 회사의 기기를 관리하는 업무를 맡고 있다. 어느 날, 동료 사원들로부터 전자레인지를 사용할 때 가끔씩 불꽃이 튀고 음식이 잘 데워지지 않는다는 이야기를 들었다. 아래의 제품 설명서를 토대로 서비스를 접수하기 전에 점검할 사항이 아닌 것은?

증상	원인	조치 방법
전자레인지가 작동하지 않는다.	• 전원 플러그가 콘센트에 바르게 꽂혀 있습니까? • 문이 확실히 닫혀 있습니까? • 배전판 퓨즈나 차단기가 끊어지지 않았습니까? • 조리방법을 제대로 선택하셨습니까? • 혹시 정전은 아닙니까?	• 전원 플러그를 바로 꽂아 주십시오. • 문을 다시 닫아 주십시오. • 끊어졌으면 교체하고 연결시켜 주십시오. • 취소를 누르고 다시 시작하십시오.
동작 시 불꽃이 튄다.	• 조리실 내벽에 금속 제품 등이 닿지 않았습니까? • 금선이나 은선으로 장식된 그릇을 사용하고 계십니까? • 조리실 내에 찌꺼기가 있습니까?	• 벽에 닿지 않도록 하십시오. • 금선이나 은선으로 장식된 그릇은 사용하지 마십시오. • 깨끗이 청소해 주십시오.
조리 상태가 나쁘다.	• 조리 순서, 시간 등 사용 방법을 잘 선택하셨습니까?	• 조리법을 다시 확인하고 사용해 주십시오.
회전 접시가 불균일하게 돌거나 돌지 않는다.	• 회전 접시와 회전 링이 바르게 놓여 있습니까?	• 각각을 정확한 위치에 놓아 주십시오.
불의 밝기나 동작 소리가 불균일하다.	• 출력의 변화에 따라 일어난 현상이니 안심하고 사용하셔도 됩니다.	

① 조리실 내 위생 상태 점검
② 사용 가능 용기 확인
③ 사무실, 전자레인지 전압 확인
④ 조리실 내벽 확인
⑤ 조리 순서, 시간 확인

서울교통공사 전기직 신입사원 필기시험

직무수행능력평가

문항 수 : 40문항
시험시간 : 45분

01 다음 중 정지 상태에 있는 3상 유도 전동기의 슬립값은?

① ∞
② 0
③ $\frac{1}{2}$
④ 1
⑤ -1

02 전압을 저압, 고압 및 특고압으로 구분할 때, 교류에서 저압이 의미하는 것은?

① 110V 이하의 것
② 220V 이하의 것
③ 450V 이하의 것
④ 600V 이하의 것
⑤ 750V 이하의 것

03 다음 중 3로 스위치를 나타내는 그림 기호는?

① $\bullet_{EX}$
② $\bullet_{3}$
③ $\bullet_{2P}$
④ $\bullet_{3A}$
⑤ $\bullet_{15A}$

04 전선과 기구 단자 접속 시 나사를 덜 죄었을 경우 발생할 수 있는 위험과 거리가 먼 것은?

① 누전
② 화재 위험
③ 과열 발생
④ 아크(Arc) 발생
⑤ 저항 감소

05 나전선 상호를 접속하는 경우 일반적으로 전선의 세기를 몇 % 이상 감소시키지 말아야 하는가?

① 2%
② 3%
③ 20%
④ 30%
⑤ 40%

06 다음 중 옥내 배선에서 전선 접속에 관한 사항으로 옳지 않은 것은?

① 접속 부위의 전기 저항을 증가시킨다.
② 전선의 강도를 20% 이상 감소시키지 않는다.
③ 접속 슬리브를 사용하여 접속한다.
④ 전선 접속기를 사용하여 접속한다.
⑤ 접속부분의 온도상승값이 접속부 이외의 온도상승값을 넘지 않도록 한다.

07 변압기 중성점에 2종 접지공사를 하는 이유는?

① 전류 변동의 방지
② 전압 변동의 방지
③ 전력 변동의 방지
④ 고저압 혼촉 방지
⑤ 전류 단락의 방지

08 어느 가정집이 40W LED등 10개, 1kW 전자레인지 1개, 100W 컴퓨터 세트 2대, 1kW 세탁기 1대를 사용하고, 하루 평균 사용시간이 LED등은 5시간, 전자레인지 30분, 컴퓨터 5시간, 세탁기 1시간이라면, 1개월(30일)간의 사용 전력량은?

① 115kWh
② 135kWh
③ 155kWh
④ 175kWh
⑤ 195kWh

09 금속관 구부리기에 있어서 관의 굴곡이 3개소가 넘거나 관의 길이가 30m를 초과하는 경우 적용하는 것은?

① 커플링
② 풀박스
③ 로크너트
④ 링 리듀서
⑤ 로크와셔

10 다음 회로에서 전압 V_o는?

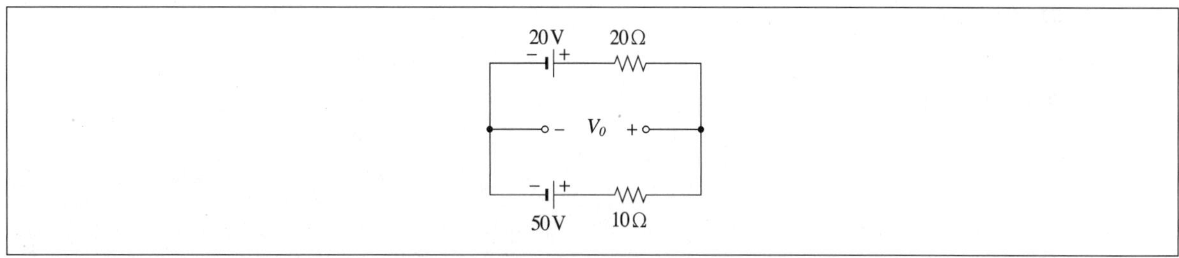

① −60V
② −40V
③ 40V
④ 60V
⑤ 80V

11 그림과 같은 회로에서 전류는 몇 A인가?

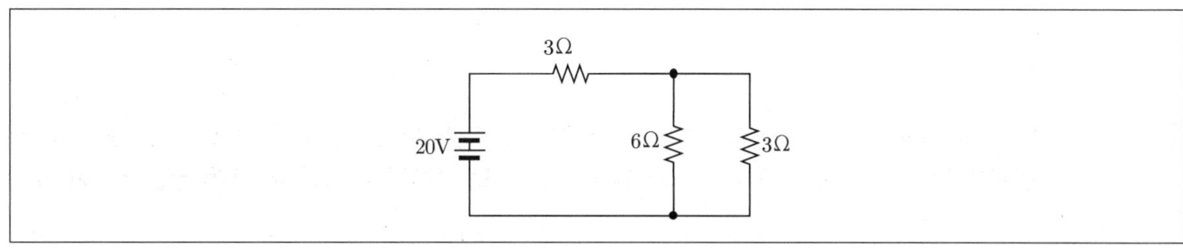

① 2A
② 3A
③ 4A
④ 5A
⑤ 6A

12 다음 중 3상 유도 전동기의 회전방향을 바꾸기 위한 방법은?

① 3상의 3선 접속을 모두 바꾼다.
② 3상의 3선 중 2선의 접속을 바꾼다.
③ 3상의 3선 중 1선에 리액턴스를 연결한다.
④ 3상의 3선 중 2선에 같은 값의 리액턴스를 연결한다.
⑤ 3상의 3선 중 1선의 접속을 바꾼다.

13 다음 중 녹아웃 펀치(Knockout Punch)와 같은 용도의 것은?

① 리머(Reamer)
② 벤더(Bender)
③ 클리퍼(Clipper)
④ 홀소(Hole Saw)
⑤ 오스터(Oster)

14 다음 중 피시 테이프(Fish Tape)의 용도는?

① 전선을 테이핑하기 위해서 사용
② 전선관의 끝마무리를 위해서 사용
③ 전선관에 전선을 넣을 때 사용
④ 합성 수지관을 구부릴 때 사용
⑤ 전선의 접속부 절연을 위해서 사용

15 금속 덕트에 넣은 전선의 단면적(절연 피복의 단면적 포함)의 합계는 덕트 내부 단면적의 몇 % 이하로 하여야 하는가? (단, 전광표시 장치·출퇴 표시 등 기타 이와 유사한 장치 또는 제어회로 등의 배선만을 넣는 경우가 아니다)

① 10%
② 20%
③ 40%
④ 50%
⑤ 60%

16 다음 중 변압기의 규약 효율은?

① $\eta(\%)=\frac{(\text{출력})}{(\text{입력})}\times 100$
② $\eta(\%)=\frac{(\text{출력})}{(\text{입력})-(\text{손실})}\times 100$
③ $\eta(\%)=\frac{(\text{출력})}{(\text{출력})+(\text{손실})}\times 100$
④ $\eta(\%)=\frac{(\text{입력})+(\text{손실})}{(\text{입력})}\times 100$
⑤ $\eta(\%)=\frac{(\text{입력})-(\text{손실})}{(\text{출력})}\times 100$

17 직류 발전기의 병렬 운전 중 한쪽 발전기의 여자를 늘리면 그 발전기는?

① 부하 전류는 불변, 전압은 증가한다.
② 부하 전류는 줄고, 전압은 증가한다.
③ 부하 전류는 늘고, 전압은 증가한다.
④ 부하 전류는 늘고, 전압은 불변한다.
⑤ 부하 전류는 줄고, 전압은 불변한다.

18 전기기계의 효율 중 발전기의 규약효율 η_G는 몇 %인가?(단, P는 입력, Q는 출력, L은 손실이다)

① $\eta_G = \frac{P-L}{P} \times 100$
② $\eta_G = \frac{P-L}{P+L} \times 100$
③ $\eta_G = \frac{Q}{P} \times 100$
④ $\eta_G = \frac{Q}{Q+L} \times 100$
⑤ $\eta_G = \frac{P}{Q+L} \times 100$

19 다음의 회로처럼 △ 결선된 평형 3상전원에 Y 결선된 평형 3상부하를 연결하였다. 상전압 v_a, v_b, v_c의 실효치는 210V이며, 부하 $Z_L = 1 + j\sqrt{2}\,\Omega$이다. 이때, 평형 3상부하에 흐르는 선전류 I_L은?

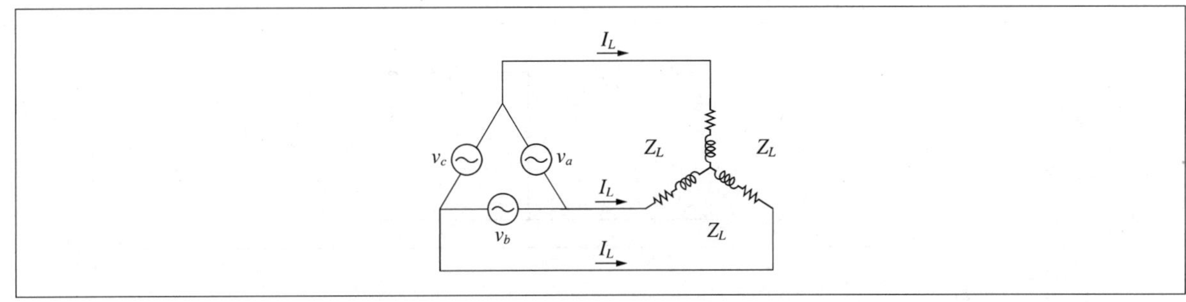

① $42\sqrt{3}$ A
② $70\sqrt{3}$ A
③ 42A
④ 70A
⑤ $35\sqrt{2}$ A

20 다음의 회로에서 전류 I_o와 전압 V_o는?

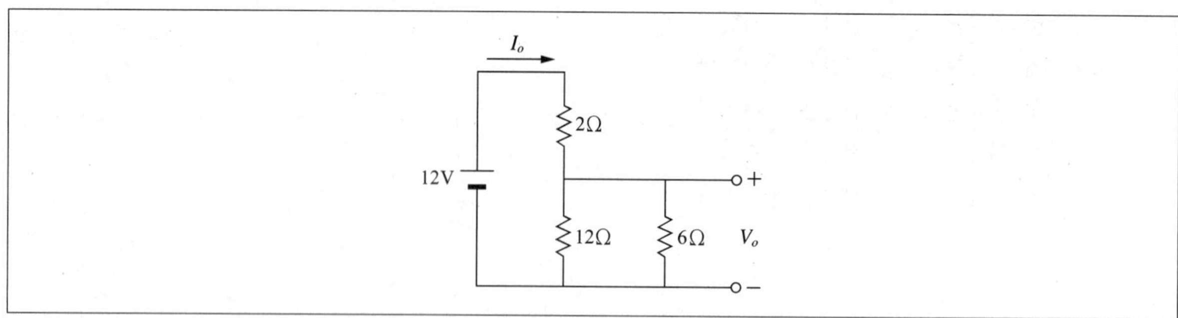

	전류 I_o	전압 V_o
①	1A	8V
②	2A	8V
③	1A	4V
④	2A	4V
⑤	8A	1V

21 다음 회로에 대한 전송 파라미터 행렬이 다음 식으로 주어질 때, 파라미터 A와 D는?

$$\begin{bmatrix} V_1 \\ I_1 \end{bmatrix} = \begin{bmatrix} A & B \\ C & D \end{bmatrix} \begin{bmatrix} V_2 \\ -I_2 \end{bmatrix}$$

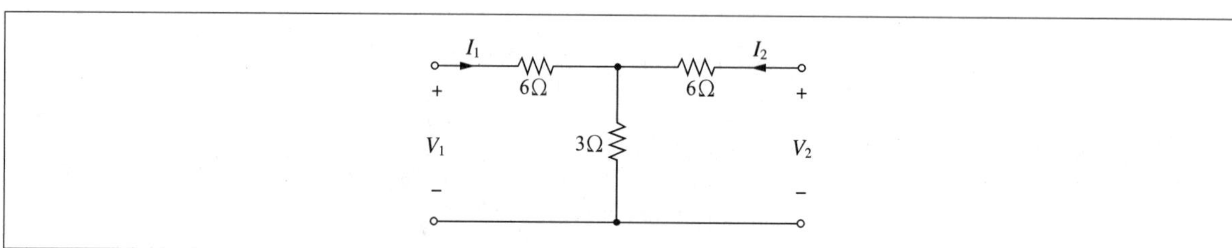

	A	D
①	3	2
②	3	3
③	4	3
④	4	4
⑤	6	2

22 주파수 60Hz 회로에 접속되어 슬립 3%, 회전수 1,164rpm으로 회전하고 있는 유도 전동기의 극수는?

① 5극
② 6극
③ 7극
④ 10극
⑤ 12극

23 다음 중 정크션 박스 내에서 절연 전선을 쥐꼬리 접속한 후 접속과 절연을 위해 사용되는 재료는?

① 링형 슬리브
② S형 슬리브
③ 와이어 커넥터
④ 터미널 러그
⑤ 열수축 튜브

24 녹아웃 펀치와 같은 용도로 배전반이나 분전반 등에 구멍을 뚫을 때 사용하는 것은?

① 클리퍼(Clipper)
② 홀소(Hole Saw)
③ 프레스 툴(Pressure Tool)
④ 드라이브이트 툴(Driveit Tool)
⑤ 리미터(Limiter)

25 다음 중 배전반 및 분전반을 넣은 강판제로 만든 함의 최소 두께는?

① 1.2mm 이상
② 1.5mm 이상
③ 2.0mm 이상
④ 2.5mm 이상
⑤ 3.0mm 이상

26 다음 중 교류 380V를 사용하는 공장의 전선과 대지 사이의 절연저항은 몇 MΩ 이상이어야 하는가?

① 0.1MΩ
② 0.3MΩ
③ 10MΩ
④ 100MΩ
⑤ 120MΩ

27 자체 인덕턴스가 1H인 코일에 200V, 60Hz의 사인파 교류 전압을 가했을 때, 전류와 전압의 위상차는?(단, 저항성분은 무시한다)

① 전류는 전압보다 위상이 $\frac{\pi}{2}$rad만큼 뒤진다.
② 전류는 전압보다 위상이 πrad만큼 뒤진다.
③ 전류는 전압보다 위상이 $\frac{\pi}{2}$rad만큼 앞선다.
④ 전류는 전압보다 위상이 πrad만큼 앞선다.
⑤ 전류는 전압보다 위상이 2πrad만큼 앞선다.

28 다음 그림과 같이 평행한 무한장 직선 도선에 각각 I[A], $8I$[A]의 전류가 흐른다. 두 도선 사이의 점 P에서 측정한 자계의 세기가 0[V/m]이라면 $\frac{b}{a}$는?

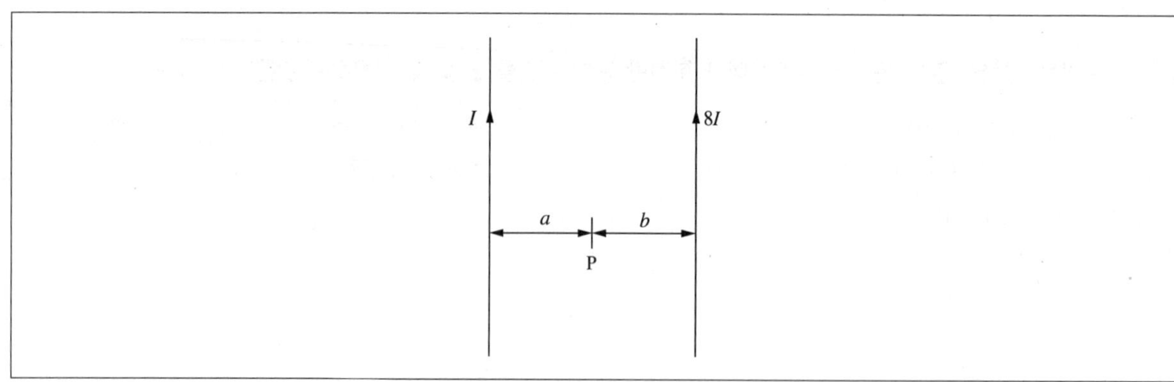

① $\frac{1}{8\pi}$
② $\frac{1}{8}$
③ 8π
④ 8
⑤ 16π

29 다음 중 교류회로에 대한 설명으로 옳지 않은 것은?

① 저항 부하만의 회로는 역률이 1이 된다.
② RLC 직렬 교류회로에서 유효전력은 전류의 제곱과 전체 임피던스에 비례한다.
③ RLC 직렬 교류회로에서 L을 제거하면 전류가 진상이 된다.
④ R과 L의 직렬 교류회로의 역률을 보상하기 위해서는 C를 추가하면 된다.
⑤ 교류회로에서 전류와 전압은 실효값의 개념을 사용한다.

30 다음 중 어미자와 아들자의 눈금을 이용하여 두께, 깊이, 안지름 및 바깥지름 측정용으로 사용하는 것은?

① 버니어 캘리퍼스
② 채널 지그
③ 스트레인 게이지
④ 스테핑 머신
⑤ 신호 처리 증폭기

31 다음 회로에서 $t=0_+$인 순간에 스위치 SW를 ㉠에서 ㉡으로 전환하였다. 이때, 인덕터에 흐르는 전류의 크기는?

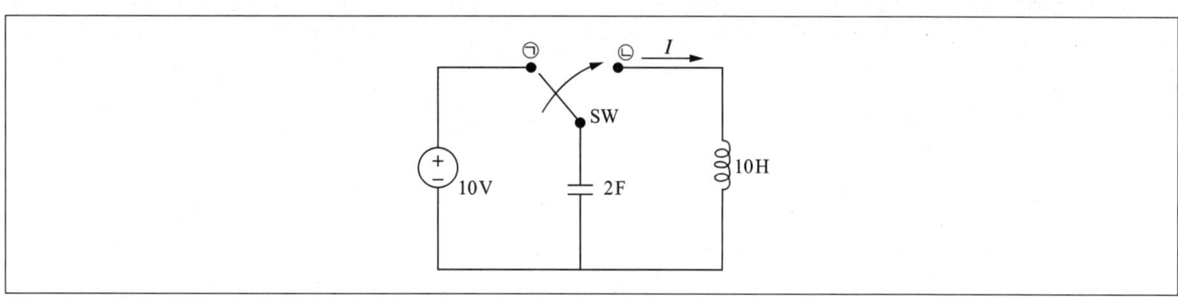

① 5
② ∞
③ 10
④ 0
⑤ 15

32 다음 중 전부하에서의 용량 10kW 이하인 소형 3상 유도 전동기의 슬립은?

① 0.1 ~ 0.5%
② 0.5 ~ 5%
③ 5 ~ 10%
④ 15 ~20%
⑤ 25 ~ 50%

33 다음 평판 커패시터의 극판 사이에 서로 다른 유전체를 평판과 평행하게 각각 d_1, d_2의 두께로 채웠다. 각각의 정전용량을 C_1과 C_2라 할 때, $C_1 \div C_2$의 값은?(단, $V_1 = V_2$이고, $d_1 = 2d_2$이다)

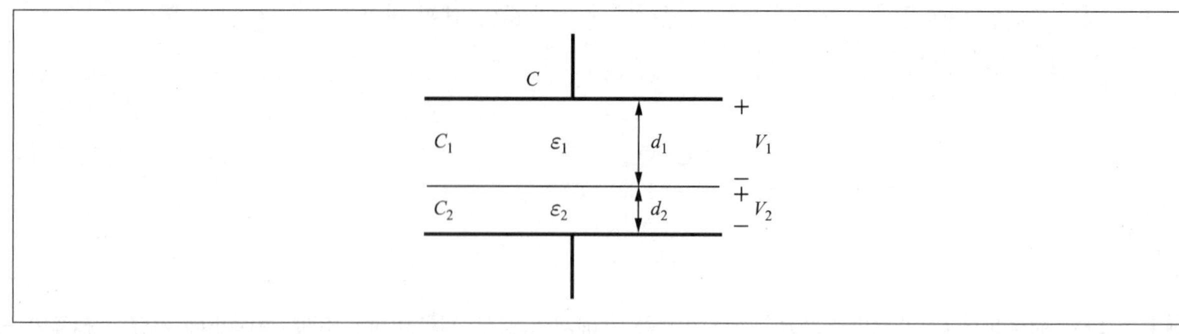

① 0.5
② 1
③ 2
④ 4
⑤ 6

34 용량 1kVA, 3,000/200V의 단상 변압기를 단권 변압기로 결선해서 3,000/3,200V의 승압기로 사용할 때 그 부하용량은?

① 16kVA
② 15kVA
③ 1kVA
④ $\frac{1}{16}$kVA
⑤ $\frac{1}{15}$kVA

35 Δ 결선 변압기의 한 대가 고장으로 제거되어 V 결선으로 공급할 때, 공급할 수 있는 전력은 고장 전 전력 대비 몇 %인가?

① 86.6%
② 75.0%
③ 66.7%
④ 57.7%
⑤ 44.7%

36 8,000kVA, 6,000V, 동기 임피던스 6Ω 인 2대의 교류 발전기를 병렬 운전 중 A기의 유기 기전력의 위상의 20° 앞서는 경우의 동기화 전류를 구하면?(단, cos5°=0.996, sin10°=0.174이다)

① 49.5A
② 49.8A
③ 50.2A
④ 100.4A
⑤ 110.4A

37 유도 전동기의 1차 접속을 Δ에서 Y로 바꾸면 기동시의 1차 전류는?

① $\frac{1}{3}$로 감소
② $\frac{1}{\sqrt{3}}$로 감소
③ $\sqrt{3}$배로 증가
④ 3배로 증가
⑤ 4배로 증가

38 다음의 회로에서 실횻값 100V의 전원 v_s를 인가한 경우에 회로 주파수와 무관하게 전류 i_s가 전원과 동상이 되도록 하는 C는?(단, R=10Ω, L=1mH이다)

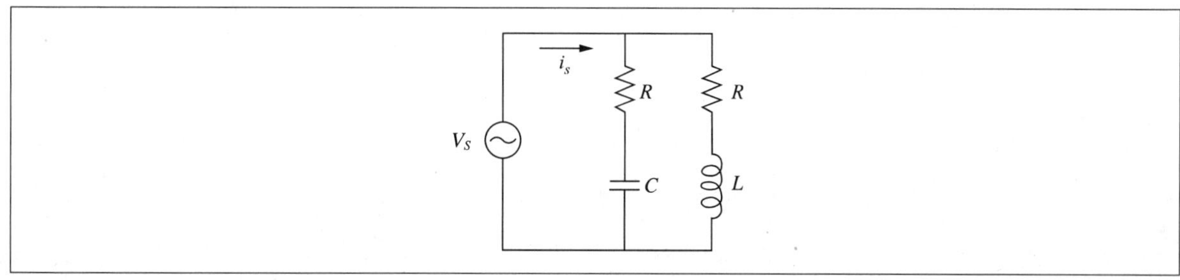

① 5μF
② 10μF
③ 15μF
④ 20μF
⑤ 25μF

39 전기자의 지름 D[m], l[m]가 되는 전기자에 권선을 감은 직류 발전기가 있다. 자극의 수 p, 각각의 자속수가 Φ[Wb]일 때 전기자 표면의 자속 밀도는?

① $\frac{\pi Dp}{60}$ Wb/m²

② $\frac{p\Phi}{D\pi l}$ Wb/m²

③ $\frac{\pi Dl}{p\Phi}$ Wb/m²

④ $\frac{\pi Dl}{p}$ Wb/m²

⑤ $\frac{\pi Dp}{120}$ Wb/m²

40 다음의 그림과 같은 주기함수의 전류가 3Ω 의 부하저항에 공급될 때 평균전력은?

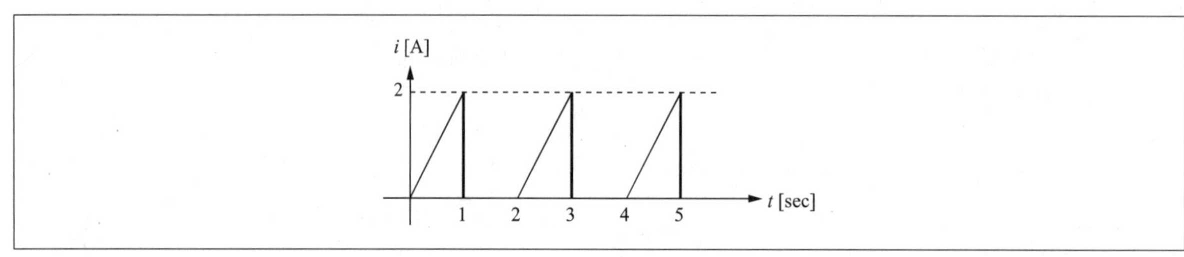

① 1W

② 2W

③ 4W

④ 6W

⑤ 8W

서울교통공사 전기직

NCS 직업기초능력평가 + 직무수행능력평가

정답 및 해설

www.sdedu.co.kr

서울교통공사 전기직 신입사원 필기시험

제1회 정답 및 해설

직업기초능력평가

01	02	03	04	05	06	07	08	09	10
③	①	②	⑤	①	⑤	③	①	②	⑤
11	12	13	14	15	16	17	18	19	20
③	⑤	④	④	④	③	④	③	②	②
21	22	23	24	25	26	27	28	29	30
③	③	②	④	⑤	④	③	④	④	④
31	32	33	34	35	36	37	38	39	40
⑤	⑤	②	①	④	③	③	②	④	⑤

01

정답 ③

㉠의 앞에서는 퍼스널 모빌리티가 인기를 얻고 있는 이유에 관해 이야기하고 있으나, ㉠의 뒤에서는 퍼스널 모빌리티로 인해 증가하는 안전사고에 관해 이야기하고 있다. 따라서 ㉠에는 역접의 의미인 '그러나'가 적절하다.

㉡의 앞에서는 퍼스널 모빌리티의 문제점 중 하나인 안전사고 증가에 관해 이야기하고 있으며, ㉡의 뒤에서는 또 다른 문제점으로 도로 무단 적치에 관해 이야기하고 있다. 따라서 ㉡에는 '거기에다 더'의 의미를 지닌 '또한'이 적절하다.

02

정답 ①

제시문에서는 전국적 열풍을 얻고 있는 퍼스널 모빌리티의 인기 원인과 그로 인해 발생하는 문제점 등을 이야기하고 있으며, 특히 구체적인 안전사고 발생 수치를 통해 퍼스널 모빌리티로 인한 문제점을 이야기한다. 이를 통해 현실에서의 퍼스널 모빌리티의 실제 상태, 상황을 보여주고 있으므로 글의 제목으로 ①이 가장 적절하다.

03

정답 ②

철도안전법 시행규칙 제46조 제1항 제2호에 따르면 적합성 입증과 관계있는 부분으로만 한정한다.

04

정답 ⑤

오답분석

① 철도안전법 시행규칙 제46조 제2항 제1호
② 철도안전법 시행규칙 제46조 제2항 제3호
③ 철도안전법 시행규칙 제46조 제2항
④ 철도안전법 시행규칙 제46조 제2항 제2호

05

정답 ①

- ㉠·㉢ : 현재 직면하고 있으면서 해결 방법을 찾기 위해 고민하는 발생형 문제에 해당한다.
- ㉡·㉣ : 현재 상황은 문제가 아니지만, 상황 개선을 통해 효율을 높일 수 있는 탐색형 문제에 해당한다.
- ㉤·㉥ : 새로운 과제나 목표를 설정함에 따라 발생할 수 있는 설정형 문제에 해당한다.

06

정답 ⑤

논리적 사고를 구성하는 5가지 요소

- 생각하는 습관 : 논리적 사고에 있어서 가장 기본이 되는 것으로, 특정한 문제에 대해서만 생각하는 것이 아니라 일상적인 대화, 신문의 사설 등 어디서 어떤 것을 접하든지 늘 생각하는 습관을 들여야 한다.
- 상대 논리의 구조화 : 자신의 논리로만 생각하면 독선에 빠지기 쉬우므로 상대의 논리를 구조화하여 약점을 찾고, 자신의 생각을 재구축하는 것이 필요하다.
- 구체적인 생각 : 상대가 말하는 것을 잘 알 수 없을 때에는 구체적으로 생각해 보아야 한다.
- 타인에 대한 이해 : 상대의 주장에 반론을 제시할 때에는 상대 주장의 전부를 부정하지 않는 것이 좋으며, 동시에 상대의 인격을 부정해서는 안 된다.
- 설득 : 자신이 함께 일을 진행하는 상대와 의논하기도 하고 설득해 나가는 가운데 자신이 깨닫지 못했던 새로운 가치를 발견할 수 있다.

07

정답 ③

자동차 부품 생산조건에 따라 반자동라인과 자동라인의 시간당 부품 생산량을 구해보면 다음과 같다.

- 반자동라인 : 4시간에 300개의 부품을 생산하므로, 8시간에 300개×2=600개의 부품을 생산한다. 하지만 8시간마다 2시간씩 생산을 중단하므로, 8+2=10시간에 600개의 부품을 생산하는 것과 같다. 따라서 시간당 부품 생산량은 $\frac{600}{10}$=60개이다. 이때 반자동라인에서 생산된 부품의 20%는 불량이므로, 시간당 정상 부품 생산량은 60×(1−0.2)=48개이다.

- 자동라인 : 3시간에 400개의 부품을 생산하므로, 9시간에 400×3 =1,200개의 부품을 생산한다. 하지만 9시간마다 3시간씩 생산을 중단하므로, 9+3=12시간에 1,200개의 부품을 생산하는 것과 같다. 따라서 시간당 부품 생산량은 $\frac{1,200}{12}=100$이다. 이때 자동라인에서 생산된 부품의 10%는 불량이므로, 시간당 정상 제품 생산량은 100×(1−0.1)=90개이다.

따라서 반자동라인과 자동라인에서 시간당 생산하는 정상 제품의 생산량은 48+90=138개이므로, 34,500개를 생산하는 데 소요되는 시간은 $\frac{34,500}{138}=250$시간이다.

08

정답 ①

- 동일성의 원칙 : 동일 물품은 같은 장소에 보관한다.
- 유사성의 원칙 : 유사 물품은 인접한 장소에 보관한다.

09

정답 ②

효과적인 물적자원관리 과정에 따라 물품 보관 장소까지 선정하게 되면 물품을 정리해야 한다. 이때, 입·출하의 빈도가 높은 품목은 출입구 가까운 곳에 보관해야 한다는 회전 대응 보관의 원칙을 지켜야 한다. 활용 빈도가 상대적으로 높은 물품을 가져다 쓰기 쉬운 위치에 먼저 보관하는 것으로, 이렇게 보관하면 물품 활용에 편리할 뿐만 아니라 물품 활용 후 다시 보관하기에도 편리하다.

오답분석

① 통로대면 보관의 원칙 : 물품의 입·출하를 용이하게 하고, 창고 내의 원활한 흐름과 활성화를 위해 통로에 직각으로 대면 보관하는 원칙이다.
③ 높이 쌓기의 원칙 : 물품을 높게 적재하는 원칙이다.
④ 선입선출의 원칙 : 먼저 보관한 물품을 먼저 출고하는 원칙이다.
⑤ 중량특성의 원칙 : 무거운 물품은 출입구와 가까운 하층부에, 가벼운 물품은 상층부에 보관하는 원칙이다.

10

정답 ⑤

매장의 최대 70m 반경 내에서 모바일 결제가 가능한 시스템은 지오펜싱이 아닌 비콘의 활용 사례에 해당한다. 비콘은 최대 100m 거리 내에서만 사용이 가능하며, 모바일 결제를 가능하게 해준다. 지오펜싱의 경우 비콘보다 더 넓은 범위에서도 사용이 가능하며, 결제 서비스의 가능 여부는 제시문을 통해 알 수 없다.

11

정답 ③

- 빈번히 : 번거로울 정도로 도수(度數)가 잦게
- 때때로 : 경우에 따라서 가끔

오답분석

① 자주 : 같은 일을 잇따라 잦게
② 흔히 : 보통보다 더 자주 있거나 일어나서 쉽게 접할 수 있게
④ 누누이 : 여러 번 자꾸
⑤ 수차 : 여러 차례

12

정답 ⑤

물적자원을 효과적으로 관리하기 위해서는 먼저 사용 물품과 보관 물품으로 구분하고, 동일 및 유사 물품으로 분류한 뒤 물품을 적절하게 보관할 수 있는 장소를 선정해야 한다. 따라서 효과적인 물적자원관리 과정은 (다) – (나) – (가)의 순서로 이루어져야 한다.

13

정답 ④

물품은 일괄적으로 같은 장소에 보관하는 것이 아니라, 개별 물품의 재질, 부피, 무게 등 특성을 고려하여 보관 장소를 선정해야 한다.

오답분석

①·②·③·⑤ 물품에 따라 재질, 부피, 무게, 파손 여부 등을 기준으로 물품을 분류하기도 하지만, 모든 물품의 분류 기준이 되는 것은 아니므로 재질, 부피, 무게, 파손 여부 등을 모두 포함하는 물품의 특성이 기준이 된다.

14

정답 ④

상생형 스마트공장 유형은 레벨 1부터 레벨 5까지 기준에 따라 A형, B형, C형으로 나뉜다. 이때, 레벨 3~5의 공장이 스마트화 정도가 가장 높은 A형에 속하며, 이보다 구축 수준이 낮은 B형에는 레벨 2의 공장이, C형에는 레벨 1의 공장이 속한다. 즉, 낮은 숫자의 레벨일수록 공장의 스마트화 정도가 낮음을 알 수 있다. 따라서 레벨 1의 공장은 레벨 2의 공장보다 스마트화 정도가 더 낮다.

오답분석

① 상생형 스마트공장 구축지원 사업은 중소·중견기업을 대상으로 스마트공장의 구축 및 고도화를 지원한다.
② 상생형 스마트공장을 도입한 중소기업 478개사의 고용 데이터를 분석한 결과 기업 가운데 50%에서 일자리가 증가했으므로 478×0.5=239개의 기업에서 일자리가 증가했음을 알 수 있다.
③ 중소기업 478개사의 고용 데이터를 분석한 결과 기업당 평균 2명의 인력이 추가 고용되었다.
⑤ 데이터 분석 결과 B형 기업은 55.7%에서 일자리 증가가 확인되었으므로, B형 기업 중 절반 이상의 기업에서 일자리가 증가하였음을 알 수 있다.

15

정답 ④

빈칸 뒤의 내용을 살펴보면 스마트화 정도가 가장 높은 A형 기업은 72.1%에서 일자리가 늘어났으며, 이보다 구축 수준이 낮은 B형 기업은 55.7%, C형 기업은 45%에서 일자리가 증가하였다. 즉, 스마트화 정도가 높은 기업일수록 일자리 증가 비율이 더 높음을 알 수 있다. 따라서 빈칸에 들어갈 내용으로 ④가 가장 적절하다.

16

정답 ③

디지털 컴퓨터와 아날로그 컴퓨터의 비교

구분	디지털 컴퓨터	아날로그 컴퓨터
입력형태	숫자, 문자	전류, 전압, 온도
출력형태	숫자, 문자	곡선, 그래프
연산형식	산술, 논리 연산	미적분 연산
구성회로	논리 회로	증폭 회로
연산속도	느림	빠름
정밀도	필요 한도까지	제한적임
기억기능	기억이 용이하며 반영구적	기억에 제약이 있음
사용분야	범용	특수 목적용

17

정답 ④

LAN카드 정보는 네트워크 어댑터에서 확인할 수 있다.

18

정답 ③

유효성 검사에서 제한 대상을 목록으로 설정을 했을 경우, 드롭다운 목록의 너비는 데이터 유효성 설정이 있는 셀의 너비에 의해 결정된다.

19

정답 ②

우선, 박 비서에게 회의 자료를 받아와야 하므로 비서실을 들러야 한다. 다음으로 기자단 간담회는 대외 홍보 및 기자단 상대 업무를 맡은 홍보팀에서 기자단 간담회 자료를 정리할 것이므로 홍보팀을 거쳐야 하며, 승진자 인사 발표 소관 업무는 인사팀이 담당한다고 볼 수 있다. 또한, 회사의 차량 배차에 관한 업무는 총무팀과 같은 지원부서의 업무이다. 따라서 비서실 – 홍보팀 – 인사팀 – 총무팀 순서가 적절하다.

20

정답 ②

'조직목표 간에는 수평적 상호관계가 있다.'와 '불변적 속성을 가진다.'는 옳지 않다.

조직목표의 특징

- 공식적 목표와 실제적 목표가 다를 수 있다.
  - 조직목표는 조직이 존재하는 이유와 관련된 조직의 사명과 사명을 달성하기 위한 세부목표를 가지고 있다. 조직의 사명은 조직의 비전, 가치와 신념, 조직의 존재이유 등을 공식적인 목표로 표현한 것이다. 반면에 세부목표는 조직이 실제적인 활동을 통해 달성하고자 하는 것으로 사명에 비해 측정 가능한 형태로 기술되는 단기적인 목표이다.
- 다수의 조직목표를 추구할 수 있다.
- 조직목표 간에는 위계적 상호관계가 있다.
  - 조직은 다수의 조직목표를 추구할 수 있으며, 이러한 조직목표들은 위계적 상호관계가 있어 서로 상하관계에 있으면서 영향을 주고받는다.
- 가변적 속성을 가진다.
  - 조직목표는 한번 수립되면 달성될 때까지 지속되는 것이 아니라, 환경이나 조직 내의 다양한 원인들에 의하여 변동되거나 없어지고, 새로운 목표로 대치되기도 한다.
- 조직의 구성요소와 상호관계를 가진다.
  - 조직목표들은 조직의 구조, 조직의 전략, 조직의 문화 등과 같은 조직체제의 다양한 구성요소들과 상호관계를 가지고 있다.

21

정답 ③

A사와 B사의 전체 직원 수를 알 수 없으므로, 비율만으로는 판단할 수 없다.

오답분석

① 여직원 비율이 높을수록, 남직원 비율이 낮을수록 값이 작아진다. 따라서 여직원 비율이 가장 높으면서, 남직원 비율이 가장 낮은 D사가 최저이고, 남직원 비율이 여직원 비율보다 높은 A사가 최고이다.

② B, C, D사 각각 남직원보다 여직원의 비율이 높다. 따라서 B, C, D사 모두에서 남직원 수보다 여직원 수가 많다. 즉, B, C, D사의 직원 수를 다 합했을 때도 남직원 수는 여직원 수보다 적다.

④ A사의 전체 직원 수를 a명, B사의 전체 직원 수를 b명이라 하면, A사의 남직원 수는 $0.54a$, B사의 남직원 수는 $0.48b$이다.

$$\frac{0.54a+0.48b}{a+b}\times 100=52 \rightarrow 54a+48b=52(a+b)$$

$\therefore a=2b$

⑤ A, B, C사의 전체 직원 수를 a명이라 하면, 여직원의 수는 각각 $0.46a$명, $0.52a$명, $0.58a$명이다. 따라서 $0.46a+0.58a=2\times 0.52a$이므로 옳은 설명이다.

22

정답 ③

A국과 F국을 비교해보면 참가선수는 A국이 더 많지만, 동메달 수는 F국이 더 많다.

오답분석

① 금메달은 F>A>E>B>D>C 순서로 많고, 은메달은 C>D>B>E>A>F 순서로 많다.
② C국은 금메달을 획득하지 못했지만 획득한 메달 수는 149개로 가장 많다.
④ 참가선수와 메달 합계의 순위는 동일하다.
⑤ 참가선수가 가장 적은 국가는 F로 메달 합계는 6위이다.

23

정답 ②

고급 포장과 스토리텔링은 모두 수제 초콜릿의 강점에 해당되므로 SWOT 분석에 의한 마케팅 전략으로 볼 수 없다. SO전략과 ST전략으로 보일 수 있으나, 기회를 포착하거나 위협을 회피하는 모습을 보이지 않기에 적절하지 않다.

오답분석

① 값비싼 포장(약점)을 보완하여 좋은 식품에 대한 인기(기회)에 발맞춰 홍보하는 WO전략에 해당된다.
③ 수제 초콜릿의 스토리텔링(강점)을 포장에 명시하여 소비자들의 요구를 충족(기회)시키는 SO전략에 해당된다.
④ 수제 초콜릿의 존재를 모르는 점(약점)을 효과적인 마케팅으로 보완하여 대기업과의 경쟁(위협)을 이겨내는 WT전략에 해당된다.
⑤ 수제 초콜릿의 풍부한 맛(강점)을 알리고, 맛을 보기 전에 알 수 없는 일반 초콜릿과의 차이(위협)도 알리는 ST전략에 해당된다.

24

정답 ④

- (나), (바) 조건에 의해, 지원은 화요일과 목요일에는 근무할 수 없다. 또한 기태는 월요일에 근무할 수 없으므로 목요일에 근무하게 된다.
- (다), (라), (사) 조건에 의해, 다래, 고은은 월요일에는 근무할 수 없고, 리화는 월요일과 화요일에 근무할 수 없다. 따라서 월요일에는 여자 사원 중 나영이 반드시 근무해야 한다.
- (마) 조건에 의해, 남호는 월요일에 근무할 수 없다. 따라서 월요일에 근무할 수 있는 사원은 동수 또는 지원이다.

②・④ 고은이가 화요일에 근무하게 될 경우 다래는 수요일 혹은 목요일에 근무할 수 있다. 다래가 수요일에 근무할 경우, 목요일에는 리화가 근무하게 된다. (다) 조건에 의해 동수가 화요일에 근무하게 되므로 남호는 수요일에, 지원이는 월요일에 근무하게 된다.

오답분석

① 고은이가 수요일에 근무한다면, (사) 조건에 의해 리화는 목요일에 근무하게 된다. 따라서 기태와 리화는 함께 근무하게 된다.
③ 리화가 수요일에 근무하게 되면 고은이는 화요일에 근무하게 되고 다래는 목요일에 근무하게 된다. 따라서 동수는 수요일에 근무하게 된다. 이때 (바) 조건에 의해 지원이는 월요일에 근무하게 되므로 남호는 화요일에 근무하게 된다.
⑤ 지원이 수요일에 근무하게 되면 (마) 조건에 의해 남호는 화요일, 동수는 월요일에 근무하게 된다. 그러면 (다) 조건에 의해 다래는 화요일, (사) 조건에 의해 고은이는 수요일, 리화는 목요일에 근무하게 된다.

25

정답 ⑤

독재자 유형

- 독재자는 집단의 규칙 하에 지배자로 군림하고, 동료에게는 그의 권위에 대한 도전이나 반항 없이 순응하도록 요구하며, 개개인들에게는 주어진 업무만을 묵묵히 수행할 것을 기대한다.
- 독재자는 '지식(정보)이 권력의 힘'이라고 믿는다. 이러한 까닭으로 대부분의 구성원들과 조직에 대한 핵심정보를 혼자 독점하고 유지하려고 애쓰며, 다른 구성원들에게는 기본적 수준의 정보만을 제공한다.
- 독재자 유형은 언제 어디서나 업무에 대한 가장 최고의 질적 수준을 요구한다. 실수는 결코 용납되지 않으며, 한 번의 실수는 곧 해고로 이어지거나 다른 형태의 징계로 이어진다.

변혁적 유형

- 개개인과 팀이 유지해온 업무수행 상태를 뛰어넘으려 한다.
- 변혁적 리더는 조직에 명확한 비전을 제시하고, 집단 구성원들에게 그 비전을 쉽게 전달할 수 있다.
- 변혁적 리더는 뛰어난 사업수완 그리고 어떠한 의사결정이 조직에 긍정적으로 영향을 미치는지 예견할 수 있는 능력을 가지고 있다.
- 변혁적 리더는 개개인에게 시간을 할애하여 그들 스스로가 중요한 존재임을 깨닫게 하고, 존경심과 충성심을 불어넣는다.
- 변혁적 리더는 구성원이나 팀이 직무를 완벽히 수행했을 때 칭찬을 아끼지 않는다. 또한 사람들로 하여금 한 가지 일에 대한 성공이 미래의 여러 도전을 극복할 수 있는 자극제가 될 수 있다는 것을 깨닫게 한다.
- 변혁적 리더는 사범이 되어 구성원들이 도저히 해낼 수 없다고 생각하는 일들을 구성원들로 하여금 할 수 있도록 자극을 주고 도움을 주는 일을 수행한다.

26

정답 ④

2016 ~ 2018년 경기 수가 증가한 종목은 배구와 축구 2종목이다.

오답분석

① 2016년 농구 경기 수의 전년 대비 감소율은 $\frac{403-413}{413}\times 100 \fallingdotseq -2.4\%$이며, 2019년 경기 수의 전년 대비 증가율은 $\frac{410-403}{403}\times 100 \fallingdotseq 1.7\%$이다. 따라서 2016년 경기 수의 전년 대비 감소율이 더 크다.

② 2015년 농구와 배구의 경기 수 차이는 413－226＝187회이고, 야구와 축구의 경기 수 차이는 432－228＝204회이다. 따라서 $\frac{187}{204}\times 100 \fallingdotseq 91.7\%$이므로 90% 이상이다.

③ 5년 동안 종목별 경기 수의 평균은 다음과 같다.

- 농구 : $\frac{413+403+403+403+410}{5}=406.4$회
- 야구 : $\frac{432+442+425+433+432}{5}=432.8$회
- 배구 : $\frac{226+226+227+230+230}{5}=227.8$회
- 축구 : $\frac{228+230+231+233+233}{5}=231.0$회

따라서 야구의 평균 경기 수는 축구 평균 경기 수의 약 1.87배로 2배 이하이다.

⑤ 2019년 각 종목별 경기 수가 5년 동안의 평균 경기 수보다 적은 종목은 야구이다.

27

정답 ③

사이다의 용량 1mL에 대한 가격을 비교하면 다음과 같다.

- A업체 : $\frac{25,000}{340\times 25} \fallingdotseq 2.94$원/mL
- B업체 : $\frac{25,200}{345\times 24} \fallingdotseq 3.04$원/mL
- C업체 : $\frac{25,400}{350\times 25} \fallingdotseq 2.90$원/mL
- D업체 : $\frac{25,600}{355\times 24} \fallingdotseq 3.00$원/mL
- E업체 : $\frac{25,800}{360\times 24} \fallingdotseq 2.99$원/mL

따라서 1mL당 가격이 가장 저렴한 업체는 C업체이다.

28

정답 ④

오답분석

① 자사의 유통 및 생산 노하우가 부족하다고 분석하였으므로 적절하지 않다.

② 디지털마케팅 전략을 구사하기에 역량이 미흡하다고 분석하였으므로 적절하지 않다.

③ 분석 자료를 살펴보면, 경쟁자 중 상위업체가 하위업체와의 격차를 확대하기 위해서 파격적인 가격정책을 펼치고 있다고 하였으므로 적절하지 않다.

⑤ 브랜드 경쟁력을 유지하기 위해 20대 SPA 시장 진출이 필요하며, 자사가 높은 브랜드 이미지를 가지고 있다는 내용은 자사의 상황분석과 맞지 않는 내용이므로 적절하지 않다.

29

정답 ④

쌀을 제대로 씻지 않을 경우 쌀뜨물이 바닥으로 깔려 취사 후 밥 밑면이 누렇게 될 수 있으므로 취사 전 맑은 물이 나올 때까지 헹궈 주어야 한다.

오답분석

① 소요되는 취사시간과 상관없이 예약은 완료되는 시간을 기준으로 한다. 따라서 17시가 오픈이므로 15시에는 2시간으로 설정하여 예약하면 된다.

② '백미쾌속' 모드는 예약이 되지 않는다. 예약 가능한 메뉴는 백미, 잡곡, 현미 3가지 메뉴이다.

③ '잡곡쾌속' 모드는 취사 모드에 없다. 취사 가능 모드는 백미, 백미쾌속, 잡곡, 현미, 죽, 누룽지, 만능 찜 7개이다.

⑤ 현미는 소요되는 취사시간이 70 ~ 80분이다. 17시 오픈을 기준으로 하면 70 ~ 80분 전인 15시 40 ~ 50분에 취사 버튼을 눌러야 한다.

30

정답 ④

뚜껑 패킹과 내솥 사이에 이물질이 끼어있을 경우 취사 도중 수증기가 뚜껑 틈으로 나올 수 있다.

31

정답 ⑤

30번 문제에서 찾은 원인에 따라 뚜껑 패킹과 내솥 사이의 이물질을 제거하였는데도 여전히 뚜껑 틈으로 수증기가 나온다면 새 뚜껑 패킹으로 교환하는 방법이 있다.

32
정답 ⑤

수동형 사원은 자신의 능력과 노력이 조직으로부터 인정받지 못해 자신감이 떨어지는 모습을 보인다. 따라서 의견을 존중하며 자신감을 키워주는 것이 적절하다.

오답분석

① 적절한 보상이 없다고 느끼는 소외형 사원에게 팀에 대한 협조의 조건으로 보상을 제시하는 것은 적절하지 못하다.
② 리더는 팀원을 배제시키지 않고, 팀 목표를 위해 팀원들이 자발적으로 업무에 참여하도록 노력해야 한다.
③ 순응형 사원에 대해서는 그들의 잠재력 개발을 통해 팀 발전을 위한 창의적인 모습을 갖도록 해야 한다.
④ 실무형 사원에 대해서는 징계를 통해 규정준수를 억지로 강조하는 모습보다는 의사소통을 통해 규정준수를 이해시키는 것이 적절하다.

33
정답 ②

대화를 통해 부하직원인 A사원 스스로 업무성과가 떨어지고 있고, 업무방법이 잘못되었음을 인식시켜서 이를 해결할 방법을 스스로 생각하도록 해야 한다. 이후 조언하며 독려한다면, B팀장은 A사원의 자존감과 자기결정권을 침해하지 않으면서, A사원 스스로 책임감을 느끼고 문제를 해결할 가능성이 높아지게 된다.

오답분석

① 징계를 통해 억지로 조언을 듣도록 하는 것은 자존감과 자기결정권을 중시하는 A사원에게 적절하지 않다.
③ 칭찬은 A사원으로 하여금 자신의 잘못을 인식하지 못하도록 할 수 있어 적절하지 않다.
④ 자존감과 자기결정권을 중시하는 A사원에게 강한 질책은 효과적이지 못하다.
⑤ A씨가 자기 잘못을 인식하지 못한 상태로 시간만 흘러갈 수 있다.

34
정답 ①

A사원은 일에 대한 책임감이 결여되어 있고, 스스로 일에 열심히 참여하지 않는다. 팀장이 지시하지 않으면 임무를 수행하지 않기 때문에 수동형 유형이다. B대리는 앞장서지는 않지만 맡은 일은 잘 하며, 일에 불만을 가지고 있어도 이를 표현해서 대립하지 않는다. 또한, 지시한 일 이상을 할 수 있음에도 노력하지 않는 실무형 유형이다.

35
정답 ④

MOT 마케팅은 소비자와 접촉하는 극히 짧은 순간들이 브랜드와 기업에 대한 인상을 좌우하는 극히 중요한 순간이라는 것을 강조하는 마케팅이다. 소비자의 결정적 순간(MOT)이 기업에 대한 이미지와 상품의 품질, 서비스 등을 평가하기 때문에 직원이 소비자와 접촉하는 짧은 시간 동안 기업에 대한 긍정적인 이미지를 만들어야 한다.
스칸디나비아항공이 시행한 MOT 마케팅 방법은 접촉한 직원의 역할이 크기 때문에 직원이 책임감을 가지고 임해야 긍정적인 결과를 낼 수 있다.

36
정답 ③

민원은 타 업무에 우선하여 신속하고 친절하게 처리한다.

37
정답 ③

TRIZ(창의적 문제해결이론)는 문제가 발생된 근본 모순을 찾아내 해결 방법을 모색하는 것으로 발견은 해당되지 않는다.

오답분석

① 자전거 헬멧을 여러 구간으로 납작하게 접을 수 있는 접이식 헬멧은 TRIZ 40가지 이론 중 분할에 해당된다.
② 자동으로 신발 끈이 조여지는 운동화는 TRIZ 40가지 이론 중 셀프서비스에 해당된다.
④ 회전에 제약이 없는 구형 타이어는 TRIZ 40가지 이론 중 곡선화에 해당된다.
⑤ 줄 없이 운동할 수 있는 줄 없는 줄넘기는 TRIZ 40가지 이론 중 기계 시스템의 대체에 해당된다.

38
정답 ②

A사원이 용산역에서 7시 30분 이후에 출발한다고 하였으므로 07:45에 출발하는 KTX 781 열차를 탑승하고, 여수에 11:19에 도착한다. 여수 지사방문 일정에는 40분이 소요되므로 일정을 마치는 시각은 11:59이고, 12:00부터는 점심식사 시간이므로 13:00까지 식사를 한다. 식사를 마친 뒤 여수에서 순천으로 가는 열차는 13:05에 출발하는 KTX 712 열차를 탑승하고, 순천에 13:22에 도착한다. 순천 지사방문 일정에는 2시간이 소요되므로 일정을 마치는 시각은 15:22이다. 따라서 용산역으로 돌아오는 열차는 16:57에 출발하는 KTX 718 열차를 탑승할 수 있고, 이때 용산역 도착 시각은 19:31이다. 또한, 각 열차의 요금은 KTX 781 – 46,000원, KTX 712 – 8,400원, KTX 718 – 44,000원이므로 총 요금은 46,000+8,400+44,000=98,400원이다.

39
정답 ④

두 번째 문단을 통해 도시철도 역사 내의 이동패턴, 이동시간 등은 교통카드 데이터만으로 분석하기에 한계가 존재한다는 것을 알 수 있다.

40
정답 ⑤

먼저 (가)에서는 본 연구를 통해 출·도착 데이터와 교통카드 데이터의 연계성을 분석하여 도시철도 역사 내 보행 시설물 서비스 수준 추정 가능성을 제시하였다고 이야기하고 있다. 이를 통해 (가)에서는 데이터분석을 통해 도출한 도시철도 역사 내 보행 시설물 서비스 수준 추정 가능성에 대한 내용이 이어질 것임을 추론할 수 있다. 따라서 (가) 논문은 연구 결과에 대한 논의와 결론을 제시하고 있는 '5장. 분석결과 및 결론'이 적절하다.

(나)에서는 본 연구에서 3개의 역을 선정하여 이용객의 환승 및 수요를 파악할 수 있는 교통카드 데이터와 열차의 출·도착 데이터를 통해 분석을 수행하였음을 이야기하고 있으므로 뒤의 내용으로 분석을 수행한 결과가 이어질 것임을 추론할 수 있다. 따라서 (나)는 열차 출·도착 데이터와 교통카드 데이터 연계 및 이동성 분석 결과를 제시하고 있는 '4장. 분석 자료 구축'이 적절하다.

직무수행능력평가

01	02	03	04	05	06	07	08	09	10
①	①	④	④	①	②	③	③	④	③
11	12	13	14	15	16	17	18	19	20
③	②	①	②	⑤	①	①	③	①	①
21	22	23	24	25	26	27	28	29	30
③	②	①	①	②	②	②	③	④	③
31	32	33	34	35	36	37	38	39	40
①	④	①	⑤	①	①	②	①	③	④

01
정답 ①

불평형 3상 4선식 회로 (Y결선) 전압

$V_{an}=200\angle 0°$

$V_{bn}=200\angle -120°\left(-\frac{2}{3}\pi\right)$

$V_{cn}=200\angle -240°\left(-\frac{4}{3}\pi\right)$

• 각 상별 전류

$$I_a=I\angle 0°=\frac{V_{an}}{R}\angle 0°=\frac{200}{10}\angle 0°=20\text{A}$$

$$I_b=I\angle -120°=\frac{V_{bn}}{R}\angle -120°=\frac{200}{5}\angle -120°$$
$$=40\angle -120°=40(\cos(-120°)+j\sin(-120°))$$
$$=40\left(-\frac{1}{2}-j\frac{\sqrt{3}}{2}\right)=-20-j20\sqrt{3}\text{ A}$$

$$I_c=I\angle -240°=\frac{V_{cn}}{R}\angle -240°=\frac{200}{20}\angle -240°$$
$$=10\angle -240°=10(\cos(-240°)+j\sin(-240°))$$
$$=10\left(-\frac{1}{2}+j\frac{\sqrt{3}}{2}\right)=-5+j5\sqrt{3}\text{ A}$$

• 중성선 전류

$$I_n=I_a+I_b+I_c[\text{A}]$$
$$=20+(-20-j20\sqrt{3})+(-5+j5\sqrt{3})$$
$$=-5-j15\sqrt{3}\text{ A}$$

02
정답 ①

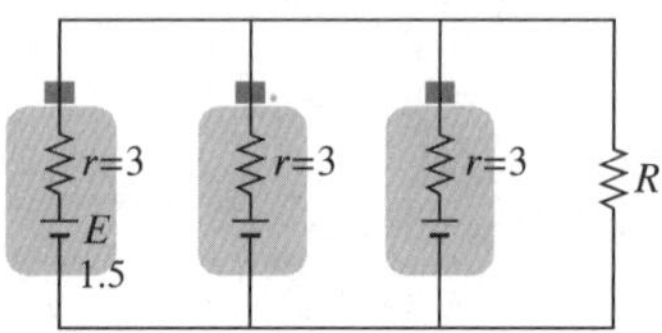

• 전지의 내부저항

$$r_0=\frac{r}{n}=\frac{3}{3}=1\Omega$$

• 전류

$I=\dfrac{E}{r+R}[A]$

$0.5=\dfrac{1.5}{1+R}$

$1.5=0.5(1+R)=0.5+0.5R$

$0.5R=1$

$R=\dfrac{1}{0.5}=2\Omega$

$R=2R$일 때

$R=2\times 2=4\Omega$

$I'=\dfrac{E}{r+R}(R=4\Omega$ 대입)

$=\dfrac{1.5}{1+4}=\dfrac{1.5}{5}=0.3A$

03

정답 ④

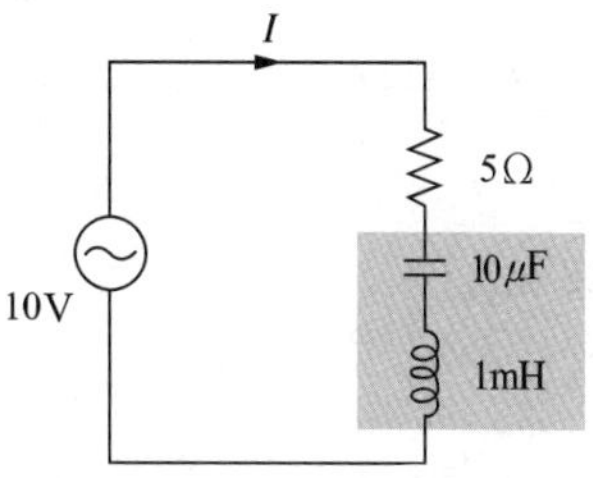

RLC 직렬회로에서 전류 I가 최대일 때 임피던스 Z 최소(허수부$=0$), 즉 공진상태이다.

• 공진상태

$Z=R+j(X_L-X_c)$

$X_L-X_c=0$이므로

$\therefore Z=R$

• 전류 $I=\dfrac{V}{Z}=\dfrac{10}{5}=2A$

04

정답 ④

식 $V=I_f(R_f+R)$에서 $R_f=\dfrac{V}{I_f}-R=\dfrac{100}{2}-10=40\Omega$이다.

05

정답 ①

$f_s=sf_1$식에서 $s=\dfrac{n_0-n_2}{n_0}=0.05$

$\therefore f_2=0.05\times 100=5Hz$

06

정답 ②

저항 강하 $P=\dfrac{P_s}{V_{1n}I_{1n}}\times 100=\dfrac{150}{5,000}\times 100=3\%$

07

정답 ③

$N=\dfrac{V-R_aI_a}{K\Phi}=K\dfrac{V-R_aI_a}{\Phi}$

식에서 N을 $\dfrac{1}{2}$로 하기 위해서 Φ는 2가 되어야 한다.

08

정답 ③

줄의 법칙은 전류에 의해 단위시간에 발생하는 열량이 도체의 저항과 전류의 제곱에 비례한다는 것이다.

오답분석

① 전류의 세기는 전압에 비례하고, 저항에 반비례한다.
② 자기장 세기의 변화로 유도 기전력이 발생한다.
④ 전하보존 법칙과 에너지 보존 법칙 두 가지가 있다.
⑤ 유도기전력과 유도전류는 자기장의 변화를 상쇄하려는 방향으로 발생한다.

09

정답 ④

전기력선끼리는 서로 끌어당기지 않고 반발한다.

오답분석

①·②·③·⑤ 전기력선은 서로 교차하지 않고, 도체표면에 수직으로 출입하며, 도체 내부에는 존재하지 않는다. 또한, 전계의 세기는 전기력선의 밀도와 같고, 전위가 높은 점에서 낮은 점으로 향한다.

10

정답 ③

• $R_1=1+\dfrac{2\times 2}{2+2}=2\Omega$

• $R_2=1+\dfrac{2\times 2}{2+2}=2\Omega$

• $R_3=\dfrac{2\times 2}{2+2}=1\Omega$

11

정답 ③

$V_i=\sqrt{3}$

$V_P=\sqrt{3}\times 120 \fallingdotseq 208V$

12

정답 ②

전기 저항은 전류가 흐르는 통로의 단면적에 반비례하고 도체의 길이에 비례한다.

$R=\rho\dfrac{l}{A}[\Omega]$ [ρ : 고유저항, A : 도체의 단면적$(=\pi r^2)$]

13 정답 ①

- 최대 전력 전달 조건 : 전원측의 내부 저항과 외부 저항이 같을 때이다.

$\therefore\ r=R$

14 정답 ②

$I=\dfrac{V}{R}=\dfrac{20}{10}=2\text{A}$ 이므로

$V_1=3\times2=6\text{V},\ V_2=30-20-6=4\text{V}$

$\therefore\ R=\dfrac{V}{I}=\dfrac{4}{2}=2\Omega$

15 정답 ⑤

$F=\dfrac{Q_1Q_2}{\varepsilon_s r^2}=\dfrac{1\times1}{1\times100^2}=\dfrac{1}{10{,}000}\text{dyne}$

16 정답 ①

그림과 같은 구형파에서는 최대값, 실효값, 평균값이 모두 같으므로 파형률은 1이다.

$\therefore$ (파형률)$=\dfrac{(\text{실효값})}{(\text{평균값})}$

17 정답 ①

$I_P=\dfrac{V_P}{Z}=\dfrac{220}{6+j8}=22\text{A}$

$I_l=\sqrt{3}I_P=\sqrt{3}\times22\fallingdotseq38\text{A}$

18 정답 ③

$R_1=R_2$ 라면 $R=\dfrac{R_1R_2}{R_1+R_2}$ 에서 $R=\dfrac{1}{2}$ 이 되므로 한 도선 저항의 $\dfrac{1}{2}$ 이 된다.

19 정답 ①

과도 상태에서는 L, C 등의 회로 소자 또는 전원의 상태가 순간적으로 변화하는 경우에는 각 부분의 전압, 전류 등의 에너지가 순간적으로 정상 상태에 도달하지 못하고, 정상 상태에 이르는 동안 여러 가지 복잡한 변화를 하게 된다. 이러한 상태를 과도 상태라 하며 정상 상태에 도달하기까지의 일정한 시간을 과도 시간이라 한다. 시상수의 값이 클수록 정상 상태로 되는 데 시간이 오래 걸린다.

20 정답 ①

플레밍의 왼손 법칙

$F=BIl\sin\theta[\text{N}]$

$\therefore\ F=1.5\times40\times10^{-2}\times5\times\dfrac{1}{2}=150\times10^{-2}=1.5\text{N}$

21 정답 ③

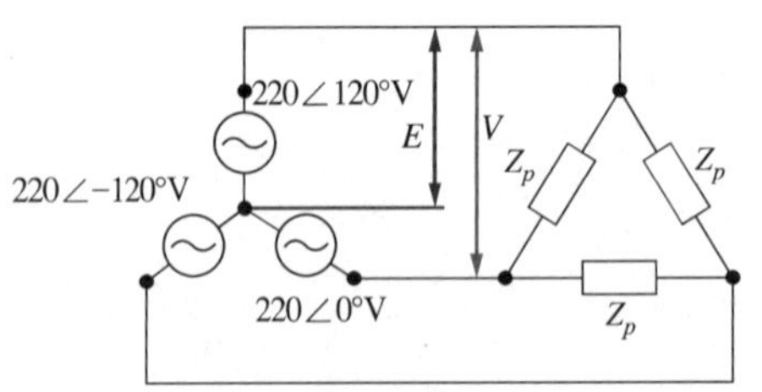

부하측 △ → Y 변환$\left(\dfrac{\triangle}{3}\right)$

- 1상당 임피던스

$Z_p=\dfrac{24+j18}{3}=8+j6[\Omega]$

$|Z_p|=\sqrt{(8)^2+(6)^2}=\sqrt{100}=10\Omega$

- 등가회로

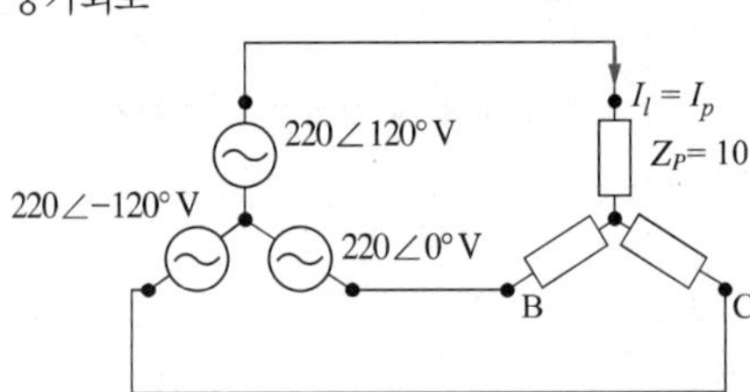

- 부하측 상전류$\left[\triangle\text{결선 : (상전류)}=\dfrac{(\text{선전류})}{\sqrt{3}}\right]$

$I_l=\sqrt{3}I_p[\text{A}]$

$\therefore\ I_p=\dfrac{I_l}{\sqrt{3}}[\text{A}]=\dfrac{22}{\sqrt{3}}\text{A}$

- 부하측 선전류[Y결선 : (선전류)=(상전류)]

$I_l=I_p=\dfrac{V_p}{Z_p}[\text{A}]=\dfrac{220}{10}=22\text{A}$

22 정답 ②

• 힘

$F = BlI\sin\theta[\text{N}]$

$6 = B\times 0.5\times 2\times \sin 90°(\sin 90° = 1$ 대입)

$6 = B\times 0.5\times 2\times 1$

$\therefore\ B = \dfrac{6}{0.5\times 2\times 1} = \dfrac{6}{1} = 6\text{Wb/m}^2$

• 유기 기전력

$e = Blv\sin\theta$

$= 6\times 0.5\times 10\times \sin 60°\left(\sin 60° = \dfrac{\sqrt{3}}{2}\right.$ 대입$\left.\right)$

$= 6\times 0.5\times 10\times \dfrac{\sqrt{3}}{2} = 15\sqrt{3}\,\text{V}$

23

정답 ①

$2\sqrt{3}\times P = 200\sqrt{3}\,\text{kVA}$

24

정답 ①

$s = \dfrac{N_s - N}{N_s},\ N_s = \dfrac{120f}{p} = 1,200$

$\therefore\ s = \dfrac{1,200 - 1,152}{1,200} = 0.04$

따라서 $E_{2s} = sE_2 = 0.04\times 200 = 8\text{V}$이다.

25

정답 ②

$P_2 = \dfrac{P}{1-s},\ N_s = \dfrac{120f}{p} = 900,\ s = \dfrac{N_s - N}{N_s} = 0.05$

$P_2 = \dfrac{15\times 746}{1-0.05} = \dfrac{11,190}{0.95} \fallingdotseq 11,779\text{W}$

$\eta_2 = \dfrac{P}{P_2} = \dfrac{11,190}{11,779}\times 100 \fallingdotseq 95\%$

$P_{c2} = sP_2 = 0.05\times 11,779 = 588.95 \fallingdotseq 589\text{W}$

26

정답 ②

$I_A - I_C = I_A\times \dfrac{5}{60} - I_C\times \dfrac{5}{60} = \dfrac{\sqrt{3}\,I_B}{12} = 2.5$

$\therefore\ I_B = \dfrac{2.5\times 12}{\sqrt{3}} \fallingdotseq 17.3\text{A}$

27

정답 ②

$E_{2s} = sE_2$ 식에서 $E_2 = \dfrac{E_{2s}}{s} = 100$

$\rightarrow s = \dfrac{E_{2s}}{100} = \dfrac{20}{100} = 0.2$

$N = (1-s)N_s = (1-0.2)\times 1,000 = 800\text{rpm}$

$\left(\because\ LN_s = \dfrac{120f}{p} = \dfrac{120\times 50}{6} = 1,000\text{rpm}\right)$

28

정답 ③

$\tau = \dfrac{P_2}{\omega}$ 에서 $P_2 = \dfrac{P_{c2}}{s} = \dfrac{94.25}{0.05} = 1,885$

$\therefore\ \tau = \dfrac{P_2}{2\pi n}$

$\left(\because\ n = \dfrac{N}{60}\right.$ 에서 $\left. N = \dfrac{120f}{P} = \dfrac{120\times 60}{4} = 1,800\right)$

$= \dfrac{1,885}{2\pi\times \dfrac{1,800}{60}} = \dfrac{1,885}{2\times 3.14\times \dfrac{1,800}{60}} \fallingdotseq 10\text{N}\cdot\text{m}$

29

정답 ④

$E_d = \dfrac{2E_m}{\pi}\left(\because E_m = 2\sqrt{2}\,E\right)$ (E_d : 직류 전압의 평균값)

$\therefore\ E_d = \dfrac{2}{\pi}\times 2\sqrt{2}\,E = \dfrac{600\sqrt{2}}{\pi}[\text{V}]$

30

정답 ③

$E_d = \dfrac{2\sqrt{2}\,E}{\pi} - e_a$에서

$E = \dfrac{\pi}{2\sqrt{2}}(E_d + e_a) = 122\text{V}$

31

정답 ①

거리의 제곱에 반비례한다.

32

정답 ④

식 $R_1 = a^2R_2$에서 $a^2 = \dfrac{R_1}{R_2}$

$\therefore\ a = \sqrt{\dfrac{R_1}{R_2}} = \sqrt{\dfrac{1,000}{100}} = \sqrt{10}$

33 정답 ①

$Z=\dfrac{I_{1n}Z_1}{V_{1n}}\times 100$ 식에서 $I_{1n}=\dfrac{10\times 10^3}{2,000}=5\text{A}$

$\therefore\ Z=\dfrac{5\times\sqrt{(6.2)^2+(7)^2}}{2,000}\times 100 \fallingdotseq 2.35\%$

34 정답 ⑤

규약 효율 $\eta=\dfrac{V_2I_2\cos\theta_2}{V_2I_2\cos\theta_2+P_i+I_2^{\,2}r}\times 100\left(I_2^{\,2}r=P_c\right)$

$\therefore\ \eta=\dfrac{4\times 10^3\times\dfrac{1}{2}}{4\times 10^3\times\dfrac{1}{2}+80+120\times\left(\dfrac{1}{2}\right)^2}\times 100 \fallingdotseq 95\%$

35 정답 ①

$E_{2s}=sE$ 식에서 정지해 있을 시 $\dfrac{E_1}{E_2}=\alpha \quad \therefore\ E_2=\dfrac{E_1}{\alpha}$

$E_{2s}=s\dfrac{E_1}{\alpha}$

$\therefore\ \dfrac{E_1}{E_{2s}}=\dfrac{E_1}{s\dfrac{E_1}{\alpha}}=\dfrac{\alpha}{s}$

36 정답 ①

$\tau=\dfrac{P_2}{\omega_s}=\dfrac{P_2}{2\pi n}$ 식에 의해

$P=9.8\times 2\pi\times N\times\tau$

$=9.8\times 2\pi\times\dfrac{864}{60}\times 54.134\times 10^{-3}$

$\fallingdotseq 47.975\text{kW}$

$s=\dfrac{N_s-N}{N_s}=\dfrac{900-864}{900}=0.04$

$\left(\because\ N_s=\dfrac{120f}{p}=\dfrac{120\times 60}{8}=900\right)$

$P_2=\dfrac{P}{1-s}=\dfrac{47.975}{1-0.04}\fallingdotseq 47.974$

37 정답 ②

$P=\sqrt{3}\,VI\cos\theta\cdot\eta=\sqrt{3}\times 200\times 21.5\times 0.86\times 0.85$

$\fallingdotseq 5,444.36\text{W}$

38 정답 ①

저항 병렬 회로에서는 전압이 공통이므로 $I_{Rx}=\dfrac{20}{5}=4\text{A}$이다.

39 정답 ③

$V=I\times\dfrac{1}{G}[\text{V}]$

$\therefore\ V=6\times\dfrac{1}{0.5}=12\text{V}$

40 정답 ④

전자기파는 전기장과 자기장의 변화가 상호 작용하면서 진행한다.

서울교통공사 전기직 신입사원 필기시험

제2회 정답 및 해설

직업기초능력평가

01	02	03	04	05	06	07	08	09	10
⑤	②	④	④	④	④	②	①	③	③
11	12	13	14	15	16	17	18	19	20
②	②	②	①	④	③	⑤	③	③	④
21	22	23	24	25	26	27	28	29	30
①	②	③	②	①	②	①	③	①	③
31	32	33	34	35	36	37	38	39	40
③	②	⑤	③	①	②	①	②	①	⑤

01

정답 ⑤

4차 산업혁명으로 인한 현대인의 디지털 라이프스타일이 사람들의 가치와 직업을 변화시킨다는 내용의 첫 문단 다음으로는 먼저 최근 등장한 '친환경일자리'로 인해 나눔·봉사의 가치가 직업선택에 중요한 기준으로 부상하였다는 (라) 문단이 오는 것이 적절하다. 그다음으로는 여가와 성공의 가치가 변화하고 있다고 언급하며 여가와 성공에 대한 가치 변화를 각각 설명하는 (다) 문단과 (나) 문단이 차례대로 오는 것이 적절하다. 마지막으로는 개방성·다양성·역동성의 가치 변화를 설명하는 (가) 문단이 오는 것이 적절하다.

02

정답 ②

제시문에서는 4차 산업혁명으로 인한 라이프스타일의 변화가 사람들의 가치를 변화시키고, 이에 따라 직업 선택에서도 변화가 나타난다고 설명하고 있다. 따라서 제시문의 제목으로는 4차 산업혁명과 직업세계의 관계를 나타내는 ②가 가장 적절하다.

03

정답 ④

글쓴이는 인간의 표정을 통해 감정을 읽는 것은 비과학적이므로 감정인식 기술을 채용이나 법 집행 등의 민감한 상황에서 사용하는 것을 금지해야 한다고 주장한다. 따라서 AI가 제공하는 데이터를 통해 지원자의 감정을 자세하게 파악할 수 있다는 내용의 ④는 글쓴이의 주장과 반대되는 입장이므로 적절하지 않다.

04

정답 ④

㉠의 앞에서는 많은 AI 기업들이 얼굴 인식 프로그램을 개발하고 있는 현황에 관해 이야기하고 있으나, ㉠의 뒤에서는 인간의 얼굴 표정으로 감정을 읽는 것은 비과학적이라고 주장한다. 따라서 ㉠에는 역접의 의미인 '그러나'가 적절하다.

㉡의 앞에서는 인간의 얼굴 표정으로 감정을 읽는 것이 비과학적인 이유를 이야기하며, ㉡의 뒤에서는 민감한 상황에서 감정인식 기술의 사용을 금지해야 한다고 주장한다. 즉, ㉡의 앞부분은 뒷부분의 근거가 되는 내용이므로 ㉡에는 앞에서 말한 일이 뒤에서 말할 일의 원인, 이유가 됨을 나타내는 '따라서'가 적절하다.

05

정답 ④

㉡ 도시철도법 제28조 제1항 제2호
㉣ 도시철도법 제28조 제1항 제3호

오답분석

㉠ 도시철도법 제26조 제1항
㉢ 도시철도법 제28조 제1항 제4호

06

정답 ④

도시철도법 제30조 제1항

오답분석

① 도시철도법 제26조 제2항
② 도시철도법 제26조 제2항·제4항
③ 도시철도법 제26조 제3항
⑤ 도시철도법 제31조 제2항

07

정답 ②

철도안전법 제20조 제1항 제1호

오답분석

① 철도안전법 제20조 제6항
③ 철도안전법 제20조 제4항
④ 철도안전법 제20조 제2항
⑤ 철도안전법 제20조 제5항

08

정답 ①

$(\text{속력})=\frac{(\text{거리})}{(\text{시간})}$ 공식을 이용하여 슬기의 속력을 구하기 위해서는 먼저 거리를 알아야 한다. 슬기는 경서가 움직인 거리보다 1.2m 더 움직였으므로 슬기가 이동한 거리는 $0.6\times6+1.2=4.8$m이다. 따라서 슬기는 출발하고 6초 후에 경서를 따라잡았으므로 속력은 $\frac{4.8}{6}=0.8$m/s이다.

09

정답 ③

3과 5의 최소공배수는 15이므로 K씨가 관리하는 주차장에서는 15분 동안 $1\times5=5$대가 나가고 $3\times3=9$대가 들어온다. 따라서 15분마다 $9-5=4$대만큼 늘어난다. 현재 주차장에는 156대가 주차되어 있어 44대가 더 들어와야 하므로 $15\times\frac{44}{4}=165$분 후 주차장에 200대의 차가 주차된다. 165분은 2시간 45분이므로 주차장에 200대의 차가 주차되는 시간은 오전 10시 12분+2시간 45분=오후 12시 57분이다.

10

정답 ③

2014년부터 공정자산총액과 부채총액의 차를 순서대로 나열하면 952억 원, 1,067억 원, 1,383억 원, 1,127억 원, 1,864억 원, 1,908억 원이다.

오답분석

① 2017년에는 자본총액이 전년 대비 감소했다.
② 직전 해에 비해 당기순이익이 가장 많이 증가한 해는 2018년이다.
④ 총액 규모가 가장 큰 것은 공정자산총액이다.
⑤ 2014 ~ 2017년 자본총액에서 자본금이 차지하는 비율을 구하면 다음과 같다.

- 2014년 : $\frac{434}{952}\times100=45.6\%$
- 2015년 : $\frac{481}{1,067}\times100=45.1\%$
- 2016년 : $\frac{660}{1,383}\times100=47.7\%$
- 2017년 : $\frac{700}{1,127}\times100=62.1\%$

11

정답 ②

수윤 – 태환 – 지성 – 영표 – 주영 순서로 들어왔다.

12

정답 ②

B는 뒷면을 가공한 이후 A의 앞면 가공이 끝날 때까지 5분을 기다려야 한다. 즉, '뒷면 가공 → 5분 기다림 → 앞면 가공 → 조립'이 이루어지므로 총 45분이 걸리고, 유휴 시간은 5분이다.

13

정답 ②

A기업과 B기업의 사례를 통해 현재 겪고 있는 문제만을 인식하는 기업과 미래에 발생할지도 모르는 문제도 인식하는 기업의 차이가 있음을 알 수 있다. 이러한 관점에서 문제의 유형을 현재 직면하고 있는 발생형 문제, 현재 상황은 문제가 아니지만 현재 상황을 개선하기 위한 탐색형 문제, 장래의 환경변화에 대응해서 앞으로 발생할 수 있는 설정형 문제로 구분할 수 있다. 즉, A기업은 현재 겪고 있는 발생형 문제만을 해결하는 데 급급했지만, B기업은 미래에 발생할지도 모르는 설정형 문제를 인식하고 이를 대비했다. 결국 문제를 인식하는 시점의 차이가 두 기업의 성장에 많은 차이를 초래하였음을 알 수 있다.

14

정답 ①

문제해결방법에 대한 체계적인 교육을 통해 창조적인 문제해결능력을 향상시킬 수 있다. 따라서 개인은 체계적인 교육훈련을 통해 문제해결을 위한 기본 지식과 스킬을 습득해야 한다.

15

정답 ④

일반적인 문제해결절차는 문제 인식, 문제 도출, 원인 분석, 해결안 개발, 실행 및 평가의 5단계를 따른다. 먼저 해결해야 할 전체 문제를 파악하여 우선순위를 정하고, 선정 문제에 대한 목표를 명확히 한 후 선정된 문제를 분석하여 해결해야 할 것이 무엇인지를 명확히 한다. 다음으로 이 분석 결과를 토대로 근본 원인을 도출하고, 근본원인을 효과적으로 해결할 수 있는 최적의 해결책을 찾아 실행, 평가한다. 따라서 문제해결절차는 (다) → (마) → (가) → (라) → (나)의 순서로 진행된다.

16

정답 ③

ERP(Enterprise Resource Planning)는 기업 내 인사・재무・생산 등의 경영 활동 프로세스를 통합적으로 연결하여 관리해주는 전사적 관리 시스템을 말한다.

오답분석

① TPS(Transaction Processing Systems) : 반복적이고 일상적인 거래를 처리하고 그 거래로 발생하는 여러 가지 데이터를 저장하고 관리하는 거래처리 시스템이다.

② MRP(Material Requirement Planning) : 컴퓨터를 이용하여 최종제품의 생산계획에 따라 그에 필요한 부품 소요량의 흐름을 종합적으로 관리하는 생산관리 시스템이다.
④ CRM(Customer Relationship Management) : 기업이 고객과 관련된 자료를 분석·통합해 고객 중심 자원을 극대화하고 이를 바탕으로 마케팅 활동을 계획·지원하는 고객관계관리이다.
⑤ MIS(Management Information System) : 기업의 경영관리에 필요한 정보를 신속하게 수집하고, 종합적으로 가공하여 제공하는 경영정보 시스템이다.

17

정답 ⑤

A기업은 전자가격표시기 도입으로 작업 소요 시간을 일주일 평균 31시간에서 3.8시간으로 단축하였다. 기업의 입장에서 작업 소요 시간을 단축하게 되면 생산성 향상, 가격 인상, 위험 감소, 시장 점유율 증가의 효과를 얻을 수 있다.

18

정답 ③

오답분석

① 예산 집행 과정에서의 적절한 관리 및 통제는 사업과 같은 큰 단위만이 해당되는 것이 아니라 직장인의 경우 월급, 용돈 등 개인적인 단위에도 해당된다.
② 예산을 잘 수립했다고 해서 예산을 잘 관리하는 것은 아니다. 예산을 적절하게 수립하였다고 하더라도 집행 과정에서 관리에 소홀하면 계획은 무용지물이 된다.
④ 예산 사용 내역에서 계획보다 비계획의 항목이 더 많은 경우는 예산 집행 과정을 적절하게 관리하지 못하는 경우라고 할 수 있다.
⑤ 가계부는 개인 차원에서의 관리에 활용되며, 프로젝트나 과제의 경우에는 워크시트를 작성함으로 효과적으로 예산 집행 과정을 관리할 수 있다.

19

정답 ③

A유통업체는 바코드(Bar Code)를 사용하여 물품을 관리하고 있다. 물품의 수명기간 동안 무선으로 물품을 추적 관리할 수 있는 것은 바코드가 아닌 RFID 물품관리 시스템으로, 물품에 전자태그(RFID)를 부착하여 물품을 관리한다.

20

정답 ④

인맥관리카드는 자신의 주변에 있는 인맥을 관리카드로 작성하여 관리하는 것으로, 모두를 하나의 인맥관리카드에 작성하는 것보다 핵심인맥과 파생인맥을 구분하여 작성하는 것이 효과적이다.

오답분석

① SNS상의 정기적인 연락을 통해 인맥을 관리할 수 있다.
② NQ(Network Quotient)는 인맥 지수를 의미하며, 다른 사람들의 경조사에 참석함으로써 인맥을 관리할 수 있다.
③ 인맥을 키워나가기 위해서는 인맥 지도 그리기를 통해 가장 먼저 자신의 현재 인맥 상태를 점검해 보는 것이 좋다.
⑤ 명함을 효과적으로 관리하기 위해서는 명함에 상대에 대한 구체적인 정보들을 적어두는 것이 좋다.

21

정답 ①

직원 수가 100명이므로 주문해야 할 치킨은 50마리이다. 방문 포장 시의 할인율이 배달을 시킬 때의 할인율보다 크므로 방문 포장을 선택한다.

• A치킨
: $15,000\times50\times[1-(0.35+0.05)]+50,000=500,000$원
• B치킨
: $16,000\times50\times[1-(0.2+0.03)]+15,000=631,000$원

따라서 A치킨에서 방문 포장으로 주문하는 것이 최소 비용으로 치킨을 먹을 수 있는 방법이다.

22

정답 ②

각 점포의 일일매출액을 a, b, c, d, e만 원이라고 하면 다음과 같은 방정식을 도출할 수 있다.

$a=b-30$ … ㉠
$b=d\times0.2$ … ㉡
$d+e+2,450=c$ … ㉢
$2c-12d=3,500$ … ㉣
$30e=9,000$ … ㉤

㉤에서 $e=300$이고, e를 ㉢에 대입하면 $c-d=2,750$이므로 양변에 2를 곱하여 $2c-2d=5,500$으로 만든다. 이 식과 ㉣을 연립하면, $10d=2,000$이므로 $d=200$, 따라서 $c=2,750+200=2,950$이며, ㉡에서 $b=200\times0.2=40$, ㉠에서 $a=40-30=10$을 구할 수 있다. 따라서 총합은 $10+40+2,950+200+300=3,500$만 원이다.

23

정답 ③

다음은 각 교통편의 왕복 교통비용이다.

① 일반버스 : $24,000\times2=48,000$원
② 우등버스 : $32,000\times2\times0.99=63,360$원
③ 무궁화호 : $28,000\times2\times0.85=47,600$원
④ 새마을호 : $36,000\times2\times0.8=57,600$원
⑤ KTX : 58,000원

따라서 무궁화호가 47,600원으로 가장 저렴하다.

24
정답 ②

각자의 총점이 0이고 각 영역의 점수 합이 0이므로, 인화력 점수를 매긴 후 차례대로 경우의 수를 확인하면 된다.

[경우 1]

사원 \ 영역	업무 능력	리더십	인화력
A	−1	0	1
B	0	0	0
C	1	0	−1

[경우 2]

사원 \ 영역	업무 능력	리더십	인화력
A	−1	0	1
B	1	−1	0
C	0	1	−1

[경우 3]

사원 \ 영역	업무 능력	리더십	인화력
A	0	−1	1
B	0	0	0
C	0	1	−1

[경우 4]

사원 \ 영역	업무 능력	리더십	인화력
A	0	−1	1
B	−1	1	0
C	1	0	−1

25
정답 ①

범례는 차트에 그려진 데이터 계열의 종류를 모아놓은 표식이다.

오답분석

② 차트 제목은 '지점별 매출현황'으로 나타나 있다.
③ 축 제목은 '매출량'과 '지역'으로 나타나 있다.
④ 데이터 레이블은 데이터 값이나 항목, 계열에 대한 정보를 제공하는 것으로 그래프 위에 나타나 있다.
⑤ 눈금선은 X축이나 Y축 눈금에 대한 실선을 표시한 것이다.

26
정답 ②

팀장의 답변을 통해 S사원은 자신이 생각하는 방안에 대해 회사의 규정을 반영하지 않았음을 확인할 수 있다. 조직에서 업무의 효과성을 높이기 위해서는 조직에 영향을 미치는 조직의 목표, 구조, 문화, 규칙과 규정 등 모든 체제요소를 고려해야 한다.

27
정답 ①

(A)는 경영전략 추진과정 중 환경분석에 해당한다. 환경분석은 외부 환경분석과 내부 환경분석으로 구분된다. 외부 환경으로는 기업을 둘러싸고 있는 경쟁자, 공급자, 소비자, 법과 규제, 정치적 환경, 경제적 환경 등이 있으며, 내부 환경은 기업구조, 기업문화, 기업자원 등이 해당된다. ①에서 설명하는 예산은 기업자원으로 내부 환경분석의 성격을 가지며, ②·③·④·⑤는 모두 외부 환경분석의 성격을 가짐을 알 수 있다.

28
정답 ③

시험 준비는 각자 자신의 성적을 위한 것으로 팀워크의 특징인 공동의 목적으로 보기 어렵다. 또한, 상호관계성을 가지고 협력하는 업무로 보기 어려우므로 팀워크의 사례로 적절하지 않다.

29
정답 ①

멤버십 유형을 나누는 두 가지 축은 마인드를 나타내는 독립적 사고 축과 행동을 나타내는 적극적 실천 축으로 나누어진다. 이에 따라 멤버십 유형은 수동형, 실무형, 소외형, 순응형으로 구분할 수 있다.

자아상

- 소외형 : 자립적인 모습을 보이며, 일부러 반대의견을 제시한다.
- 순응형 : 기쁜 마음으로 과업을 수행하며, 팀플레이를 하고, 리더와 조직을 믿고 헌신한다.
- 실무형 : 조직의 운영방침에 민감하며, 사건을 균형잡힌 시각으로 보고, 조직의 규정과 규칙에 따라 행동한다.
- 수동형 : 판단과 사고를 리더에게 의존하며, 지시가 있어야 행동한다.

조직에 대한 자신의 느낌

- 소외형 : 자신을 인정해주지 않으며, 자신에게 적절한 보상을 해주지 않는다고 봄으로써 조직을 불공정하고 문제가 있다고 여긴다.
- 순응형 : 기존의 질서를 따르는 것이 중요하며 리더의 의견을 거스르는 것은 어려운 일이라고 생각한다.
- 실무형 : 조직이 규정준수를 강조하며, 명령과 계획을 빈번하게 변경한다고 생각한다.
- 수동형 : 조직이 자신의 아이디어를 원치 않으며, 조직에게 노력과 공헌을 해도 아무 소용이 없다고 생각한다. 또한 리더는 항상 자기 마음대로 결정한다고 생각한다.

30

정답 ③

리더는 조직 구성원들 중 한 명일 뿐이라는 점에서 파트너십 유형임을 알 수 있다. 독재자 유형과 민주주의에 근접한 유형은 리더와 집단 구성원 사이에 명확한 구분이 있으나, 파트너십 유형에서는 그러한 구분이 희미하고, 리더가 조직에서 한 구성원이 되기도 한다.

오답분석

① 독재자 유형 : 독재자에 해당하는 리더가 집단의 규칙 하에 지배자로 군림하며, 팀원들이 자신의 권위에 대한 도전이나 반항 없이 순응하도록 요구하고, 개개인들에게 주어진 업무만을 묵묵히 수행할 것을 기대한다.
② 민주주의에 근접한 유형 : 리더는 팀원들이 동등하다는 것을 확신시키고 경쟁과 토론, 새로운 방향의 설정에 팀원들을 참여시킨다. 비록 민주주의적이긴 하지만 최종 결정권은 리더에게 있음이 특징이다.
④ 변혁적 유형 : 변혁적 리더를 통해 개개인과 팀이 유지해온 업무수행 상태를 뛰어넘으려 한다. 변혁적 리더는 특정한 카리스마를 통해 조직에 명확한 비전을 제시하고, 그 비전을 향해 자극을 주고 도움을 주는 일을 수행한다.
⑤ 자유방임적 유형 : 리더가 조직의 의사결정과정을 이끌지 않고 조직 구성원들에게 의사결정 권한을 위임해버리는 리더십 유형이다. 자유로운 회의를 통해 다양한 의견을 제시할 수 있으나, 리더의 지시나 명령이 영향력을 발휘하지 못하고, 구성원의 역량이 낮을 때 의사결정을 내리기 어려운 단점이 있다.

31

정답 ③

팀 에너지를 최대로 활용하는 효과적인 팀이 되기 위해서는 팀원들 개인의 강점을 인식하고 활용해야 한다. A사원의 강점인 꼼꼼하고 차분한 성격과 B사원의 강점인 친화력을 인식하고 A사원에게 재고 관리 업무를, B사원에게 영업 업무를 맡긴다면 팀 에너지를 향상시킬 수 있다.

오답분석

①·②·⑤ 효과적인 팀을 위해서 필요하지만, K부장의 상황에 적절한 조언은 아니다.
④ 효과적인 팀의 조건으로는 문제 해결을 위해 모두가 납득할 수 있는 객관적인 결정이 필요하다.

32

정답 ②

A씨는 두 딸이 오렌지를 왜 원하는지에 대한 갈등 원인을 확인하지 못해 협상에 실패하였다. 즉 협상하기 전에 이해당사자들이 가지는 갈등 원인을 파악해야 한다.

33

정답 ⑤

현상을 유지하고 조직에 순응하려는 경향은 반임파워먼트 환경에서 나타나는 모습이다.

임파워먼트 환경의 특징

• 업무에 있어 도전적이고 흥미를 가지게 된다.
• 학습과 성장의 기회가 될 수 있다.
• 긍정적인 인간관계를 형성할 수 있다.
• 개인들이 조직에 공헌하며 만족하는 느낌을 가질 수 있다.
• 자신의 업무가 존중받고 있음을 느낄 수 있다.

34

정답 ③

자기개발이 자신의 직위와 직급을 향상시키기 위해서 필요하다는 내용은 확인할 수 없다. 자기개발은 효과적으로 업무를 처리하기 위하여, 즉 업무의 성과를 향상시키기 위해서 필요한 것이며, 직위와 직급 향상은 이를 통해 부차적으로 얻게 된다.

35

정답 ①

Tuckman 팀 발달 모형

• 형성기 : 목표를 설정하고 이해하며, 관계를 형성하는 단계이다. 목적, 구조, 리더십 등의 불확실성이 높다. 지시형 리더가 명확한 역할 설정을 해야 한다. → (나)
• 격동기 : 갈등 단계로, 역할 및 책임 등에 대해 갈등목표를 설정하거나 이해하는 단계이다. 의사소통에 어려움이 있을 수 있기 때문에 코치형 리더가 관계개선에 노력해야 한다. → (가)
• 규범기 : 정보를 공유하고 서로 다른 조건을 수용하는 단계로 규칙 등이 만들어 진다. 리더는 지시가 아닌 지원적 태도를 보여야 한다. → (라)
• 성취기 : 팀이 기능화되는 단계로 목표를 위해 사람들이 자신의 역할을 알고 수행한다. 리더는 위임 등을 일과 관계유지의 균형을 추구해야 한다. → (다)

36

정답 ②

수준 높은 금융 서비스를 통해 글로벌 경쟁에서 우위를 차지하는 것은 강점을 이용해 글로벌 금융사와의 경쟁 심화라는 위협을 극복하는 ST전략이다.

오답분석

① 해외 비즈니스TF팀을 신설해 해외 금융시장 진출을 확대하는 것은 글로벌 경쟁력이 낮다는 약점을 극복하고 해외 금융시장 진출 확대라는 기회를 활용하는 WO전략이다.
③ 탄탄한 국내 시장점유율이 국내 금융그룹의 핀테크 사업 진출의 기반이 되는 것은 강점을 통해 기회를 살리는 SO전략이다.
④ 우수한 자산건전성 지표를 홍보하여 고객 신뢰를 회복하는 것은 강점으로 위협을 극복하는 ST전략이다.
⑤ 외화 자금 조달 리스크가 약점이므로 기회를 통해 약점을 보완하는 WO전략이다.

37 정답 ①

- 문제 인식 : 해결해야 할 전체 문제를 파악하여 우선순위를 정하고, 선정문제에 대한 목표를 명확히 하는 단계(㉡)
- 문제 도출 : 선정된 문제를 분석하여 해결해야 할 것이 무엇인지를 명확히 하는 단계(㉣)
- 원인 분석 : 파악된 핵심문제에 대한 분석을 통해 근본 원인을 도출하는 단계(㉢)
- 해결안 개발 : 문제로부터 도출된 근본원인을 효과적으로 해결할 수 있는 최적의 해결방안을 수립하는 단계(㉠)
- 실행 및 평가 : 해결안 개발을 통해 만들어진 실행계획을 실제 상황에 적용하는 활동으로 당초 장애가 되는 문제의 원인들을 해결안을 사용하여 제거하는 단계(㉤)

38 정답 ②

갑, 을, 병, 정, 무 5명의 직원들의 A ~ E장소에 대한 만족도 점수가 그래프에 알맞게 나와 있다.

오답분석

① 무 직원의 장소에 대한 만족도 점수가 없다.
③ B장소의 평균 점수가 3.9점이지만 4.0점 이상으로 나타냈다.
④ 병 직원의 A ~ E장소에 대한 만족도 평균이 없고, 직원 개개인의 A ~ E장소 평균은 자료의 목적과는 거리가 멀다.
⑤ A ~ E장소에 대한 만족도 평균에서 표와의 수치를 비교해 보면 3.6점인 A장소가 없고, 수치가 어느 장소의 평균을 나타내는지 알 수 없다.

39 정답 ①

두 번째 조건에서 총 구매금액이 30만 원 이상이면 총 금액에서 5% 할인을 해주므로 한 벌당 가격이 300,000÷50=6,000원 이상인 품목은 할인이 적용된다. 모든 품목이 6,000원 이상이므로 5% 할인 적용대상이다. 따라서 모든 품목을 정가로 비교할 수 있다. 세 번째 조건에서 차순위 품목이 1순위 품목보다 총 금액이 20% 이상 저렴한 경우 차순위를 선택하므로, 한 벌당 가격으로 비교하기 위해 1순위인 카라 티셔츠의 20% 할인된 가격을 계산하면 8,000×0.8=6,400원이다. 따라서 정가가 6,400원 이하인 품목은 A업체의 티셔츠이므로, 팀장은 1순위 카라 티셔츠보다 2순위인 A업체의 티셔츠를 구입할 것이다.

40 정답 ⑤

KCNK13채널이 도파민을 촉진하는 활동을 차단할 수 있다면 폭음을 막을 수 있다고 하였으나 약을 개발하였는지는 글을 통해 추론할 수 없다.

오답분석

① 뇌는 알코올이 흡수되면 도파민을 분출하고, 도파민은 보상을 담당하는 화학물질로 뇌에 보상을 받고 있다는 신호를 보내 음주 행위를 계속하도록 만든다.
② 실험을 통해 KCNK13채널을 15% 축소한 쥐가 보통의 쥐보다 30%나 더 많은 양의 알코올을 폭음하였다.
③ 이전에는 도파민이 어떤 경로를 거쳐 VTA에 도달하는 지 알 수 없었으나, 일리노이대 후성유전학 알코올 연구센터에서 밝혀냈다.
④ VTA에 도파민이 도달하면 신경세포 활동이 급격히 증가하면서 활발해지고 이는 보상을 얻기 위해 알코올 섭취를 계속하게 만들 수 있다.

직무수행능력평가

01	02	03	04	05	06	07	08	09	10
③	②	②	①	③	③	④	①	②	②
11	12	13	14	15	16	17	18	19	20
①	④	②	②	②	①	②	①	③	③
21	22	23	24	25	26	27	28	29	30
①	③	④	④	②	②	③	④	②	③
31	32	33	34	35	36	37	38	39	40
⑤	①	①	④	②	②	②	③	③	②

01 정답 ③

$P=VI$이므로 $I=\frac{P}{V}=\frac{60}{100}=0.6\text{A}$

옴의 법칙에 따라 $R=\frac{V}{I}=\frac{100}{0.6}≒167\,\Omega$

02 정답 ②

$I=\frac{100}{20}=5\text{A}$

03 정답 ②

공진 조건 $Z=\sqrt{R^2+(X_L-X_C)^2}$에 공진 조건 $X_L=X_C$, $\omega L=\frac{1}{\omega C}$, $\omega^2 LC=1$이므로 $Z=R$이 되기 때문에 R 양단의 전압은 인가 전압과 같다.

04 정답 ①

사인 함수에 대한 무한 급수는 푸리에 급수이다.

05 정답 ③

(축전지의 용량)=(전류)×(시간) → (시간)=$\frac{\text{(축전지의 용량)}}{\text{(전류)}}=\frac{30}{2}$=15시간이다.

06 정답 ③

$v'=\text{N}\frac{\Delta\Phi}{\Delta t}$에서 쇄교 자속수의 변화에 비례하고, 시간에 반비례한다.

07 정답 ④

$C=\frac{\varepsilon_0\varepsilon_s A}{d}$[F]에서 $A=\pi r^2$

$\therefore\ C=\frac{88.55\times10^{-12}\times4.0\times\pi\times30^2}{0.1}=10\mu\text{F}$

08 정답 ①

같은 종류의 전하는 척력이 작용하며, 다른 종류의 전하는 인력이 작용한다.

09 정답 ②

단자 a, b 간은 평형 조건이 성립하므로

합성 저항 $R_{ab}=\frac{4r^2}{4r}=r[\Omega]$

단자 c, d 간은 $2r$의 저항이 3개 병렬 연결되어 있으므로

합성 저항 $R_{cd}=\frac{8r^2}{12r}=\frac{2}{3}r[\Omega]$

$\therefore\ \frac{R_{cd}}{R_{ab}}=\frac{\frac{2}{3}r}{r}=\frac{2}{3}$배

10 정답 ②

전류를 흐르게 하는 원동력을 기전력이라 하며 단위는 V이다.

$E=\frac{W}{Q}$[V](Q : 전기량, W : 일의 양)

11 정답 ①

$E_A-I_AR_A=E_B-I_BR_B$

두 발전기의 유기 기전력은 같으므로 $E_A=E_B$이다.

$I_AR_A=I_BR_B(I:135A\Rightarrow 135=I_A+I_B)$

$(135-I_B)\times0.1=I_B\times0.2$

$\therefore\ I_B=45\text{A},\ I_A=90\text{A}$

12 정답 ④

$T\propto I_a^2$

$\frac{15}{\tau}=\frac{100^2}{80^2}=1.5625$

$\therefore\ \tau=\frac{15}{1.5625}=9.6\text{kg}\cdot\text{m}$

13

정답 ②

$$I=\frac{E_0}{Z}=\frac{\frac{V}{\sqrt{3}}}{x_s}=\frac{\frac{220}{\sqrt{3}}}{3}≒42.3\text{A}$$

14

정답 ②

$B=\frac{\Phi_m}{A}$에서 $\Phi_m=\frac{E_1}{4.44fN_1}=0.023$

$$\therefore B=\frac{0.023}{150\times10^{-4}}≒1.53\text{Wb/m}^2$$

15

정답 ②

$$Z_1=a^2Z_2$$

$$a=\sqrt{\frac{Z_1}{Z_2}}$$

$$\therefore a=\sqrt{\frac{Z_1}{Z_2}}=\sqrt{\frac{18,000}{20}}=30$$

16

정답 ①

$Z=\frac{V_s}{V_{1n}}\times100$에서

$$V_s=\frac{V_{1n}Z}{100}(\because Z=\sqrt{p^2+q^2}=\sqrt{(2.4)^2+(1.6)^2}=2.88)$$

$$\therefore V_s=\frac{3,300\times2.88}{100}≒95\text{V}$$

17

정답 ②

$$\varepsilon=\frac{V_{20}-V_{2n}}{V_{2n}}\times100=2$$

식에서 $\varepsilon=\frac{aV_{20}-aV_{2n}}{aV_{2n}}\times100$

$$=\left(\frac{V_{10}}{V_{1n}}-1\right)\times100(\because V_{1n}=aV_{2n},\ V_{10}=aV_{20})$$

$$\therefore V_{10}=aV_{2n}\left(\frac{\varepsilon}{100}+1\right)=20\times115\times\left(\frac{2}{100}+1\right)=2,346\text{V}$$

18

정답 ①

$P=VI$에서 $I=\frac{P}{V}=40\text{A}$

$V=IR$에서 $R=\frac{V}{I}=\frac{100}{40}=2.5\Omega$

$$E=V+I_aR_a=106\text{V}$$

$$E'=E\times\frac{1,200}{1,500}=84.8\text{V}$$

$$V'=E'-I_a'R_a$$

$$V'=84.8-32\times0.15=80\text{V}\left(\because I_a'=\frac{E'}{R_a+R}=32\text{A}\right)$$

19

정답 ③

규약 효율

$$\eta(\%)=\frac{(\text{출력})}{(\text{출력})+(\text{손실})}\times100 \Rightarrow \text{발전기}$$

$$\eta(\%)=\frac{(\text{입력})-(\text{손실})}{(\text{입력})}\times100 \Rightarrow \text{전동기}$$

20

정답 ③

$$i=\frac{V}{R}\left(1-\varepsilon^{-\frac{R}{L}t}\right)=\frac{100}{10}\left(1-\varepsilon^{-\frac{10}{0.1}\times0.01}\right)=10(1-\varepsilon^{-1})$$

$=6.32\text{A}$

21

정답 ①

중첩의 원리 적용

• 전류원 적용 시(전압원 단락)

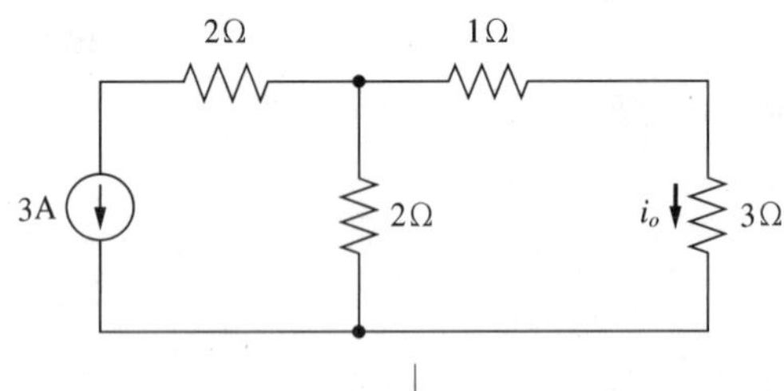

↓

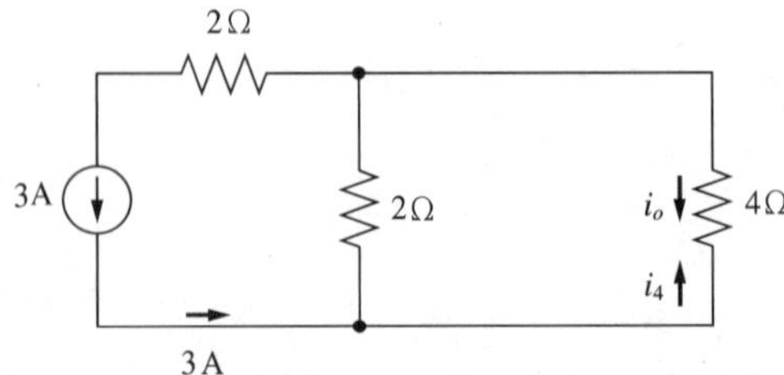

$4[\Omega]$에 흐르는 전류 $i_4=\frac{2}{2+4}\times3=\frac{6}{6}=1\text{A}$

$\therefore i_0$와 i_4는 반대 방향이므로 $i_0=-i_4=-1\text{A}$

• 전압원 적용 시(전류원 개방)

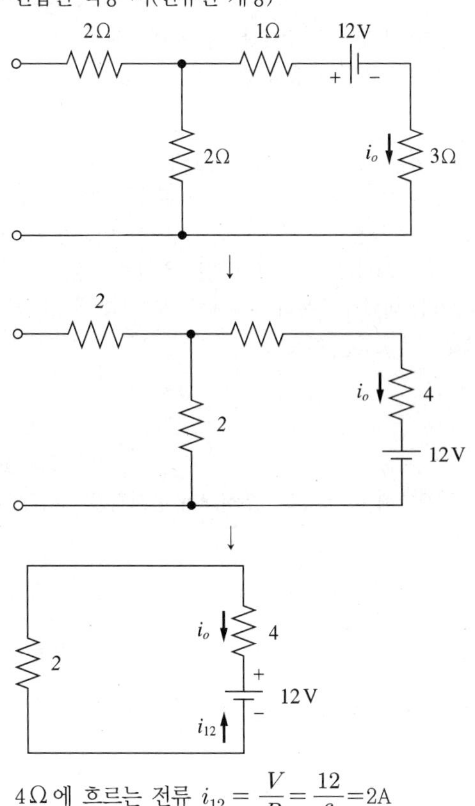

4Ω 에 흐르는 전류 $i_{12} = \frac{V}{R} = \frac{12}{6} = 2A$

∴ i_0와 i_{12}는 반대 방향이므로 $i_0 = -i_{12} = -2A$

그러므로 전체 전류 $i_0 = -1-2 = -3A$이다.

22

정답 ③

• 기자력 $F = NI[A] = 110 \times 1 = 110AT/m$

• 공극의 기자력

$F_g = NI = \phi_m R_m$, $F = \phi_m R_m$

∴ $F_g \propto R_m$

$F_g = R_m F$, $R_m = \frac{R_g}{R + R_g}$

$\frac{R_g}{R} = 1 + \left(\frac{L_g}{L_c} \times \mu_{r1}\right) = 1 + \left(\frac{0.01}{1} \times 990\right) = 10.9\Omega$

∴ $R_g = 10.9R[\Omega]$

$F_g = R_m \times F = \frac{R_g}{R + R_g} \times F = \frac{10.9R}{R + 10.9R} \times 110$

$= \frac{10.9R}{(1 + 10.9)R} \times 110 = \frac{10.9}{11.9} \times 110 \fallingdotseq 100.75AT/m$

23

정답 ④

• 부하측 △결선 회로

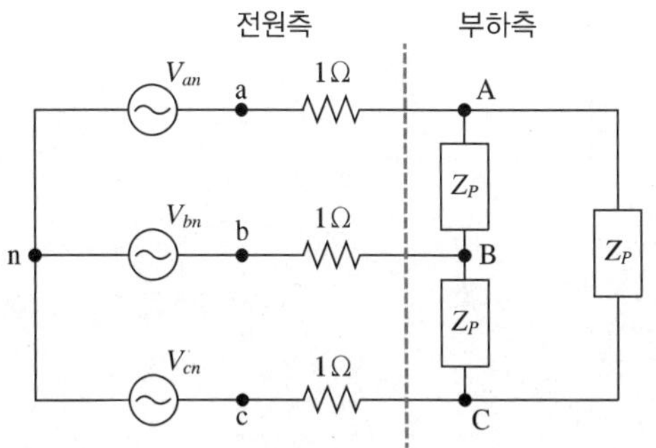

• 부하측 △결선 ⇒ Y결선 변형

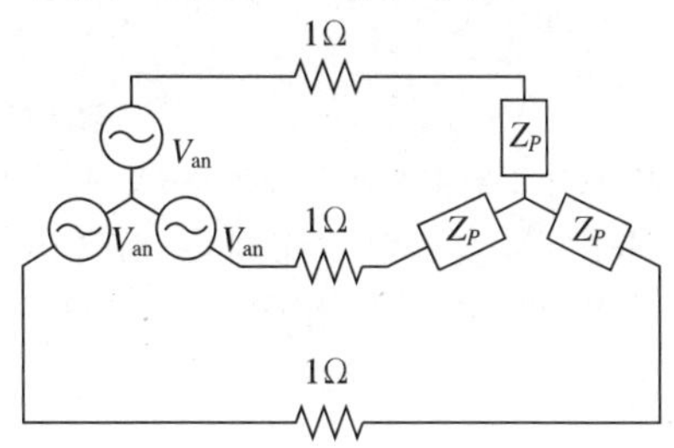

$Z = \frac{\triangle}{3} = \frac{6 + j9}{3} = 2 + j3\Omega$

– 각 상당 임피던스

$Z = (1) + (2 + j3) = 3 + j3$

$|Z| = \sqrt{(3)^2 + (3)^2} = \sqrt{18} = 3\sqrt{2} \angle 45°$

– △결선 상전류

$I_p = \frac{V_p}{Z} = \frac{900\angle 0°}{3\sqrt{2}\angle 45°} = \frac{300}{\sqrt{2}} \angle(-45°)$

– Y결선 선전류

$I_l = \sqrt{3}\, I_p \angle(-30°)$

$\therefore\ I_p = \frac{I_l}{\sqrt{3}} \angle 30° = \frac{\frac{300}{\sqrt{2}} \angle(-45°) \angle 30°}{\sqrt{3}}$

$= \frac{300\angle(-15°)}{\sqrt{6}} = 50\sqrt{6} \angle(-15°)$

24

정답 ④

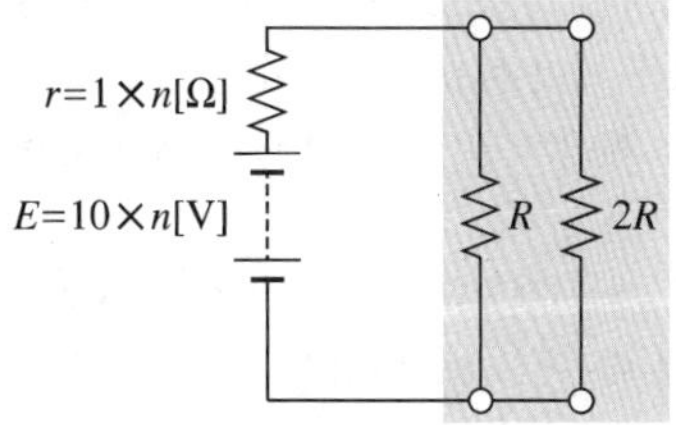

전지를 n개라고 하면

• 병렬 합성저항

$R_0 = \frac{R \times 2R}{R + 2R} = \frac{2}{3}R$

• 전류

$$I=\frac{E}{r+R_0}$$

$$2=\frac{10\times n}{1\times n+\frac{2}{3}R}$$

$$2=\frac{10n}{\frac{3n+2R}{3}}$$

$$30n=6n+4R$$

$$\therefore\ R=\frac{24n}{4}=6n$$

25 정답 ②

절연재료는 목면, 크라프트지 또는 유사한 유기질 재료로 구성되어 니스에 함침하거나 유중에 함침한 것으로서, 표준 유입변압기에는 A종 절연방식이 사용되며, 허용최고 온도는 105℃이다.

26 정답 ②

최대 변동률은 $\varepsilon=\sqrt{p^2+q^2}=\sqrt{3^2+4^2}=5\%$이다.

27 정답 ③

방전등용 안정기로부터 방전관까지의 전로를 부르는 명칭은 관등회로이다.

28 정답 ④

전선로의 경간은 30m 이하여야 한다.

29 정답 ②

자기소호 기능에 가장 좋은 소자는 'GTO'이다. GTO는 직류 전기철도용의 정지형 차단기에서 턴오프 다이리스터 차단기라 한다.

오답분석

① SCR : 제어단자로부터 음극에 전류를 흘리면 양극과 음극사이에 전류가 흘러 전기가 통하게 할 수 있는 전력 제어용 3단자 반도체 정류기이며, 실리콘 제어 정류기라고 한다.
③ TRIAC : 양방향성의 전류 제어가 일어나는 반도체 제어 부품이다.
④ LASCR : PN다이오드 두 개를 접합하고, 4층 소자에 전압을 인가하여 중앙의 접합부에 빛을 조사하면 전자 정공대가 유기되고, 이들은 각각 전계에 의해 이동하여 디바이스를 ON 상태로 변환한다.
⑤ UJT : 반도체의 n형 막대 한 쪽에 p합금 영역을 가진 구조의 트랜지스터로, 막대 양단의 베이스와 p영역에 전극이 설치된다.

30 정답 ③

PN접합 정류기는 이름 그대로 '정류작용'을 하며, PN접합 다이오드로 교류를 직류로 바꾸는 작용을 한다.

오답분석

① 증폭작용 : 전류 또는 전압의 진폭을 증가시키는 작용
② 제어작용 : 장치 내에 오류를 막기 위해 편차를 줄이는 작용
④ 스위치작용 : 증폭작용으로 정해진 값 이상이나 이하가 될 때 전류를 흐르게 하거나 흐르지 않게 하는 스위치 작용
⑤ 유도작용 : 자장 내에서 운동하는 도체가 자력선과 쇄교할 때, 도체에 전압이 유도되는 작용

31 정답 ⑤

전기력선은 도체표면에 수직으로 출입하므로 등전위면과 직각으로 교차한다.

32 정답 ①

각주파수 $\omega=2\pi f$ → 주파수 $f=\frac{\omega}{2\pi}=\frac{100\pi}{2\pi}=50\text{Hz}$

33 정답 ①

전류의 위상이 전압보다 60° 뒤진다.

34 정답 ④

직류 전압을 주었을 때 발생하는 에너지와 교류전압을 주었을 때 발생하는 에너지가 같을 때의 값으로 보통 실효값으로 나타난다.

오답분석

② 순시값 : 교류전압은 파형에 따라 계속 변하는 값을 가지게 되는데, 임의의 어느 점에서의 파형값을 말한다.
⑤ 피크값 : 변동하는 양의 관측 구간 내의 극댓값으로, 진동하는 양의 피크값이란 관측 구간 내의 평균값으로부터의 최대 변화량을 말하며, 음양(+, −)이 있다.

35 정답 ②

$t=0$일 때, 순시값으로의 전압과 전류는 다음과 같다.

• 전압 : $e=100\sin(377t+\frac{\pi}{3})=100\sin(377\times0+\frac{\pi}{3})$

$=100\sin\frac{\pi}{3}=50\sqrt{3}\,\text{V}$

• 전류 : $I=\frac{V}{R}=\frac{50\sqrt{3}}{10}=5\sqrt{3}\,\text{A}$

36

정답 ②

주변속도는 $v=\pi D\frac{N}{60}$[m/s]이다. 따라서 D(전기자 지름)=0.2m, N(회전수)=1,800rpm을 대입하면 주변속도는 $v=\pi\times0.2\times\frac{1,800}{60}=3.14\times6=18.84$m/s이다.

37

정답 ②

전기자 반작용은 전기자 전류에 의한 자속이 계자 권선의 주자속에 영향을 주는 현상을 말한다.

38

정답 ③

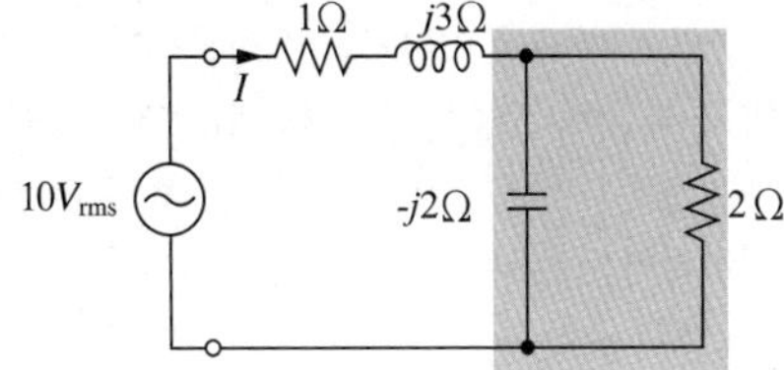

- 임피던스

$$Z=\left(\frac{(-j2)\times(2)}{(-j2)+(2)}\right)+(1+j3)$$
$$=\left(\frac{-j4}{2-j2}\right)+(1+j3)$$
$$=\frac{2+j6-j2+6-j4}{2-j2}=\frac{8}{2-j2}\text{(분모, 분자공액)}$$
$$=\frac{8\cdot(2+j2)}{(2-j2)\cdot(2+j2)}=\frac{16+j16}{4+4}$$
$$=\frac{16+j16}{8}=2+j2[\Omega]$$
$$\therefore |Z|=\sqrt{(2)^2+(2)^2}=\sqrt{8}=2\sqrt{2}\,\Omega$$

- 역률

$$\cos\theta=\frac{\text{실수}}{|Z|}=\frac{2}{2\sqrt{2}}=\frac{1}{\sqrt{2}}=\frac{\sqrt{2}}{2}$$

- 유효전력

$$P=I^2R[\text{W}]=\left(\frac{V}{Z}\right)^2\times R$$
$$=\left(\frac{10}{2\sqrt{2}}\right)^2\times2=\left(\frac{100}{4\times2}\right)\times2=25\text{W}$$

39

정답 ③

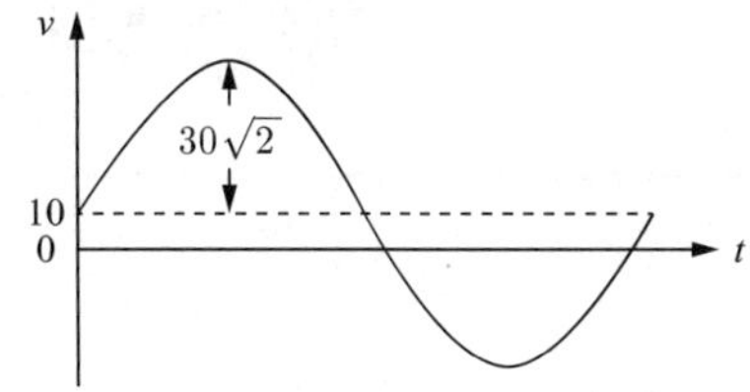

실효전압

$$V=\sqrt{(\text{직류분})^2+\left(\frac{\text{기본파}}{\sqrt{2}}\right)^2+\cdots}$$
$$=\sqrt{(10)^2+\left(\frac{30\sqrt{2}}{\sqrt{2}}\right)^2}$$
$$=\sqrt{100+900}=\sqrt{1,000}=10\sqrt{10}\,\text{V}$$

40

정답 ②

등가회로(직렬연결 상태)

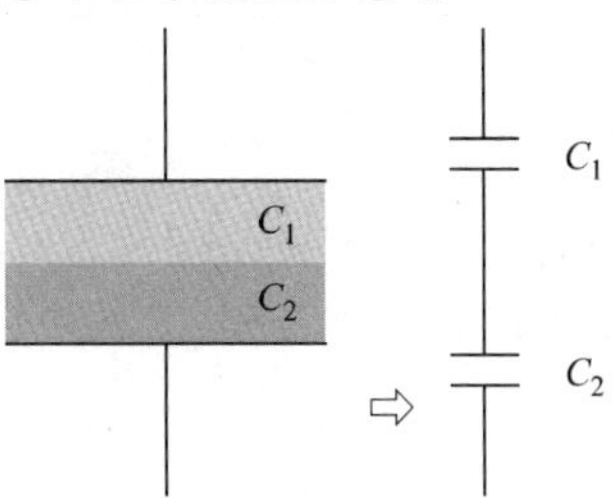

평행판 콘덴서 정전용량 $C=\frac{\varepsilon S}{d}$[F]

$d=\frac{d}{3}$을 대입하면

$$C'=\frac{\varepsilon S}{\frac{1}{3}d}=\frac{\varepsilon S}{d}\cdot3$$

$\therefore C'=3C$

등가회로에서 콘덴서는 직렬연결 상태이므로

$$C_{tot}=\frac{3C\times3C}{3C+3C}=\frac{9C^2}{6C}=\frac{3}{2}C$$

서울교통공사 전기직 신입사원 필기시험

제3회 정답 및 해설

직업기초능력평가

01	02	03	04	05	06	07	08	09	10
⑤	①	③	④	①	①	②	①	③	④
11	12	13	14	15	16	17	18	19	20
④	③	④	⑤	③	⑤	④	④	⑤	④
21	22	23	24	25	26	27	28	29	30
②	④	①	①	④	②	②	③	③	④
31	32	33	34	35	36	37	38	39	40
⑤	⑤	②	②	①	④	④	①	③	①

01 정답 ⑤

근시안적인 자세를 가지고 행동하는 것, 즉 '나무는 보되 숲은 보지 못하는' 관점은 현재 우리나라의 관리문화를 말하고 있는 것이다. 따라서 ⑤는 적절하지 않다.

02 정답 ①

철도안전법 제24조의5 제2항 제2호를 통해 확인할 수 있다.

오답분석

② 철도안전법 제24조의4 제4항
③ 철도안전법 제24조의5 제1항 제3호
④ 철도안전법 제24조의4 제1항
⑤ 철도안전법 제24조의4 제3항

03 정답 ③

A공사 사장이 프랑스와 네덜란드를 방문하여 유럽 철도 기관장 면담, 스마트레일 콘퍼런스 패널 참석 등 10개 철도 기관장과의 면담, 9개 철도 시설에 대한 산업시찰을 통해 유럽 철도와의 실질적인 협력을 위한 발판을 마련했다는 내용이 주된 내용이므로 ③이 적절하다.

04 정답 ④

A공사 사장이 프랑스와 네덜란드를 방문하였으며 어떤 활동을 했는지 설명하고 있는 (다)와 이전 문단에서 언급한 스마트레일 콘퍼런스의 전반적인 참여현황과 패널토론 이야기가 나오는 (나), '또한'으로 시작하며 (나) 문단에서 언급한 한국에서 열리는 스마트레일 콘퍼런스를 홍보하였다는 내용의 (가), 콘퍼런스 참석에 앞서 SNCF, UIC, RATP를 방문했다는 (가) 문단에 이어 SNCF CEO 기욤 페피와의 만남에 대해서 이야기하고 있는 (라), '마지막으로'로 시작하여 A공사 사장이 유럽 방문의 공식일정과 탑승한 TGV 열차의 설명을 하고 있는 (바), 출장을 통해 이뤄낸 향후 협력의 합의와 다짐을 이야기하는 (마)의 순서가 적절하다.

05 정답 ①

열차의 경유지와 탑승자를 정리하면 다음과 같다.

구분		대전	대구	부산	광주	춘천	탑승자
경우 1	열차 1	○	○	○			A, D, E
	열차 2	○		○		○	B
	열차 3	○			○		C
경우 2	열차 1	○		○	○		A, D, E
	열차 2	○		○		○	B
	열차 3	○	○				C

따라서 모든 조건을 고려하면 A의 고향은 부산, B의 고향은 춘천, C, D의 고향은 각각 대구 또는 광주이고, E의 고향은 대전이다.

06 정답 ①

열차 2는 대전, 춘천, 부산을 경유하므로 열차 2를 탈 수 있는 사람은 고향이 부산, 춘천, 대전인 A, B, E이다.

07 정답 ②

열차 1이 광주를 경유하면 **05**번 해설의 경우 2에 해당하므로 C의 고향은 대구이며 열차 3은 대구를 경유한다.

08
정답 ①

지도의 축척이 1 : 50,000이므로 호텔에서 공원까지의 실제 거리는 10×50,000=500,000cm=5km이다. 따라서 신영이가 호텔에서 출발하여 공원에 도착하는 데 걸리는 시간은 $\frac{5}{30}=\frac{1}{6}$=10분이다.

09
정답 ③

두 개씩 같은 용액이 들어있는 혼합물을 계산하면 다음과 같다.

A+B+C=1,720원	A+B+E=1,570원	C−E=150원	C>E
B+C+D=1,670원	B+C+E=1,970원	D−E=−300원	E>D
B+D+E=1,520원	C+D+E=1,800원	B−C=−280원	C>B
A+B+E=1,570원	B+C+E=1,970원	A−C=−400원	C>A

이를 정리하면 C>E>D, C>A, C>B인 것을 알 수 있다. 따라서 C가 가장 비싼 용액이다.

10
정답 ④

문제 해결은 문제 해결자의 개선 의식, 도전 의식과 끈기를 필요로 한다. 특히 문제 해결자의 현상에 대한 도전 의식과 새로운 것을 추구하려는 자세, 난관에 봉착했을 때 헤쳐나가려는 태도 등이 문제 해결의 밑바탕이 된다. A씨의 경우 문제 해결 방법에 대한 지식이 충분함에도 불구하고 이런 도전 의식과 끈기가 부족하여 문제 해결에 어려움을 겪고 있다.

11
정답 ④

(가) 하드 어프로치 : 상이한 문화적 토양을 가지고 있는 구성원을 가정하고, 서로의 생각을 직설적으로 주장하며 논쟁이나 협상을 통해 서로의 의견을 조정해 가는 방법이다.

(나) 퍼실리테이션 : '촉진'을 의미하며, 어떤 그룹이나 집단이 의사결정을 잘 하도록 도와주는 일을 의미한다. 퍼실리테이션에 의한 문제 해결 방법은 깊이 있는 커뮤니케이션을 통해 서로의 문제점을 이해하고 공감함으로써 창조적인 문제해결을 도모한다.

(다) 소프트 어프로치 : 대부분의 기업에서 볼 수 있는 전형적인 스타일로, 조직 구성원들을 같은 문화적 토양을 가지고 이심전심으로 서로를 이해하는 상황을 가정한다.

12
정답 ③

- (가) : 외부의 기회를 활용하면서 내부의 강점을 더욱 강화시키는 SO전략이다.
- (나) : 외부의 기회를 활용하여 내부의 약점을 보완하는 WO전략이다.
- (다) : 외부의 위협을 회피하며 내부의 강점을 적극 활용하는 ST전략이다.
- (라) : 외부의 위협을 회피하고 내부의 약점을 보완하는 WT전략

따라서 올바르게 나열되어 있는 것은 ③이다.

13
정답 ④

철도사업법 제39조를 통해 전용철도 운영의 개선은 국토교통부장관에게 신고해야 하는 경우가 아니라 국토교토부장관이 명할 수 있는 내용임을 알 수 있다.

오답분석

① 철도사업법 제37조 제1항
② 철도사업법 제36조 제1항
③ 철도사업법 제38조
⑤ 철도사업법 제36조 제2항

14
정답 ⑤

철도사업법 제40조 제3호에 따라 휴업신고나 폐업신고를 하지 아니하고 3개월 이상 전용철도를 운영하지 아니한 경우에 등록의 취소・정지 사유가 될 수 있다.

오답분석

① 철도사업법 제34조 제1항, 제40조 제1호
② 철도사업법 제34조 제2항, 제40조 제2호
③ 철도사업법 제34조 제3항, 제40조 제2호
④ 철도사업법 제34조 제1항, 제40조 제1호

15
정답 ③

자기계발 과목에 따라 해당되는 지원 금액과 신청 인원은 다음과 같다.

구분	영어회화	컴퓨터 활용능력	세무회계
지원 금액	70,000×0.5 =35,000원	50,000×0.4 =20,000원	60,000×0.8 =48,000원
신청 인원	3명	3명	3명

각 교육프로그램마다 3명씩 지원했으므로, 총 지원비는 (35,000+20,000+48,000)×3=309,000원이다.

정답 및 해설

16
정답 ⑤

빈칸에 해당하는 단계는 필요한 자원을 확보한 뒤 그 자원을 실제 필요한 업무에 할당하여 계획을 세우는 자원 활용 계획 세우기 단계로, 계획을 세울 때에는 업무나 활동의 우선순위를 고려해야 한다.

오답분석

① 필요한 자원의 종류와 양 확인
②·③ 계획대로 수행하기
④ 이용 가능한 자원 수집하기

17
정답 ④

직접비용은 제품 또는 서비스를 창출하기 위해 직접 소비된 것으로 여겨지는 비용으로, 영업팀의 출장 교통비와 관리팀의 컴퓨터 구입비, 인사팀의 강사에게 지급한 비용이 이에 해당한다.

오답분석

홍보팀의 자사 홍보를 위한 책자 제작에 사용된 금액은 생산에 직접 관련되지 않은 비용이므로 간접비용에 해당한다.

18
정답 ④

D는 물품을 분실한 경우로 보관 장소를 파악하지 못한 경우와 비슷할 수 있으나, 분실한 경우에는 물품을 다시 구입하지 않으면 향후 활용할 수 없다는 점에서 차이가 있다. 물품을 분실한 경우 물품을 다시 구입해야 하므로 경제적인 손실을 가져올 수 있으며, 경우에 따라 동일한 물품이 시중에서 판매되지 않는 경우가 있을 수 있다.

19
정답 ⑤

게시판 사용 네티켓

- 글의 내용은 간결하게 요점만 작성한다.
- 제목에는 글의 내용을 파악할 수 있는 함축된 단어를 쓴다.
- 글을 쓰기 전에 이미 같은 내용의 글이 없는지 확인한다.
- 글의 내용 중에 잘못된 점이 있으면 빨리 수정하거나 삭제한다.
- 게시판의 주제와 관련 없는 내용은 올리지 않는다.

20
정답 ④

레지스터

- 컴퓨터 기억장치 중 속도가 가장 빠르다(레지스터 > 캐시 > 주기억 > 보조기억).
- 레지스터는 중앙처리장치(CPU) 안에 들어있다.
- CPU의 속도향상이 목적이다.
- 연산장치에 속하는 레지스터 → 누산기, 가산기, 보수기 등
- 제어장치에 속하는 레지스터 → 프로그램 카운터(PC), 명령 레지스터, 명령해독기 등

21
정답 ②

전기산업기사, 건축산업기사, 정보처리산업기사 등의 자격 기술은 구체적 직무 수행 능력 형태를 의미하는 협의의 개념으로 볼 수 있다.

오답분석

① 기술은 하드웨어를 생산하는 과정이며, 하드웨어는 소프트웨어에 대비되는 용어로, 건물, 도로, 교량, 전자장비 등 인간이 만들어 낸 모든 물질적 창조물을 뜻한다.
③ 사회는 기술 개발에 영향을 준다는 점을 볼 때, 산업혁명과 같은 사회적 요인은 기술 개발에 영향을 주었다고 볼 수 있다.
④ 컴퓨터의 발전으로 개인이 정보를 효율적으로 활용, 관리하게 됨으로써 현명한 의사결정이 가능해졌음을 알 수 있다.
⑤ 로봇은 인간의 능력을 확장시키기 위한 하드웨어로 볼 수 있으며, 기술은 이러한 하드웨어와 그것의 활용을 뜻한다.

22
정답 ④

제시문에서 내국인 출원 중 개인과 중소기업의 출원 비중이 높은 이유를 '태양전지 셀 기술 자체는 성숙 단계에 있으므로 이를 다양한 휴대용 장비에 접목하는 기술에 개인과 중소기업이 접근하기 좋다.'라고 추론하고 있다. 따라서 태양전지 셀 기술이 초기 단계라는 말은 올바르지 않다.

오답분석

① 휴대용 태양광 발전기는 휴대용 장치 및 웨어러블 기기, 사물인터넷(IoT) 센서에도 전원공급이 가능하기 때문에 4차 산업혁명에 크게 기여할 기술로 주목받고 있다.
② 4차 산업의 발달과 여가문화의 확산에 따라 휴대용 장비에 독립적으로 전원을 공급하고자 하는 요구는 더욱 커질 것으로 예상되므로 증가세의 지속을 추론할 수 있다.
③ 내국인이 출원 주제의 94%를 차지하며 그중 개인(40%)과 중소기업(40%)의 비중이 같다.
⑤ 적용 분야별 출원 동향을 살펴보면, 휴대용 조명 등 캠핑용품 전원에 대한 출원이 38%로 가장 많다. 캠핑족이 증가한다면 이에 따른 기술 출원의 지속적인 상승을 유추할 수 있다.

23
정답 ①

자기관리는 자신의 목표성취를 위해 자신의 행동과 자신의 업무수행을 관리하고 조정하는 것이라는 점에서 (가), (마), (아)에 해당하는 질문으로 적절하다.

오답분석

(나)·(라)·(자) 자아인식에 해당하는 질문이다.
(다)·(바)·(사) 경력개발에 해당하는 질문이다.

24

정답 ①

장·단기를 구분하는 기준은 개인에 따라 중요한 생애전환기(결혼, 취직, 이직 등)를 기준으로 바뀔 수도 있으나 보통 장기목표는 5 ~ 20년 뒤를 설계하며, 단기목표는 1 ~ 3년 정도의 목표를 의미한다.

25

정답 ④

사례에서 볼 수 있는 A, B, C는 각자 자신이 해야할 일이 무엇인지 잘 알고 있으며, 서로의 역할도 이해하는 모습을 볼 수 있다. 이처럼 효과적인 팀은 역할을 명확하게 규정한다.

26

정답 ②

②는 리더가 아닌 관리자의 행동으로 볼 수 있다. 리더는 혁신을 신조로 가지며, 일이 잘 될 때에도 더 좋아지는 방법이 있다면 변화를 추구한다. 반면 관리자는 현재의 현상과 지금 잘하고 있는 것을 계속 유지하려하는 모습을 보인다.

리더와 관리자

리더	관리자
• 새로운 상황을 창조한다.	• 상황에 수동적이다.
• 혁신지향적이다.	• 유지지향적이다.
• 내일에 초점을 둔다.	• 오늘에 초점을 둔다.
• 사람의 마음에 불을 지핀다.	• 사람을 관리한다.
• 사람을 중시한다.	• 체제나 기구를 중시한다.
• 정신적이다.	• 기계적이다.
• 계산된 리스크를 취한다.	• 리스크를 회피한다.
• '무엇을 할까?'를 생각한다.	• '어떻게 할까?'를 생각한다.

27

정답 ②

ㄴ. 기계장비 부문의 상대수준 기준국은 일본이다.

ㄷ. 한국의 전자 부문 투자액은 301.6억 달러, 전자 외 부문 투자액의 총합은 3.4+4.9+32.4+16.4=57.1억 달러로, 57.1×6=342.6>301.6이다. 따라서 옳지 않다.

오답분석

ㄱ. 제시된 자료를 통해 한국의 IT서비스 부문 투자액은 최대 투자국인 미국 대비 상대수준이 1.7%임을 알 수 있다.

ㄹ. 일본은 '전자 – 바이오·의료 – 기계장비 – 통신 서비스 – IT서비스' 순서이고, 프랑스는 '전자 – IT서비스 – 바이오·의료 – 기계장비 – 통신 서비스' 순서이다.

28

정답 ③

(65세 이상 인구)=[고령화지수(%)]×(0 ~ 14세 인구)÷100

=19.7×50,000÷100=9,850명

∴ (65세 이상 인구)=9,850명

29

정답 ③

2019년 고령화지수는 2013년 대비 $\frac{107.1-69.9}{69.9}\times 100 \fallingdotseq 53\%$ 증가했다.

30

정답 ④

㉠ 노인부양비는 5년 단위로 계속 증가하고 있는 것을 확인할 수 있다.

㉢ 2008년 노인부양비의 2003년 대비 증가폭은 11.3−7.0=4.3%p이므로 옳은 설명이다.

㉣ 5년 단위의 고령화지수 증가폭은 다음과 같다.

- 2003년의 1998년 대비 증가폭 : 27.6−19.7=7.9%p
- 2008년의 2003년 대비 증가폭 : 43.1−27.6=15.5%p
- 2013년의 2008년 대비 증가폭 : 69.9−43.1=26.8%p
- 2019년의 2013년 대비 증가폭 : 107.1−69.9=37.2%p

따라서 5년 단위의 고령화지수 증가폭은 2019년의 2013년 대비 증가폭이 가장 크다.

오답분석

㉡ 고령화지수는 계속 증가하고 있지만, 같은 비율로 증가하고 있지는 않다.

31

정답 ⑤

예산집행 조정, 통제 및 결산 총괄 등 예산과 관련된 업무는 자산팀이 아닌 예산팀이 담당하는 업무이다. 자산팀은 주로 물품 구매와 장비·시설물 관리 등의 업무를 담당한다.

32

정답 ⑤

공단의 자산정보를 관리하는 시스템의 구축·운영 업무는 정보화사업팀이 담당하는 업무로, 개인정보보안과 관련된 업무를 담당하는 정보보안전담반의 업무와 거리가 멀다.

33
정답 ②

누년 일련번호는 연도 구분과 관계없이 누년 연속되는 일련번호로 법규문서, 훈령, 예규 등이 해당된다.
연도별 일련번호는 연도별로 구분하여 매년 새로 시작되는 일련번호로서 연도 표시가 없는 번호로 일일명령 등이 해당된다.
연도 표시 일련번호는 연도 표시와 연도별 일련번호를 붙임표(-)로 이은 번호로 지시, 고시, 공고 등이 해당된다.

34
정답 ②

오답분석

① 금액을 표시할 때에는 아라비아 숫자로 쓰되, 숫자 다음에 괄호를 하고 한글로 기재한다.
③ 연도는 서기연호를 쓰되, '서기'는 표시하지 않는다.
④ 날짜는 숫자로 표기하되 년, 월, 일의 글자는 생략하고 그 자리에 마침표를 찍어 표시한다.
⑤ 시간은 시·분은 24시각제에 따라 숫자로 표기하되, 시·분의 글자는 생략하고 그 사이에 쌍점(:)을 찍어 구분한다.

35
정답 ①

기사의 주된 내용은 서울교통공사에서 마련한 다양한 시민 참여형 체험 행사이므로, 헤드라인으로 ①이 적절하다.

36
정답 ④

영리기반 공유경제 플랫폼은 효율적이지만 노동자의 고용안정성을 취약하게 하고 소수에게 이익이 독점되는 문제가 있다.

37
정답 ④

웹(World Wide Web)에 대한 설명이다. 웹은 3차 산업혁명에 큰 영향을 미쳤다.

오답분석

① 스마트 팜
② 3D프린팅
③ 클라우드 컴퓨팅
⑤ 사물인터넷

38
정답 ①

(가) 적자 발생 : 예산을 실제 비용보다 낮게 책정하면 프로젝트 자체가 이익을 주는 것이 아니라 오히려 적자가 나는 경우가 발생할 수 있다.
(나) 경쟁력 손실 : 예산을 실제 비용보다 높게 책정하면 비용이 제품에 반영되어 경쟁력을 잃어버리게 된다.
(다) 이상적 상태 : 예산과 실제 비용이 비슷한 상태가 가장 이상적인 상태라고 할 수 있다.

39
정답 ③

공유 폴더를 사용하면 보안에 취약해진다.

40
정답 ①

코칭은 일반적으로 문제 및 진척 상황을 직원들과 함께 자세하게 살피고 지원을 아끼지 않으며, 지도 및 격려하는 활동을 의미한다. 직원들을 코칭하는 리더는 직원 자신이 권한과 목적의식을 가지고 있는 중요한 사람이라는 사실을 느낄 수 있도록 이끌어주어야 한다. 또한 직원들이 자신만의 장점과 성공 전략을 활용할 수 있도록 적극적으로 도와야 한다.

오답분석

② 티칭 : 학습자에게 지식이나 기술을 전달하고, 제능력(諸能力)이나 가치관을 형성시키는 교육활동이다.
③ 멘토링 : 경험과 지식이 풍부한 사람이 지도와 조언을 하여 받는 사람의 실력과 잠재력을 개발하는 것이다.
④ 컨설팅 : 어떤 분야에 전문적인 지식을 가진 사람이 고객을 상대로 상세하게 상담하고 도와주는 것이다.
⑤ 카운슬링 : 심리적인 문제나 고민이 있는 사람에게 실시하는 상담 활동으로 상담원이 전문적인 입장에서 조언·지도를 하거나 공감적인 이해를 보여 심리적 상호 교류를 함으로써 상담자의 문제를 해결하거나 심리적 성장을 돕는 것이다.

직무수행능력평가

01	02	03	04	05	06	07	08	09	10
①	①	①	③	①	④	③	①	①	③
11	12	13	14	15	16	17	18	19	20
①	②	③	④	①	②	④	①	①	②
21	22	23	24	25	26	27	28	29	30
④	③	②	④	①	②	①	③	③	②
31	32	33	34	35	36	37	38	39	40
②	④	④	①	④	①	②	④	③	②

01
정답 ①

전기자 반작용으로 인해 자속 감소, 전기적 중성축 이동, 정류자 편간의 불꽃 섬락 발생이 일어나고, 이에 따라 유기 기전력 감소가 생긴다.

02
정답 ①

전류가 전압보다 90° 앞선 경우는 진상 전류 상태로 증자 작용이 일어난다.

03
정답 ①

동기 발전기의 병렬 운전 조건은 기전력의 크기, 위상, 주파수, 파형, 상회전 방향(3상)을 같아야 하지만 전류는 관계없다.

04
정답 ③

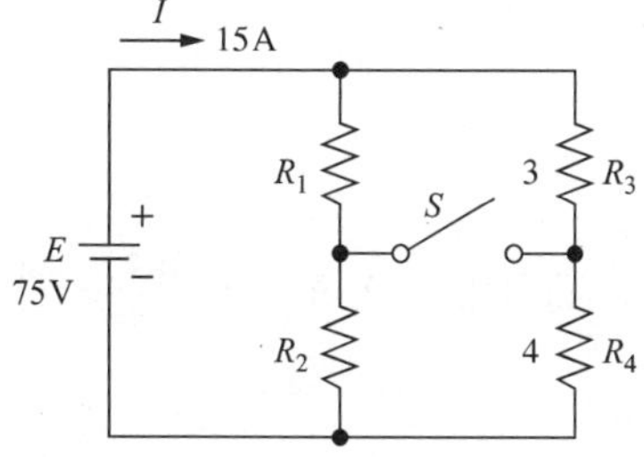

스위치 Off 시 저항

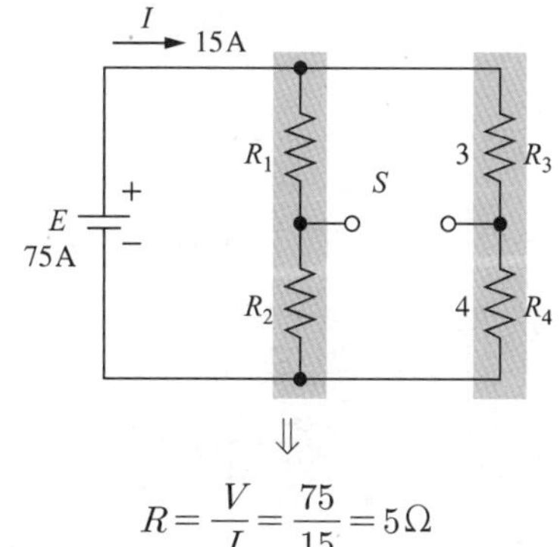

⇓

$$R=\frac{V}{I}=\frac{75}{15}=5\Omega$$

- 저항 $R=\dfrac{(R_1+R_2)\times 7}{(R_1+R_2)+7}$

  $R=5$를 대입하고, $(R_1+R_2)=x$라 하면

  $5=\dfrac{7x}{x+7}$

  $7x=5\times(x+7)=5x+35$

  $x=\dfrac{35}{2}=17.5$

  $(R_1+R_2)=17.5$

- 브리지 평형조건으로 식 변형 $(R_1\cdot R_4)=(R_2\cdot R_3)$

  양변에 $(R_1\cdot R_3)$를 더하면

  $(R_1\cdot R_3)+(R_1\cdot R_4)=(R_1\cdot R_3)+(R_2\cdot R_3)$

  $R_1=\dfrac{R_1R_3+R_2R_3}{R_3+R_4}=\dfrac{(R_1+R_2)R_3}{R_3+R_4}$

  $(R_1+R_2)=17.5,\ R_3=3\Omega$

  $R_4=4\Omega$를 대입

  $\therefore\ R_1=\dfrac{17.5\times 3}{3+4}=\dfrac{52.5}{7}=7.5\Omega$

05
정답 ①

유도 기전력은 $e=L\dfrac{di}{dt}$[V]이므로 $L=\dfrac{e\times dt}{di}$[H]$=\dfrac{20\times 0.1}{16}$ $=0.125$H이다.

06
정답 ④

- 피상전력 $P_a=\sqrt{(P)^2+(P_r)^2}$[VA]$=\sqrt{(300)^2+(400)^2}$ $=500$VA
- 전류 $P_a=VI$에서 $I=\dfrac{P_a}{V}$이므로 $\dfrac{500}{100}=5$A

07
정답 ③

- 스위치 Off일 때(L 단락)

2A, 4Ω, 4Ω, $i(t)$

$$i(t)=\frac{4}{4+4}\times 2=\frac{8}{8}=1\text{A}$$

• 스위치 On일 때

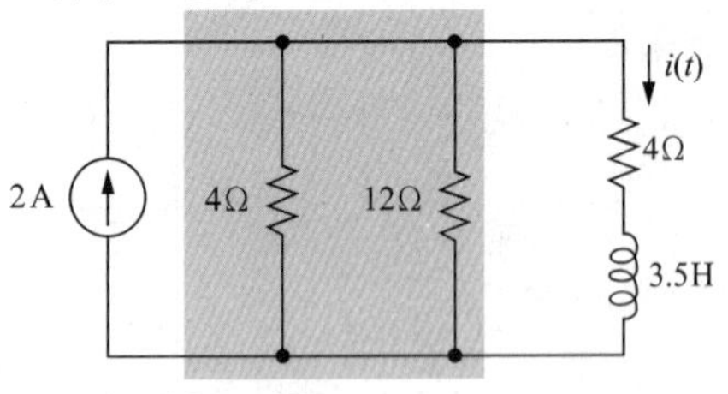

$R=\frac{4\times 12}{4+12}=\frac{48}{16}=3\Omega$

• 등가회로

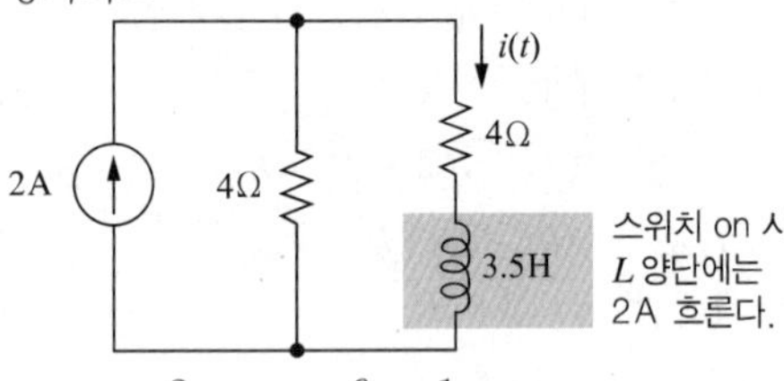

$i(t)=\frac{3}{3+4}\times 2=\frac{6}{7}=\frac{1}{7}\times 6\text{A}$

$\therefore\ i(t)=\frac{1}{7}(6\pm e^{-\square t})\,[\text{A}]$ 형식

• 전류원 제거 시(등가회로)

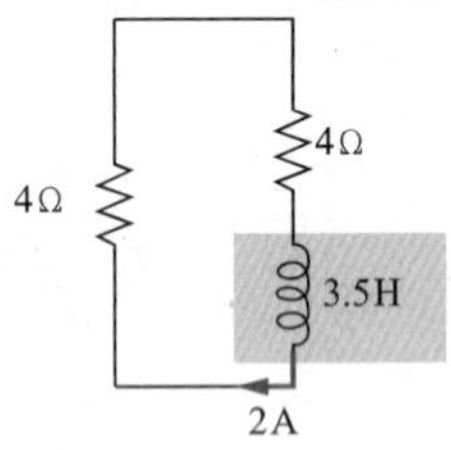

• 폐회로에서 저항

$R=3+4=7\Omega$

• 특성근

$P=-\frac{R}{L}=-\frac{7}{3.5}=-2$

$\therefore\ i(t)=\frac{1}{7}(6+e^{-2t})\,[\text{A}]$

08 정답 ①

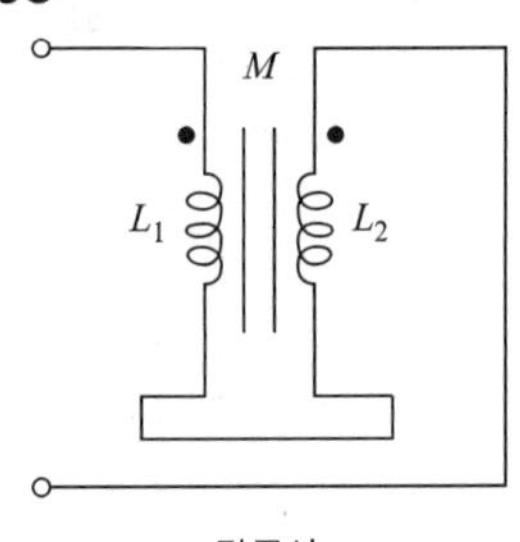

감극성

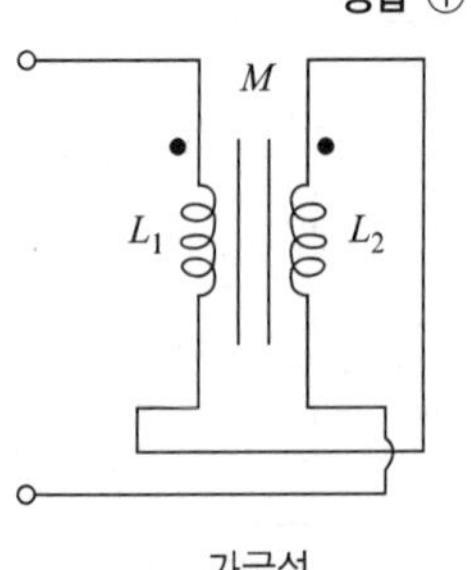

가극성

• 가극성 $L_A=L_1+L_2+2M,\ L_A=24\text{mH}$

• 감극성 $L_B=L_1+L_2-2M,\ L_B=12\text{mH}$

$L_A-L_B=4M$

$24-12=4M$

$\therefore\ M=\frac{12}{4}=3\text{mH}$

09 정답 ①

유도 전동기의 고정자 권선은 2중으로 권선하여 중권을 주로 사용한다.

10 정답 ③

변압기 유도 기전력 E=4.44fN∅m[V]에서 변압기 자속과 비례하는 것은 유도 기전력(전압)이다.

11 정답 ①

㉠ 1차 환산 전압 : $V_1=\frac{N_1}{N_2}V_2=a\times V_2=2\times 100=200\text{V}$

㉡ 1차 환산 임피던스 : $Z_1=a^2\times Z_2=4\times 20=80\Omega$

12 정답 ②

3상 반파 정류 회로의 직류 전압은 E_d=1.17E[V]이므로 직류 전압은 1.17×300V=351V이다.

13 정답 ③

전압의 고압 범위는 직류는 750V 초과 7kV 이하이고, 교류는 600V 초과 7kV 이하이다.

14 정답 ④

1극의 전기각 $a=\pi$이며, 1극의 홈 수는 $\frac{(\text{홈수})}{(\text{극수})}=\frac{36}{4}=9$이다. 따라서 홈 간격의 전기각은 $\frac{\pi}{9}=\frac{180°}{9}=20°$임을 알 수 있다.

15 정답 ①

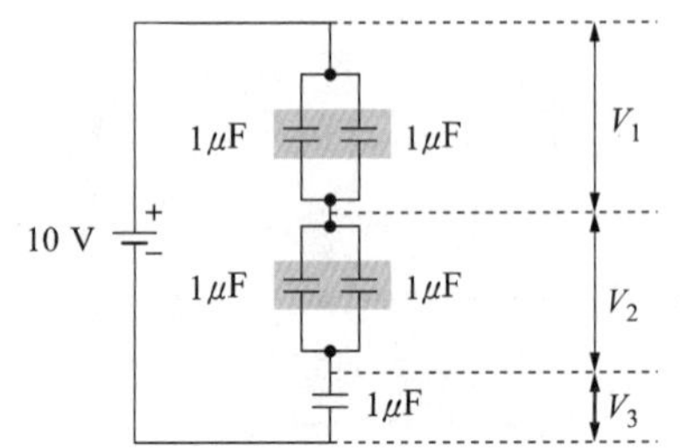

• 등가회로 1

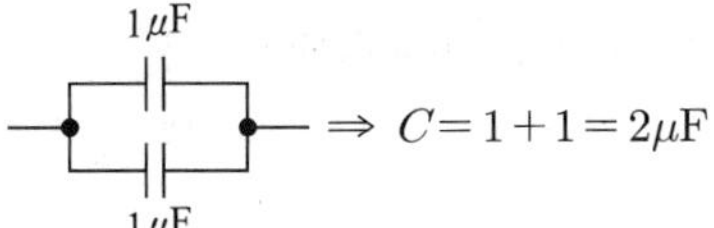

• 등가회로 2

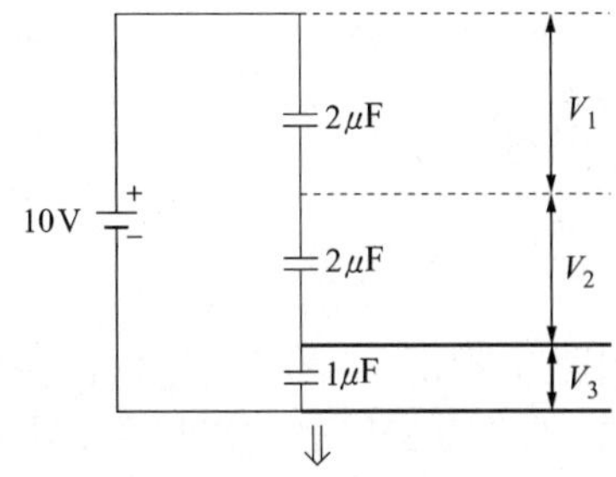

$$C_0=\frac{C_1C_2C_3}{C_1C_2+C_2C_3+C_3C_1}\mu\text{F}=\frac{2\times2\times1}{4+2+2}=\frac{4}{8}=\frac{1}{2}\mu\text{F}$$

• 총 전하량 $Q=C_0V=\frac{1}{2}\times10^{-6}\times10=5\times10^{-6}\text{C}$

• 전압 $V_3=\frac{Q}{C_3}=\frac{5\times10^{-6}}{1\times10^{-6}}=5\text{V}$

16 정답 ②

플레밍의 오른손 법칙

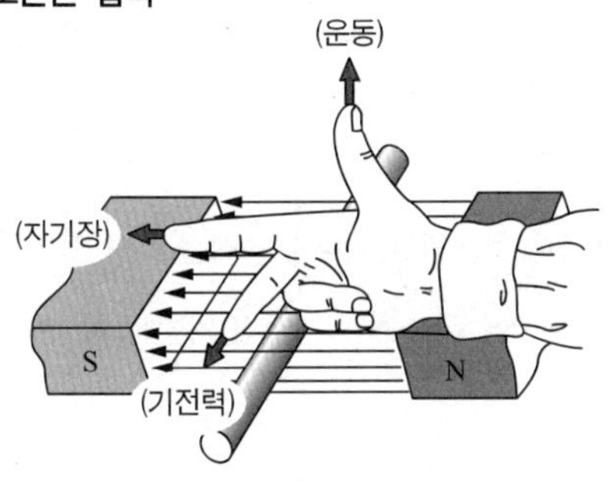

㉠ 엄지 : 도체 운동, ㉡ 검지 : 자기장, ㉢ 중지 : 유도 기전력

17 정답 ④

△ → Y 변환 등가회로

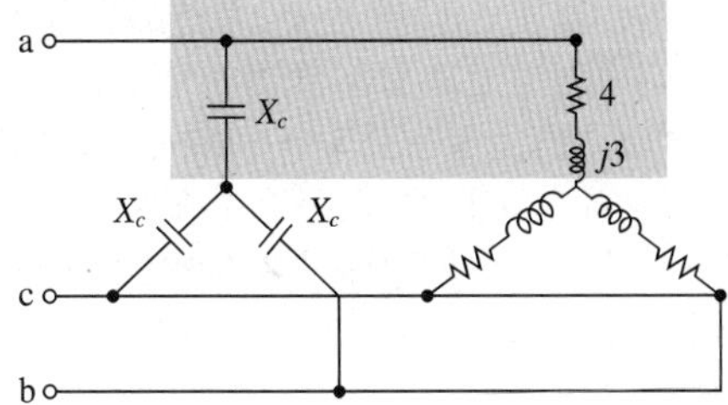

△ → Y 변환 시 1상당 임피던스 $Z=4+j3\,\Omega$

병렬 등가회로

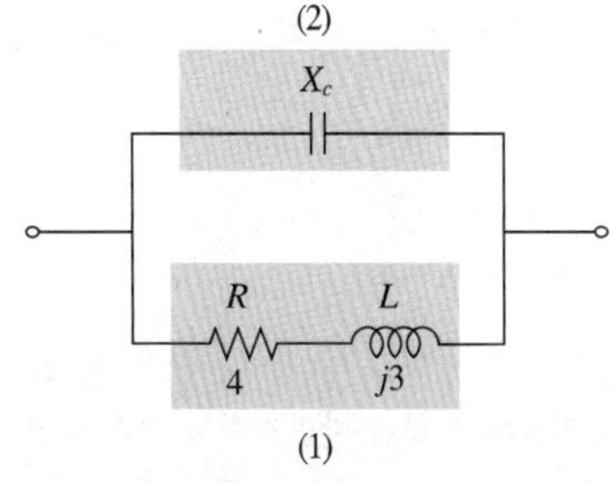

RL 직렬에 C 병렬연결인 등가회로로 구성

(1) 어드미턴스 $Y_1=\frac{1}{4+j3}\,℧$

(2) 어드미턴스 $Y_2=j\frac{1}{X_c}\,℧$

$\therefore\ Y=Y_1+Y_2=\frac{1}{4+j3}+j\frac{1}{X_c}$

$=\left(\frac{1\times(4-j3)}{(4+j3)\times(4-j3)}\right)+j\frac{1}{X_c}$

$=\frac{4-j3}{16+9}+j\frac{1}{X_c}=\frac{4}{25}-j\frac{3}{25}+j\frac{1}{X_c}$

X_c를 구하므로 허수부$=0$

$-j\left(\frac{3}{25}-\frac{1}{X_c}\right)=0$

$\frac{3}{25}=\frac{1}{X_c}$

$\therefore\ X_c=\frac{25}{3}\,\Omega$

18 정답 ①

전압이 일정할 때, 주파수(f)와 철손(P_h)의 관계는 $P_h\propto\frac{E^2}{f}$에서 반비례함을 알 수 있다. 따라서 주파수가 낮아지면 철손은 증가한다.

19 정답 ①

여자 어드미턴스는 $Y_0=\frac{I_0}{V_1}=\frac{0.2\text{A}}{13{,}200\text{V}}\fallingdotseq1.5\times10^{-5}\,℧$이다.

20 정답 ②

정류회로에서 다이오드를 여러 개 접속하는 경우 직렬 시 과전압 보호이며, 병렬 시 과전류 보호이다.

21

정답 ④

조영재에 붙이는 경우 덕트의 지지점 간의 거리는 3m 이하여야 한다.

22

정답 ③

절연 전선을 동일 플로어 덕트 내에 넣을 경우 플로어 덕트 크기는 전선의 피복 절연물을 포함한 단면적의 총합계가 플로어 덕트 공사 총 단면적의 32% 이하가 되도록 해야 한다.

23

정답 ②

$P_i = m^2 P_c = (0.7)^2 P_c$

$\therefore \dfrac{P_i}{P_c} = 0.49 \fallingdotseq \dfrac{1}{2}$

24

정답 ④

$F = k\dfrac{Q_1 Q_2}{r^2}$[N]이므로 힘의 크기는 두 전하 사이의 거리의 제곱에 반비례한다.

25

정답 ①

$I = \dfrac{Q}{t} = \dfrac{600}{5 \times 60} = \dfrac{600}{300} = 2\text{A}$

26

정답 ②

아이언 플러그는 플로어 덕트 부속품 중 박스 플러그 구멍을 메우는 부속품이다.

27

정답 ①

조명용 전등을 호텔 또는 여관 객실의 입구에 설치할 때나 일반 주택 및 아파트 각 실의 현관에 설치할 때 사용되는 스위치는 타임스위치로, 등기구마다 점멸이 가능하며 전원측 전선에 설치한다.

28

정답 ③

옥내 배선의 중성선 색상은 백색이며, 접지선은 녹색, 접지측 전선은 회색이다.

29

정답 ③

주택 옥내 배선의 사용 전압은 400V 미만이어야 한다.

30

정답 ②

애자 사용 배선(저압 옥내 배선)에서 전선 상호 간의 간격은 6cm 이상이어야 한다.

31

정답 ②

자동화재탐지설비의 구성요소는 감지기, 수신기, 발신기, 중계기, 음향장치가 있으며, 비상경보기는 포함되지 않는다.

32

정답 ④

내부저항과 외부저항이 같을 때 전력은 최댓값을 갖는다. 또한, 두 저항이 같은 값이라면 각각의 전압 V_1은 $\dfrac{V}{2}$인 60V로 분배된다. 따라서 부하저항(R)에서 얻을 수 있는 최대전력은 $P = \dfrac{V_1^2}{R} = \dfrac{60^2}{15} = 240\text{W}$임을 알 수 있다.

33

정답 ④

자체 인덕턴스에 축적되는 에너지 공식을 보면 $W = \dfrac{1}{2}LI^2$[J]로 자체 인덕턴스(L)에 비례하고, 전류(I)의 제곱에 비례한다.

34

정답 ①

줄의 법칙이란 전류에 의해 단위시간에 발생하는 열량은 도체의 저항과 전류의 제곱에 비례한다는 것으로, 자기장과 직접적 관련은 없다.

오답분석

② 플레밍의 왼손 법칙 : 전동기 원리와 관련있는 법칙으로 자기장과 전류의 방향을 알고 있을 때 힘의 방향을 알 수 있다.
③ 비오 – 사바르 법칙 : 일정한 크기와 방향의 정상전류가 흐르는 도선 주위의 자기장 세기를 구할 수 있다.
④ 앙페르의 오른나사 법칙 : 전류와 자기력선의 관계로 전류가 오른나사의 진행방향으로 흐르면, 이 전류에 의해 자기장이 나사가 도는 방향으로 생긴다.
⑤ 플레밍의 오른손 법칙 : 자기장 속에서 도선이 움직일 때 자기장의 방향과 도선이 움직이는 방향으로 유도기전력의 방향을 결정한다.

35 정답 ④

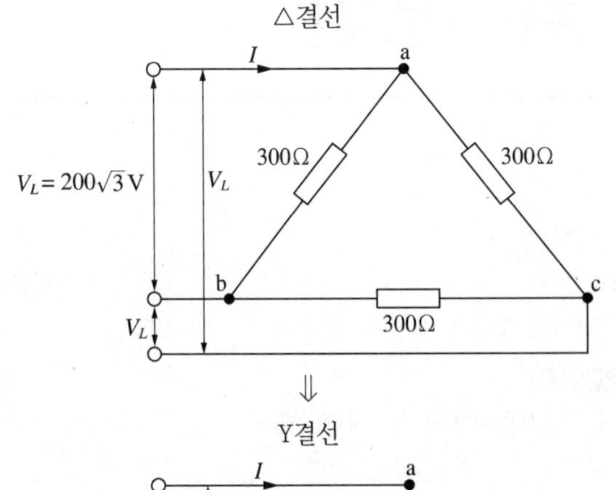

⇓

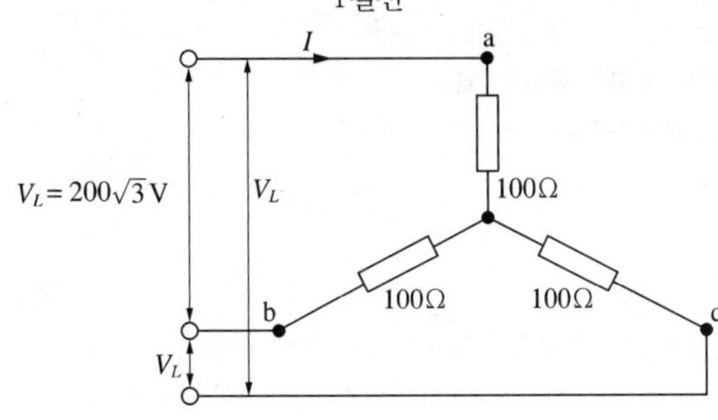

Y결선 임피던스 병렬연결상태(등가회로)

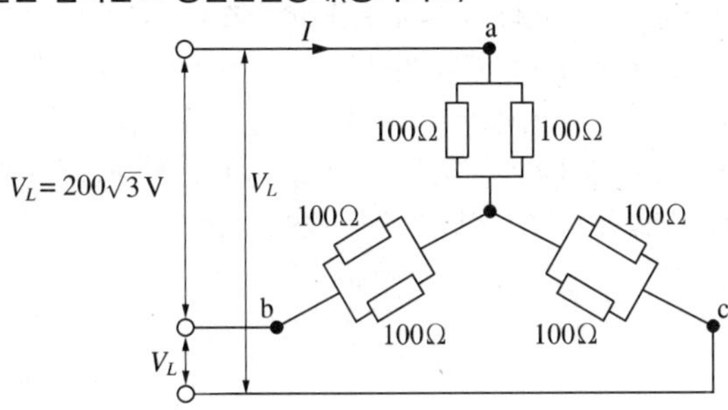

한 상당 임피던스

$$Z = \frac{100 \times 100}{100 + 100} = \frac{10,000}{200} = 50\,\Omega$$

Y결선(상전류=선전류)이므로

$$I_p = \frac{V_p}{Z} = \frac{\frac{200\sqrt{3}}{\sqrt{3}}}{50} = \frac{200}{50} = 4\text{A}$$

36 정답 ①

전력량 $W = Pt$[Wh]

- $W_{220V} = Pt = 55 \times \left(\frac{1}{2} \times 2 \times 10\right) = 550\text{Wh}$
- $W_{110V} = Pt = 55 \times (1 \times 1 \times 10) = 550\text{Wh}$

∴ 전력량의 비는 1 : 1로 같다.

37 정답 ②

R_1과 R_2는 직렬 접속이므로

$R_{12} = R_1 + R_2 = 10 + 20 = 30\,\Omega$

$$R_{ab} = \frac{1}{\frac{1}{R_{12}} + \frac{1}{R_3}} = \frac{R_{12}R_3}{R_{12} + R_3} = \frac{30 \times 30}{30 + 30} = 15\,\Omega$$

38 정답 ④

'여자 전류'는 자속을 발생시키기 위해 무부하일 때 흐르는 1차측의 전류이다.

39 정답 ③

$P = VI\cos\theta = 90 \times 5 \times 0.6 = 270\text{W}$

40 정답 ②

전기력선의 성질

- 양전하의 표면에서 나와 음전하의 표면으로 끝나는 연속 곡선이다.
- 전기력선상의 어느 점에서 그어진 접선은 그 점에 있어서 전장 방향을 나타낸다.
- 전기력선은 전위가 높은 점에서 낮은 점으로 향한다.
- 전장에서 어떤 점의 전기력선 밀도는 그 점의 전장의 세기를 나타낸다.
- 전기력선은 서로 교차하지 않는다.
- 단위 전하에서는 $\frac{1}{\varepsilon_0}$개의 전기력선이 출입한다.
- 전기력선은 도체 표면에 수직으로 출입한다.
- 도체 내부에는 전기력선이 없다.

서울교통공사 전기직 신입사원 필기시험

제4회 정답 및 해설

직업기초능력평가

01	02	03	04	05	06	07	08	09	10
②	④	⑤	④	④	③	④	③	④	①
11	12	13	14	15	16	17	18	19	20
③	⑤	⑤	①	①	④	①	③	⑤	⑤
21	22	23	24	25	26	27	28	29	30
④	①	③	③	④	⑤	④	④	⑤	③
31	32	33	34	35	36	37	38	39	40
③	③	③	②	①	②	③	③	②	③

01

정답 ②

철도안전법 제8조 제2항을 통해 국토교통부장관은 대통령령이 아닌 국토교통부령으로 정하는 바에 따라 정기적으로 안전관리체계를 검사할 수 있음을 확인할 수 있다.

오답분석

① 철도안전법 제7조 제5항
③ 철도안전법 제8조 제3항
④ 철도안전법 제7조 제2항
⑤ 철도안전법 제7조 제6항

02

정답 ④

4차 산업혁명이란 제조업과 IT기술 등 기존의 산업을 융합하여 새로운 산업을 탄생시키는 변화를 의미하므로 ④가 가장 적절하다.

오답분석

①·③ 1차 산업혁명
② 2차 산업혁명
⑤ 3차 산업혁명

03

정답 ⑤

제시된 문장에서 클라우스 슈밥은 4차 산업혁명을 '전 세계의 사회, 산업, 문화적 르네상스를 불러올 과학 기술의 대전환기'로 표현하였다. 이는 (마)의 앞 문단에서 이야기하는 4차 산업혁명이 빠른 속도로, 전 산업 분야에 걸쳐, 전체 경제·사회 체제에 변화를 가져올 것으로 전망되기 때문이다. 즉, 제시된 문장의 '이 같은 이유'는 (마) 앞 문단의 전체 내용을 의미하므로 문장이 들어갈 위치로 (마)가 가장 적절하다.

04

정답 ④

철도안전법 제15조 제6항을 통해 확인할 수 있다.

오답분석

① 철도안전법 제15조의2 제1항 제1호
② 철도안전법 제15조의2 제3항
③ 철도안전법 제15조 제5항
⑤ 철도안전법 제15조 제2항 제2호

05

정답 ④

먼저 4차 산업혁명이 본격화될 경우 발생할 수 있는 대량 실업 사태에 대해 언급하는 (다) 문단이 오는 것이 적절하며, 다음으로 4차 산업혁명으로 인해 없어질 직업군에 관해 이야기하는 (라) 문단이 오는 것이 적절하다. 이후 4차 산업혁명으로 인해 12대 신산업에서 새로운 일자리도 생길 것임을 이야기하는 (나) 문단이 오는 것이 적절하며, 마지막으로는 기술 발전을 모든 사람의 이익으로 만들 수 있는 경제적·사회적 제도가 필요하다는 클라우스 슈밥의 주장을 언급하는 (가) 문단이 오는 것이 적절하다.

06

정답 ③

'금새'는 '금세'의 잘못된 표기이다. '금세'는 '금시에'가 줄어든 말로, '지금 바로'의 의미를 지닌 부사이다.

오답분석

① 순우리말로 된 합성어의 경우 뒷말의 첫소리가 된소리로 나면 사이시옷을 적어야 하므로 '뒷받침'은 올바른 표기이다.
② '추산되다'는 '짐작으로 미루어져 셈하여지다.'는 뜻을 가진 동사로 올바른 표기이다.
③ '대두되다'는 머리를 쳐든다는 뜻에서 나온 말로 '어떤 세력이나 현상이 새롭게 나타나게 되다.'는 의미를 지닌다.
④ '보통보다 더 자주 있거나 일어나서 쉽게 접할 수 있게'의 뜻을 가진 부사로 올바른 표기이다.

07

정답 ④

- 올리브 통조림 주문량 : 15÷3=5캔
  → 올리브 통조림 구입 비용 : 5,200×5=26,000원
- 메추리알 주문량 : 7÷1=7봉지
  → 메추리알 구입 비용 : 4,400×7=30,800원

• 방울토마토 주문량 : 25÷5=5박스
  → 방울토마토 구입 비용 : 21,800×5=109,000원
• 옥수수 통조림 주문량 : 18÷3=6캔
  → 옥수수 통조림 구입 비용 : 6,300×6=37,800원
• 베이비 채소 주문량 : 4÷0.5=8박스
  → 베이비 채소 구입 비용 : 8,000×8=64,000원

따라서 B지점의 재료 구입 비용 총합은
26,000+30,800+109,000+37,800+64,000=267,600원이다.

08

정답 ③

투자비중을 고려하여 각각의 투자금액과 투자수익을 구하면 다음과 같다.

• 상품별 투자금액
  - A(주식) : 2천만×0.4=800만 원
  - B(채권) : 2천만×0.3=600만 원
  - C(예금) : 2천만×0.3=600만 원
• 6개월 동안의 투자수익
  - A(주식) : $800\times\left[1+\left(0.10\times\frac{6}{12}\right)\right]=840$만 원
  - B(채권) : $600\times\left[1+\left(0.04\times\frac{6}{12}\right)\right]=612$만 원
  - C(예금) : $600\times\left[1+\left(0.02\times\frac{6}{12}\right)\right]=606$만 원

∴ 840+612+606=2,058만 원

09

정답 ④

지하철이 A, B, C역에 동시에 출발하였다가 다시 동시에 도착하는 데까지 걸리는 시간은 3, 2, 4의 최소공배수인 12분이다. 따라서 세 지하철역에서 지하철이 5번째로 동시에 도착한 시각은 12×4=48분 후인 5시 18분이다.

10

정답 ①

정리함의 세로 길이를 $a$cm라고 할 때, 부피와의 관계식은 다음과 같다.

$28\times a\times(27-a)=5{,}040 \rightarrow -a^2+27a=180$

$\rightarrow (a-12)(a-15)=0$

따라서 a는 12cm 또는 15cm이다.

이때 높이가 세로 길이보다 길다고 하였으므로 세로는 12cm임을 알 수 있다.

11

정답 ③

탐색형 문제는 현재의 상황을 개선하거나 효율을 높이기 위한 문제로, 눈에 보이지 않지만 방치하면 뒤에 큰 손실이 따르거나 결국 해결할 수 없는 문제로 나타날 수 있다. ③의 현재 상황은 문제가 되지 않지만, 생산성 향상을 통해 현재 상황을 개선하면 대외경쟁력과 성장률을 강화할 수 있으므로 탐색형 문제에 해당한다.

오답분석

①·④ 현재 직면하고 있으면서 바로 해결해야 하는 발생형 문제
②·⑤ 앞으로 발생할 수 있는 설정형 문제

12

정답 ⑤

전략적 사고란 현재 당면하고 있는 문제와 그 해결방법에만 집착하지 않고, 그 문제와 해결방안이 상위 시스템과 어떻게 연결되어 있는지를 생각하는 것을 의미한다.

오답분석

① 분석적 사고 : 전체를 각각의 요소로 나누어 그 요소의 의미를 도출한 다음 우선순위를 부여하여 구체적인 문제해결방법을 실행하는 것을 의미한다.
② 발상의 전환 : 사물과 세상을 바라보는 기존의 인식 틀을 전환하여 새로운 관점에서 바라보는 것을 의미한다.
③ 내·외부 자원의 활용 : 문제해결 시 기술, 재료, 방법, 사람 등 필요한 자원 확보 계획을 수립하고 내·외부 자원을 효과적으로 활용한다.
④ 창의적 사고 : 당면한 문제를 해결하기 위해 이미 알고 있는 경험지식을 해체하여 새로운 아이디어를 다시 도출하는 것을 의미한다.

13

정답 ⑤

우리나라의 4차 산업혁명 대응 상황은 선진국에 비해 크게 뒤처져 있으며, 스위스의 UBS은행은 비교 가능한 국가 25곳 중 4차 산업혁명 준비가 가장 부실한 나라로 지적하기도 하였다. 그러나 비교대상인 25개의 국가에 미국, 일본, 독일, 중국이 포함되었는지는 알 수 없으므로 다섯 국가의 4차 산업혁명에 대한 준비 수준을 서로 비교할 수 없다.

14

정답 ①

마지막 문단에 따르면 글쓴이는 전 세계적 제조업 혁신 패러다임에 대응하기 위해 '창조적인 개인의 아이디어를 구현하는 능력'이 선결되어야 한다고 이야기하며, 아이디어의 자유로운 흐름과 공정경제 질서에 기반한 혁신 생태계 조성이 가장 필요하다고 주장한다. 따라서 글쓴이의 주장으로 ①이 가장 적절하다.

15

정답 ①

SWOT 분석은 내부 환경요인과 외부 환경요인의 2개의 축으로 구성되어 있다. 내부 환경요인은 자사 내부의 환경을 분석하는 것으로, 자사의 강점과 약점으로 분석된다. 외부 환경요인은 자사 외부의 환경을 분석하는 것으로, 기회와 위협으로 구분된다.

16
정답 ④

퍼실리테이션은 커뮤니케이션을 통한 문제해결방법으로, 구성원의 동기 강화, 팀워크 향상 등을 이룰 수 있다. 구성원이 자율적으로 실행하는 것으로, 제3자가 합의점이나 줄거리를 준비해놓고 예정대로 결론을 도출하는 것이 아니다.

17
정답 ①

요금제별 추가요금을 표로 나타내면 다음과 같다.

구분	통화	데이터	문자	추가요금 계
A	0원	0원	0원	0원
B	70×120 =8,400원	2×5,000 =10,000원	0원	18,400원
C	10×120 =1,200원	4×5,000 =20,000원	25×220 =5,500원	26,700원
D	120×120 =14,400원	0원	5×220 =1,100원	15,500원
E	20×120 =2,400원	1×5,000 =5,000원	95×220 =20,900원	28,300원

각 통신상품의 기본요금과 추가요금의 합계액을 구하면 다음과 같다.

- A : 75,000+0=75,000원
- B : 60,000+18,400=78,400원
- C : 50,000+26,700=76,700원
- D : 60,000+15,500=75,500원
- E : 50,000+28,300=78,300원

따라서 K사원에게는 A요금제가 가장 저렴하다.

18
정답 ③

A사와 B사의 어제 제품 판매가를 x원(단, $x>0$)이라 하면 두 번째 조건에 따라 A사와 B사의 어제 판매수량의 비는 4 : 3이므로 A사와 B사의 판매수량은 각각 $4y$개, $3y$개다. 세 번째 조건에 의하여 오늘 A사와 B사의 제품 판매가는 각각 x원, $0.8x$원이고, 네 번째 조건에 의하여 오늘 A사와 B사의 판매수량은 각각 $4y$개, $3y+150$개이다. 다섯 번째 조건에 의하여 두 회사의 오늘 전체 판매액은 동일하므로

$4xy=0.8x(3y+150) \rightarrow 4y=0.8(3y+150) \rightarrow y=75$

따라서 오늘 B사의 판매수량은 3×75+150=375개이다.

오답분석

①·⑤ $4xy=0.8x(3y+150)$에 y값을 대입하면 $300x=300x$이다. 즉, x에 어떤 수를 대입해도 식이 성립하므로 A사와 B사의 제품 판매 단가를 알 수 없다.

② • 오늘 A사의 판매수량 : 4×75=300개
• 어제 B사의 판매수량 : 3×75=225개
∴ 오늘 A사의 판매수량과 어제 B사의 판매수량의 차
: 300−225=75개

④ 오늘 A사와 B사의 판매수량 비는 300 : 375=4 : 5이므로 동일하지 않다.

19
정답 ⑤

많은 시간을 직장에서 보내는 일 중독자는 최우선 업무보다 가시적인 업무에 전력을 다하는 경향이 있다. 장시간 일을 한다는 것은 오히려 자신의 일에 대한 시간관리 능력의 부족으로 잘못된 시간관리 행동을 하고 있다는 것이다. 시간관리를 잘하여 일을 수행하는 시간을 줄일 수 있다면 일 외에 다양한 여가를 즐길 수 있을 것이다.

20
정답 ⑤

직접비용은 제품 또는 서비스를 창출하기 위해 직접 소비된 것으로 여겨지는 비용을 말하며, 재료비, 원료와 장비 구입비, 인건비, 출장비 등이 직접비용에 해당한다. 간접비용은 생산에 직접 관련되지 않은 비용을 말하며, 광고비, 보험료, 통신비 등이 간접비용에 해당한다.

21
정답 ④

세차 가격이 무료가 되는 주유량은 다음과 같다.

- A의 경우 : $1,550a \geq 50,000$원 → $a \geq 32.2$이므로 33L부터 세차 가격이 무료이다.
- B의 경우 : $1,500b \geq 70,000$원 → $b \geq 46.6$이므로 47L부터 세차 가격이 무료이다.

주유량에 따른 주유와 세차에 드는 비용은 아래와 같다.

구분	32L 이하	33L 이상 46L 이하	47L 이상
A주유소	$1,550a+3,000$	$1,550a$	$1,550a$
B주유소	$1,500a+3,000$	$1,500a+3,000$	$1,500a$

주유량이 32L 이하와 47L 이상일 때, A주유소와 B주유소의 세차 가격 포함유무가 동일하므로 이때는 B주유소가 더 저렴하다.
따라서 A주유소에서 33L 이상 46L 이하를 주유할 때 B주유소보다 더 저렴하다.

22
정답 ①

데이터베이스(DB; Data Base)란 어느 한 조직의 여러 응용 프로그램들이 공유하는 관련 데이터들의 모임이다. 대학 내 서로 관련 있는 데이터들을 하나로 통합하여 데이터베이스로 구축하게 되면, 학생 관리 프로그램, 교수 관리 프로그램, 성적 관리 프로그램은 이 데이터베이스를 공유하며 사용하게 된다.
이처럼 데이터베이스는 여러 사람에 의해 공유되어 사용될 목적으로 통합하여 관리되는 데이터의 집합을 말하며, 자료항목의 중복을 없애고 자료를 구조화하여 저장함으로써 자료 검색과 갱신의 효율을 높인다.

오답분석

② 유비쿼터스 : 사용자가 네트워크나 컴퓨터를 의식하지 않고 장소에 상관없이 자유롭게 네트워크에 접속할 수 있는 정보통신 환경을 의미한다.
③ RFID : 극소형 칩에 상품정보를 저장하고 안테나를 달아 무선으로 데이터를 송신하는 장치를 말한다.
④ NFC : NFC는 전자태그(RFID)의 하나로 13.56Mhz 주파수 대역을 사용하는 비접촉식 근거리 무선통신 모듈이며, 10cm의 가까운 거리에서 단말기 간 데이터를 전송하는 기술을 말한다.
⑤ 와이파이 : 무선접속장치(AP; Access Point)가 설치된 곳에서 전파를 이용하여 일정 거리 안에서 무선인터넷을 할 수 있는 근거리 통신망을 칭하는 기술이다.

23 정답 ③

백업은 원본이 손상되거나 잃어버릴 경우를 대비해 복사본을 만드는 과정으로 바이러스 감염과는 상관이 없다.

24 정답 ③

건물, 기계에 대한 점검·정비·보존의 불량은 산업재해의 기술적 원인으로 볼 수 있다.

오답분석

①·④ 산업재해의 교육적 원인에 해당된다.
②·⑤ 산업재해의 작업 관리상 원인에 해당된다.

25 정답 ④

자기개발은 특정한 프로그램에 참가하는 것보다 생활 가운데에서 이루어지는 것이 더 중요하다. 따라서 반드시 특정한 프로그램에 참가해야만 자기개발이 가능하다는 D사원의 설명은 적절하지 않다.

26 정답 ⑤

팀원 사이의 갈등을 발견하게 되면 제3자로서 빠르게 개입하여 중재해야 한다. 갈등을 일으키고 있는 팀원과의 비공개적인 미팅을 갖고, 다음과 같은 질문을 통해 의견을 교환하면 팀원 간의 갈등 해결에 도움이 된다.

- 내가 보기에 상대방이 꼭 해야만 하는 행동
- 상대방이 보기에 내가 꼭 해야만 하는 행동
- 내가 보기에 내가 꼭 해야만 하는 행동
- 상대방이 보기에 스스로 꼭 해야만 하는 행동

27 정답 ④

효과적인 팀의 구성원들은 서로 직접적이고 솔직하게 대화한다. 이를 통해 팀원들은 상대방으로부터 조언을 구하고, 상대방의 말을 충분히 고려하며, 아이디어를 적극적으로 활용하게 된다.

오답분석

① 팀워크는 개인주의가 아닌 공동의 목적을 달성하기 위해 상호 관계성을 가지고 서로 협력하는 것이다.
② 어떤 팀에서든 의견의 불일치는 발생하며, 효과적인 팀워크는 이러한 갈등을 개방적으로 다루어 해결한다.
③ 팀워크에서는 강한 자신감을 통해 팀원들 간의 사기를 높일 필요가 있다.
⑤ 효과적인 팀은 절차, 방침 등을 명확하게 규정한 잘 짜여진 조직에서 시작된다. 따라서 팀워크를 위해서는 조직에 대한 이해가 무엇보다 필요하다.

28 정답 ④

K사원의 경우 자신의 시간 계획에 따라 업무를 진행해왔으나, 예상하지 못했던 외부 일정으로 인해 계획 실천에 어려움을 겪고 결국 업무에도 차질이 생겼다. 시간 계획에서 가장 중요한 것은 그 계획을 따르는 것이지만, K사원처럼 뜻하지 않은 상황이 발생할 수도 있다. 따라서 K사원은 다양한 상황이 발생할 수 있다는 것을 염두에 두고, 이에 대비하여 융통성 있는 계획을 세워야 한다.

29 정답 ⑤

자기개발은 교육기관 이외에도 실생활에서 이루어지며, 평생에 걸쳐서 이루어지는 과정이다. 우리의 직장생활을 둘러싸고 있는 환경은 끊임없이 변화하고 있으며, 이로 인해 특정한 사건과 요구가 있을 경우뿐만 아니라 지속적으로 학습할 것이 요구된다. 또한, 우리는 날마다 다른 상황에 처하게 되는데, 이러한 상황에 대처하기 위해서는 학교교육에서 배우는 원리, 원칙을 넘어서, 실생활에서도 지속적인 자기개발이 필요하다.

30 정답 ③

능력주의 문화는 조직요구의 분류에 속한다.

경력개발이 필요한 이유

환경변화	조직요구	개인요구
• 지식정보의 빠른 변화 • 인력난 심화 • 삶의 질 추구 • 중견사원 이직 증가	• 경영전략 변화 • 승진적체 • 직무환경 변화 • 능력주의 문화	• 발달단계에 따른 가치관, 신념 변화 • 전문성 축적 및 성장 요구 증가 • 개인의 고용시장 가치 증대

31 정답 ③

- ㉠, ㉢, ㉤ : 문서적인 의사소통
- ㉡, ㉣ : 언어적인 의사소통

직업생활에서 요구되는 문서적인 의사소통능력은 문서로 작성된 글이나 그림을 읽고 내용을 이해하고 요점을 판단하며, 이를 바탕으로 목적과 상황에 적합하도록 아이디어와 정보를 전달할 수 있는 문서를 작성하는 능력을 말한다. 반면, 언어적인 의사소통능력은 상대방의 이야기를 듣고 의미를 파악하며, 이에 적절히 반응하고, 이에 대한 자신의 의사를 목적과 상황에 맞게 설득력을 가지고 표현하기 위한 능력을 말한다.

32 정답 ③

각 과제의 최종 점수를 구하기 전에, 항목당 최하위 점수가 부여된 과제는 제외하므로, 중요도에서 최하위 점수가 부여된 B, 긴급도에서 최하위 점수가 부여된 D, 적용도에서 최하위 점수가 부여된 E를 제외한다. 나머지 두 과제에 대하여 주어진 조건에 의해 각 과제의 최종 평가 점수를 구해보면 다음과 같다. 가중치는 별도로 부여되므로 추가 계산한다.

- A : (84+92+96)+(84×0.3)+(92×0.2)+(96×0.1)=325.2
- C : (95+85+91)+(95×0.3)+(85×0.2)+(91×0.1)=325.6

따라서 C를 가장 먼저 수행해야 한다.

33 정답 ③

과제를 추진하고자 하는 데 있어서 다양한 활동이 뒤따르므로 이를 정확하게 예측한 다음 우선순위를 결정하고 비용을 적절히 배정해야 한다. 따라서 (나) 필요한 과업 및 활동 구명 → (다) 우선순위 결정 → (가) 예산 배정의 순서로 나열해야 한다.

34 정답 ②

도색이 벗겨진 차선과 지워지기 직전의 흐릿한 차선은 현재 직면하고 있으면서 바로 해결 방법을 찾아야 하는 문제이므로, 눈에 보이는 발생형 문제에 해당한다. 발생형 문제는 기준을 일탈함으로써 발생하는 일탈 문제와 기준에 미달하여 생기는 미달 문제로 나누어 볼 수 있는데, 기사에서는 정해진 규격 기준에 미달하는 불량 도료를 사용하여 문제가 발생하였다고 하였으므로 이를 미달 문제로 분류할 수 있다. 따라서 기사에 나타난 문제는 발생형 문제이자, 미달 문제에 해당한다.

35 정답 ①

사원별 성과지표의 평균을 구하면 다음과 같다.

- A사원 : (3+3+4+4+4)÷5=3.6
- B사원 : (3+3+3+4+4)÷5=3.4
- C사원 : (5+2+2+3+2)÷5=2.8
- D사원 : (3+3+2+2+5)÷5=3
- E사원 : (4+2+5+3+3)÷5=3.4

즉, A사원만 당해 연도 연봉에 1,000,000원이 추가된다.
각 사원의 당해 연도 연봉을 구하면 다음과 같다.

- A사원 : 300+(3×300)+(3×200)+(4×100)+(4×150)+(4×100)+100=3,300만 원
- B사원 : 300+(3×300)+(3×200)+(3×100)+(4×150)+(4×100)=3,100만 원
- C사원 : 300+(5×300)+(2×200)+(2×100)+(3×150)+(2×100)=3,050만 원
- D사원 : 300+(3×300)+(3×200)+(2×100)+(2×150)+(5×100)=2,800만 원
- E사원 : 300+(4×300)+(2×200)+(5×100)+(3×150)+(3×100)=3,150만 원

따라서 가장 많은 연봉을 받을 직원은 A사원이다.

36 정답 ②

- 개업하기 전 초기 입점 비용
  : (매매가)+(중개수수료)+(리모델링 비용)
  - A상가 : 92,000+(92,000×0.006)=92,552만 원
  - B상가 : 88,000+(88,000×0.007)+(2×500)=89,616만 원
  - C상가 : 90,000+(90,000×0.005)=90,450만 원
  - D상가 : 95,000+(95,000×0.006)=95,570만 원
  - E상가 : 87,000+(87,000×0.007)+(1.5×500)=88,359만 원
- 개업 한 달 후 최종 비용
  : (초기 입점 비용)−[(초기 입점 비용)×0.03×(병원 입점 수)]
  - A상가 : 92,552−(92,552×0.03×2)≒86,999만 원
  - B상가 : 89,616−(89,616×0.03×3)≒81,551만 원
  - C상가 : 90,450−(90,450×0.03×1)≒87,737만 원
  - D상가 : 95,570−(95,570×0.03×1)≒92,703만 원
  - E상가 : 88,359−(88,359×0.03×2)≒83,057만 원

따라서 최종적으로 B상가에 입점하는 것이 가장 이득이다.

37 정답 ③

2명이 선발되었다고 하였으므로, 주어진 진술을 이용해 선발된 두 명을 가정하고 문제의 조건에 맞춰 판단해 본다. 첫 번째와 두 번째 진술을 참이라고 가정하면 C와 D 2명을 특정할 수 있다. 이때, 나머지 진술 중 네 번째와 다섯 번째 진술이 거짓이 되므로 세 명의 진술만 옳다는 조건을 만족한다. 따라서 C와 D가 선발되었다.

38

정답 ③

A기계를 선택하면 임금은 10×8,000=80,000원, 임대료는 10,000원으로 총비용은 90,000원이다.

B기계를 선택하면 임금은 7×8,000=56,000원, 임대료는 20,000원으로 총비용은 76,000원이다.

따라서 B기계를 사용하는 것이 더 효율적이다.

ㄴ. 어떤 기계를 사용하여 식탁을 생산할 것인지 대한 내용이므로 '어떻게 생산할 것인가?'와 관련된 경제 문제에 해당한다.

ㄷ. 시장가격이 100,000원이므로 생산비가 76,000원이면 24,000원의 이윤이 발생된다.

오답분석

ㄱ·ㄹ. A기계를 선택하면 임금은 10×8,000=80,000원, 임대료는 10,000원으로 총비용은 90,000원이다. B기계를 선택하면 임금은 7×8,000=56,000원, 임대료는 20,000원으로 총비용은 76,000원이다. 따라서 B기계를 사용하는 것이 더 효율적이다.

39

정답 ②

근로자가 업무에 관계되는 건설물, 설비, 원재료, 가스, 증기, 분진 등에 의하거나, 직업과 관련된 기타 업무에 의하여 사망 또는 부상하거나 질병에 걸리게 되는 것을 산업재해로 정의하고 있기 때문에 휴가 중 일어나 사고는 업무와 무관하므로 산업재해가 아니다.

40

정답 ③

전자레인지를 사용하면서 불꽃이 튀는 경우와 조리 상태에 만족하지 않을 때 확인해야 할 사항에 사무실, 전자레인지의 전압을 확인해야 한다는 내용은 명시되어 있지 않다.

직무수행능력평가

01	02	03	04	05	06	07	08	09	10
④	④	②	⑤	③	①	④	②	②	③
11	12	13	14	15	16	17	18	19	20
③	②	④	③	②	③	③	④	④	②
21	22	23	24	25	26	27	28	29	30
②	②	③	②	①	②	①	④	②	①
31	32	33	34	35	36	37	38	39	40
④	③	②	①	④	④	①	②	②	②

01

정답 ④

정지 상태일 때는 슬립 s=1이다.

02

정답 ④

교류에서 저압은 600V 이하를 말한다.

03

정답 ②

$●_{3}$: 3로 스위치

오답분석

① $●_{EX}$: 방폭형

③ $●_{2P}$: 2극 스위치

④ $●_{3A}$: 전류가 3A 이상인 스위치

⑤ $●_{15A}$: 전류가 15A 이상인 스위치

04

정답 ⑤

전선 접속이 불완전할 경우 누전, 화재 위험, 저항 증가, 과열 발생, 아크 발생 등의 현상이 일어난다.

05

정답 ③

나전선 상호를 접속하는 경우 일반적으로 전선의 세기(인장하중)를 20% 이상 감소시키지 아니한다.

06

정답 ①

전선의 접속 시 주의사항으로는 전기의 세기를 20% 이상 감소시키지 않고 80% 이상의 전기세기를 유지하며, 접속 부분에 전기 저항이 증가하지 않도록 해야 한다.

07 정답 ④

중성점을 접지할 수 있어 이상전압으로부터 변압기를 보호할 수 있으며, 2종 접지공사를 함으로써 고압 또는 특별고압과 저압의 혼촉에 의한 위험을 방지할 수 있다.

08 정답 ②

하루 전력량은 40×10×5+1,000×1×0.5+100×2×5+1,000×1×1=4,500Wh이다. 따라서 1개월(30일)간 사용 전력량은 4,500Wh×30=135kWh이다.

09 정답 ②

금속관 공사에서 배관이 긴 경우 전선을 끌어들이는 것을 쉽게 하기 위해 설치하는 박스는 '풀박스'로, 금속관 구부리기에 있어서 관의 굴곡이 3개소가 넘거나 관의 길이가 30m를 초과하는 경우 적용한다.

10 정답 ③

밀만의 정리

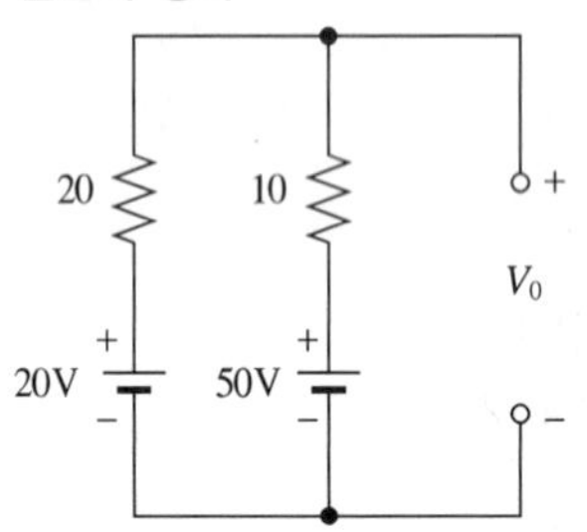

$$V_o=\frac{(\text{각 저항분의 전압})}{(\text{각 저항분의 1})}=\frac{\frac{20}{20}+\frac{50}{10}}{\frac{1}{20}+\frac{1}{10}}=\frac{\frac{20+100}{20}}{\frac{1+2}{20}}=\frac{120}{3}$$

$=40\text{V}$

11 정답 ③

합성 저항 $R_T=3+\frac{3\times6}{3+6}=5\Omega$

$\therefore\ I=\frac{I}{R_T}=\frac{20}{5}=4\text{A}$

12 정답 ②

3상 유도 전동기의 회전방향을 바꾸기 위해서는 전원을 공급하는 3선 중 2선을 서로 바꾸어 연결하면 된다.

13 정답 ④

녹아웃 펀치와 같은 용도로는 '홀소'가 있으며, 분전반이나 배전반의 금속함에 원형 구멍을 뚫기 위해 사용하는 공구이다.

오답분석

① 리머 : 금속관이나 합성 수지관의 끝 부분을 다듬기 위해 사용하는 공구이다.
② 벤더 : 관을 구부릴 때 사용하는 공구이다.
③ 클리퍼 : 펜치로 절단하기 힘든 굵기 25mm^2 이상의 두꺼운 전선을 절단하는 공구이다.
⑤ 오스터 : 파이프에 나사를 절삭하는 다이스 돌리기의 일종이다.

14 정답 ③

피시 테이프는 배관에 전선을 삽입하기 위해 사용하는 공구이다.

15 정답 ②

금속 덕트에 넣은 전선 단면적의 합계는 덕트 내부 단면적의 20% 이하여야 한다.

16 정답 ③

효율은 $\eta(\%)=\frac{(\text{출력})}{(\text{입력})}\times100$이며, 이때 입력은 출력과 손실의 합이다. 변압기는 출력기준으로 효율을 계산하므로

$\eta(\%)=\frac{(\text{출력})}{(\text{출력})+(\text{손실})}\times100$이 기준이 된다.

17 정답 ③

한쪽 발전기의 여자를 늘리면 권선에 전류가 통해서 자속이 늘어나므로 부하 전류는 늘고, 그에 따라 전압도 증가한다.

18 정답 ④

효율 $\eta(\%)=\frac{(\text{출력})}{(\text{입력})}\times100$이며, 이때 입력은 출력과 손실의 합이다. 발전기는 출력기준으로 효율을 계산한다. 따라서 출력기준으로 효율을 계산하면 $\eta_G=\frac{(\text{출력})}{(\text{출력})+(\text{손실})}\times100=\frac{Q}{Q+L}\times100$이 기준이 된다.

19

정답 ④

Y결선 ⇒ 변환(3Y)△

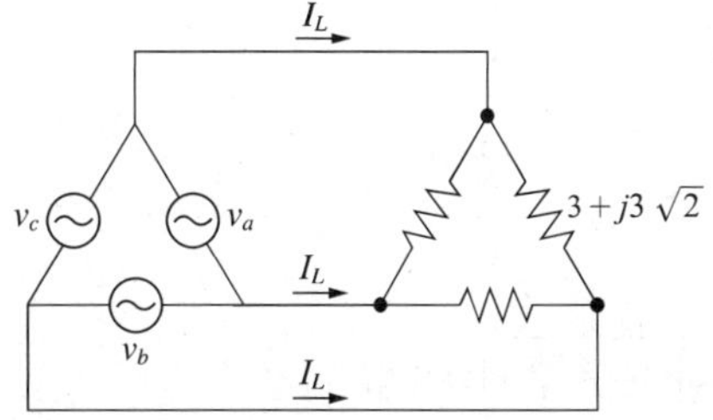

• 임피던스

$Z_L=3(1+j\sqrt{2})=3+j3\sqrt{2}$

$|Z_L|=\sqrt{(3)^3+(3\sqrt{2})^2}=\sqrt{9+18}=\sqrt{27}=3\sqrt{3}\ \Omega$

• 상전류

$I_p=\dfrac{V_p}{|Z_L|}=\dfrac{210}{3\sqrt{3}}=\dfrac{70}{\sqrt{3}}\text{A}$

∴ 선전류 $I_l=\sqrt{3}\,I_p=\sqrt{3}\left(\dfrac{70}{\sqrt{3}}\right)=70\text{A}$

20

정답 ②

• 등가회로 변환 1

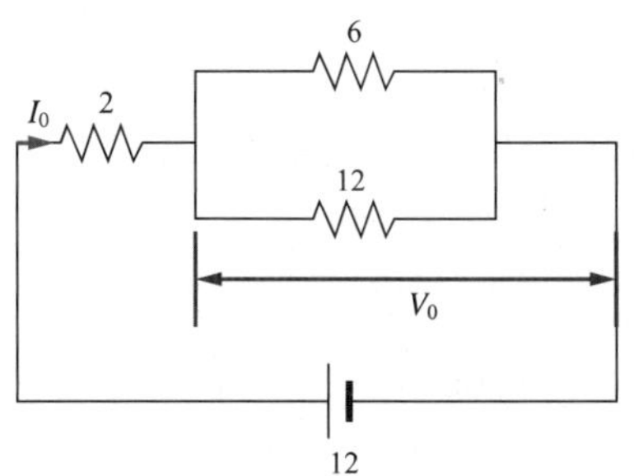

합성저항 $R=2+\left(\dfrac{6\times12}{6+12}\right)=2+\dfrac{72}{18}=6\Omega$

전류 $I_0=\dfrac{V}{R}=\dfrac{12}{6}=2\text{A}$

• 등가회로 변환 2

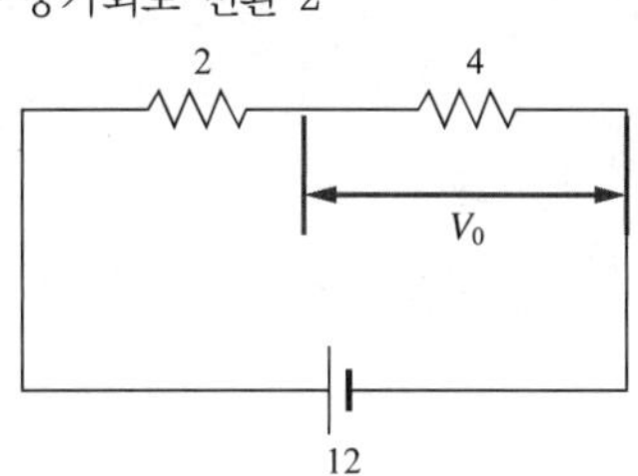

$\therefore\ V_o=\dfrac{4}{2+4}\times12=\dfrac{48}{6}=8\text{V}$

21

정답 ②

$$\begin{pmatrix}A & B\\ C & D\end{pmatrix}=\begin{pmatrix}1+\dfrac{6}{3} & \dfrac{(6\times3)+(3\times6)+(6\times6)}{3}\\ \dfrac{1}{3} & 1+\dfrac{6}{3}\end{pmatrix}=\begin{pmatrix}3 & 24\\ \dfrac{1}{3} & 3\end{pmatrix}$$

대칭 T형 회로

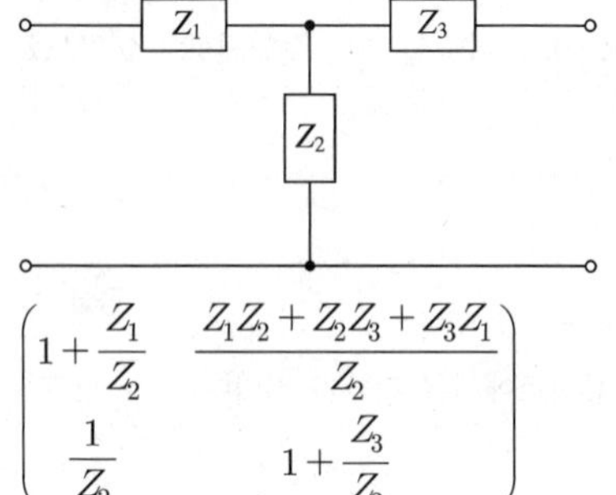

$$\begin{pmatrix}1+\dfrac{Z_1}{Z_2} & \dfrac{Z_1Z_2+Z_2Z_3+Z_3Z_1}{Z_2}\\ \dfrac{1}{Z_2} & 1+\dfrac{Z_3}{Z_2}\end{pmatrix}$$

대칭 T형 회로에서는 $A=D$이다.

22

정답 ②

유도 전동기 회전수가 $N=(1-\text{s})N_s=(1-0.03)\times N_s=1{,}164\text{rpm}$이면, 동기회전수 $N_s=\dfrac{1{,}164}{0.97}=1{,}200\text{rpm}$이다. 따라서 동기회전수 $N_s=\dfrac{120f}{P}=\dfrac{120\times60}{P}=1{,}200\text{rpm}$에서 극수를 구하면 $P=\dfrac{120\times60}{1{,}200}=6$극이다.

23

정답 ③

금속관 공사나 합성수지관 공사 시 박스 내에서 전선을 접속하는 경우 '와이어 커넥터'를 사용하며, 정크션 박스 내에서 전선을 접속할 때도 사용한다.

24

정답 ②

분전반이나 배전반의 금속함에 원형 구멍을 뚫기 위해 사용하는 공구는 '홀소'이다.

오답분석

① 클리퍼 : 펜치로 절단하기 힘든 굵기 25mm^2 이상의 두꺼운 전선을 절단하는 공구이다.

③ 프레스 툴 : 단자 및 커넥터를 압착하여 고정시키는 공구이다.

④ 드라이브이트 툴 : 화약의 폭발력을 이용하여 콘크리트 벽에 구멍을 뚫는 공구이다.

⑤ 리미터 : 신호 최대 레벨이 설정된 레벨에 제어되도록 하는 장치 및 회로이다.

정답 및 해설

25

정답 ①

강판제 분전함은 두께 1.2mm 이상의 강판으로 제작하고, 난연성 합성수지는 1.5mm 이상으로 제작한다.

26

정답 ②

사용 전압이 300V를 넘고 400V 미만인 경우 절연저항은 0.3MΩ인 것을 사용한다.

27

정답 ①

코일의 자체 인덕턴스 교류회로에서는 전류가 전압보다 $\frac{\pi}{2}$rad만큼 뒤진다.

28

정답 ④

• a점에서의 자계의 세기

$H=\frac{I}{2\pi r}$, $I=1$, $r=a$ 대입

$=\frac{1}{2\pi a}$

• b점에서의 자계의 세기

$H'=\frac{I}{2\pi r}$, $I=8$, $r=b$ 대입

$=\frac{8}{2\pi b}$

$H=H'$라 두면 $\frac{1}{2\pi a}=\frac{8}{2\pi b}$, $\frac{1}{a}=\frac{8}{b}$

$\therefore \frac{b}{a}=8$

29

정답 ②

유효전력 $P=I^2R$[W]

오답분석

① 저항 R만의 회로 : 허수부 0(역률 1)

③ RLC 회로에서 L 제거 시 : C 전류(진상)

④ 역률 개선 : C 추가(진상용 콘덴서)

⑤ 교류회로에서 전류와 전압은 시간에 따라 변화하고 시간에 대한 평균값이 0이 되므로 실효값의 개념을 사용한다.

30

정답 ①

어미자의 측정면과 아들자의 측정면과의 사이에서 제품의 안지름 및 바깥지름을 측정하는 것은 '버니어 캘리퍼스'이다.

31

정답 ④

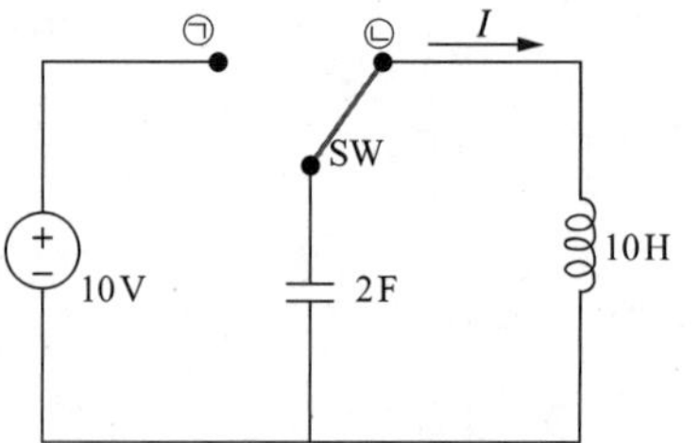

스위치 ㉡ 전환 시 인덕턴스 L(단락상태)

∴ 회로 단락상태(전류$I=0$)

즉, L 단락상태이므로 초기전류는 항상 0이다.

32

정답 ③

소형은 5 ~ 10%의 슬립이며, 중대형은 2.5 ~ 5% 슬립을 사용한다.

33

정답 ②

콘덴서 직렬 연결 상태

C_1, C_2

정전용량 $Q=CV$에서

$C_1=\frac{Q}{V_1}$, $C_2=\frac{Q}{V_2}$

$\therefore \frac{C_1}{C_2}=\frac{\frac{Q}{V_1}}{\frac{Q}{V_2}}$, $V_1=V_2$이므로 $\frac{C_1}{C_2}=\frac{V_2}{V_1}=1$

34

정답 ①

$\frac{(\text{자기 용량})}{(\text{부하 용량})}=\frac{V_h-V_l}{V_h}$

$\therefore$ (자기 용량)=(부하 용량)$\times\frac{V_h}{V_h-V_l}$

$=1\times\frac{3,200}{3,200-3,000}=16\text{kVA}$

35

정답 ④

$\frac{V\text{ 출력}}{\Delta\text{ 출력}}=\frac{\sqrt{3}K}{3K}=0.577=57.7\%$($K$: 출력비)

36 정답 ④

$I_c = \frac{E_c}{2Z_s}$ 에서

$E_c = 2E\cos\theta = 1,205.54$

$\therefore I_c = \frac{1,205.54}{2\times 6} = 100.4\text{A}$

37 정답 ①

Δ 결선의 $I = \frac{\sqrt{3}\,V}{Z}$, Y 결선의 $I = \frac{V}{\sqrt{3}\,Z}$

$$\frac{Y \text{ 결선의 } I}{\Delta \text{ 결선의 } I} = \frac{\frac{V}{\sqrt{3}\,Z}}{\frac{\sqrt{3}\,V}{Z}} = \frac{1}{3}$$

38 정답 ②

정저항 회로

$R^2 = \frac{L}{C}$, $C = \frac{L}{R^2}$

$\therefore C = \frac{L}{R^2} = \frac{1\times 10^{-3}}{(10)^2} = 1\times 10^{-5}\text{F} = 10\times 10^{-6}\text{F} = 10\mu\text{F}$

정저항 회로 유형

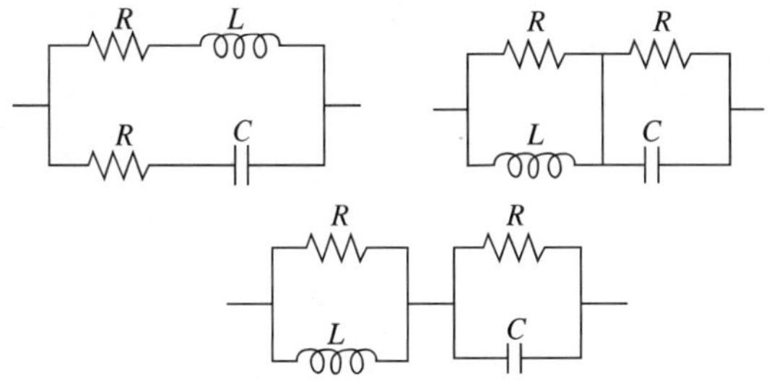

39 정답 ②

한 극당의 면적 $= \frac{\pi Dl}{p}$

$\therefore B_a = \frac{\Phi}{\frac{D\pi l}{p}} = \frac{p\Phi}{D\pi l}\,\text{Wb/m}^2$

40 정답 ②

삼각파 실효 전류

$$I = \sqrt{\frac{1}{T}\int_0^T i^2 dt}\,[\text{A}] = \sqrt{\frac{1}{2}\int_0^1 (2t)^2 dt}\,[\text{A}]$$

$$= \sqrt{\frac{1}{2}\int_0^1 4t^2 dt}\,[\text{A}] = \sqrt{\frac{1}{2}\cdot 4\int_0^1 t^2 dt}\,[\text{A}] = \sqrt{\frac{1}{2}\,[4t^2]_0^1}$$

$$= \sqrt{2\cdot[\frac{1}{3}t^3]_0^1} = \sqrt{\frac{2}{3}(1-0)} = \sqrt{\frac{2}{3}}$$

전력

$$P = I^2 R\,[\text{W}] = \left(\sqrt{\frac{2}{3}}\right)^2 \times 3 = \frac{2}{3}\times 3 = 2\text{W}$$

www.sdedu.co.kr